El hombre y el mundo

COLECCIÓN «PREMIOS NOBEL»

Rudolf Ch. Eucken
(PREMIO NOBEL EN 1908)

El hombre y el mundo

EDICIONES RUEDA

Colección «Premios Nobel»

Coordinación editorial:
G.D.A. Ediciones, S. L.

Cubierta:
Arnaiz Consultores

Los Mesejo, 11
28007 Madrid

Primera edición: 2002
ISBN: 84-8447-094-6
Depósito Legal: M-6.561-2002
Printed in Spain-Impreso en España por:
Atanes Lainez, S. A.

I

JUSTIFICACIÓN DE LA TESIS FUNDAMENTAL

1. Introducción al problema

Siempre que la filosofía se ha mostrado merecedora de sí misma y del hombre, no sólo ha puesto en claro y estudiado el orden tradicional de las cosas, sino que le ha perfeccionado y modificado, provocando desde lo más alto una revolución espiritual. Ya que sólo se ha mostrado productiva, en aquel estado, ha descubierto una contradicción tan intolerable como insoluble. Los espíritus débiles se rinden ante ella; los fuertes la utilizan como un estímulo; el deseo de superarla nos conduce a nuevos caminos, despojándonos del temor a todo peligro y a las más violentas paradojas. «El mejor consejero es la necesidad.» (Goethe.)

En este proyecto, la tarea del pensador se desarrolla de forma racional. Detrás de él palpita una obligación de todos, una necesidad interior. Aunque el tiempo salga al paso de esta obligación, sólo la labor del pensador puede darle fuerza y transformar la vida. Precisamente la fuerza inicial del filósofo está en que, lo que todos aceptan como natural y lógico, y lo que una época acata sin reflexionar, se presenta para él como un difícil problema, una inaguantable oposición. Pero sólo se justifica la actitud del filósofo cuando el problema es real y la oposición no es una ficción.

Ahora bien: la vida actual encierra, verdaderamente, una profunda contradicción y muestra a la filosofía un verdadero problema. Éste afecta a las relaciones del hombre y el mundo, y, a la vez, a la trayectoria general de su vida. Enormes diferencias nos separan de los tiempos pasados, las cuales han cambiado el centro de gravedad de la vida y amenazan con hacerle perder todo su valor y sentido. Antiguamente, el punto central de la vida estaba formado por un mundo invisible, bien, por la religión, o por un ideal de cultura; gracias a esto veía el hombre el mundo sensible y encontraba el fin a sus esfuerzos. Pero los últimos siglos han dado prioridad al mundo de los sentidos, ligándonos cada vez más fuertemente a él y haciendo que nos desvanezcamos en él. La Naturaleza se aparta de la valoración y de la finalidad humanas, y se ofrece a nuestros ojos como algo independiente; al mismo tiempo, se transforma para nosotros en un mundo ilimitado de trabajo, en el cual nuestros conceptos ponen claridad y orden; esta nueva concepción está estrechamente relacionada con la técnica, y las fuerzas de la Naturaleza cada vez van dependiendo más de nuestros fines; todo esto hace que nuestra vida sea más luminosa y potente, el dolor se desvanece y la alegría aumenta. Cada triunfo crea, sin embargo, nuevos problemas; la fuerza aumenta con el trabajo, se abren horizontes infinitos, y un nuevo estímulo nos hace percibir lo imposible como realizable. También ha cambiado nuestra relación con el ambiente humano, con la sociedad. Antes, el estado social, en su totalidad, nos parecía un destino estable; nuestra labor, limitada y parcial; creíamos imposible una transformación fundamental, como si se tratase de un terrible enfrentamiento contra el orden divino. Actualmente ha aumentado de tal forma nuestro poder que nos atrevemos a cambiar el orden general de la sociedad, la cual ya no la consideramos como un orden fatal, sino como un problema. Pensando así medimos las circunstancias con nuestros objetivos y fines, y queremos transformar los ideales en realidades. Una mente orgullosa desafía todas las dificultades y todos los obstáculos; nuestro destino está en nuestras manos; los éxitos conseguidos duplican nuestras fuerzas, y toda la limitación del presente cede a la esperanza de un futuro mejor. Al reconcentrar el hombre su interés en el mundo actual, éste se adueña de él, convirtiéndolo en el único objeto de su vida; el aumento de fuerza que esto implica invade cada vez más el núcleo de la vida.

Así, la atracción del mundo sensible actúa como un encanto sobre el hombre moderno y trata de absorberle por completo. Si lo consigue o no, es difícil decirlo, porque a pesar de todos los beneficios conseguidos, el movimiento encuentra límites internos que el hombre no puede aceptar sin renunciar a determinados privilegios de la Naturaleza. Estos límites se hacen patentes especialmente cuando se trata de establecer la posición e importancia del hombre en el mundo; es indudable que en este punto hemos sufrido una lamentable pérdida con respecto al pasado. Las antiguas creencias ofrecían al hombre un puesto privilegiado, y todos sus actos tenían una importancia decisiva en su destino. La religión hacía del ser humano el centro del universo, como ser moral, como héroe del drama universal; el acto más insignificante del hombre afectaba a todo, afirmándole o negándole. De este modo, la cultura del ideal cambiaba la unión del mundo y de los fines humanos, pero también daba al hombre un lugar en el universo, y a sus actos, un valor. El mundo visible aparecía como la consecuencia de un mundo invisible; el hombre como ser racional y moral era el colofón de aquél: sólo a través del hombre, la realidad adquiría conciencia, claridad y libertad, independencia; pero cada individuo debía conseguir este lugar por su propio esfuerzo, participando así en el todo. Por este camino, el hombre y su actividad aparecían ligados al universo, y su esfuerzo tenía un significado trascendental. El cambio al mundo visible ha destrozado toda esta imagen. Ahora, el mundo nos rodea impenetrable y misterioso; su extensión infinita no puede ser reducida a una idea; los procesos naturales se desarrollan excluyendo toda interioridad, resolviéndose en la atracción o repulsión de elementos misteriosos, sin sentido ni finalidad, que actúan fatal y ciegamente. Como consecuencia, este mundo trata a los hombres como eslabones indiferentes de la cadena, como gotas de un océano. Ninguna muestra de cuidado hacia ellos, ni de estimación por sus acciones, buenas o malas; el valor del hombre no cambia por eso. Con esta idea, toda la vida del hombre aparece como un tramo del proceso físico sin descanso y sin sentido; el individuo aparece solitario y perdido, así como también la Humanidad.

A todo esto, encontramos cierta compensación en el mundo sensible, en un trabajo más fuerte en el círculo humano y en una unión más firme de los hombres en este trabajo. Pero, por muy profunda que sea esta colaboración, no recompensa la pérdida, porque las mismas relaciones mutuas de los hombres están afectadas por un límite impuesto a la vida; si el mundo no conoce ninguna intimidad y todo acto es el desarrollo de relaciones exteriores entre elementos, también el círculo humano sufrirá esta limitación, tampoco habrá en él vida interior liberada e independiente, y los hechos psíquicos del uno serán indiferentes para el otro, y el hombre no exigirá del hombre más que una mera producción, sin establecer una relación íntima con la totalidad de su vida. La parte no puede disfrutar de aquello que se niega al todo, y no puede considerarse aquí como un bien lo que allí fue identificado como error. Asimismo, los fines de la sociedad se desvanecerán con el hombre. Sólo quedará el sostén del bienestar como una propiedad personal, la felicidad entendida como el mayor conjunto de placeres y la menor cantidad de dolor; pero esto encierra al hombre en sus propios estados, sumergiéndole como en un calabozo y haciendo su vida estrecha y carente de sentido. Todos los progresos personales no pueden ocultar esta falta de significado.

Así el hombre es rechazado por el mundo y la sociedad, que le hacen ocultarse en sí mismo, debiendo encontrar su plena satisfacción en el placer inmediato de la vida. Pero ¿qué placer es éste si el hombre se difumina en las relaciones del mundo sensible? No es otra cosa que una muestra de fuerza en la dirección del ambiente, el desarrollo de esta fuerza se convierte en el fin único, y la vida en un trabajo sin descanso. Es cierto que el hombre puede olvidarse de sí mismo en este movimiento, pero nunca por completo, porque, como ser racional, su acción, no sólo es exterior, sino que reflexiona sobre sus actos, y no puede menos de unirlos y valorarlos por el resultado final. Y esta conversación hacia su interior pronto le hace sentir un doloroso vacío. Todo aquel despliegue de fuerzas aparece como un instrumento para conseguir condiciones y medios de vida, como una preparación, pero no como una vida en sí. En este punto es innegable que la Humanidad es víctima de un engaño. Lo que a los hombres nos sirve de estímulo es el deseo de una vida más plena y más rica; nuestro esfuerzo va encaminado a aumentar el nivel de la vida completa. Pero, si todo esfuerzo está condenado a no salir de sí mismo y la vida carece de un centro dominante, el esfuerzo se dispersa en actividades individuales y pierde en totalidad e intimidad lo que gana en especialización y exterioridad. Una vez despierto el deseo de vivir, no puede aceptar tal decepción y formar una vida con valor propio y en posesión de sí misma. Así la total atención a lo exterior provoca una reacción y vuelve a poner lo interior en el primer plano. Pero ¿cómo colmar aquel deseo en esta agitación de la vida, cómo oponer al mundo exterior, que se introduce en nosotros, un mundo interior? La tendencia subjetiva a la espiritualización de la vida no nos proporciona un mundo interior esencial, no nos da un firme sostén ni un motivo director. Y, para aceptar de nuevo las antiguas formas religiosas o culturales de vida, ha pasado ya mucho tiempo entre ellas y nosotros, han sucedido demasiadas experiencias y motivos, que ya no se pueden adaptar a aquellos marcos. La religión, con sus afirmaciones e imperativos, no sólo encuentra firmes resistencias en la vida actual, sino que ésta rechaza su concepción entera del mundo como demasiado estrecha y antropomórfica; sobre todo, la vida actual no mantiene aquel desprecio del mundo y aquel profundo sentimiento de pobreza, de necesidad de salvación por el favor y la gracia divina, que constituía en otros tiempos la esencia de la religión. La cultura antigua encuentra menos resistencia, pero ha sufrido mucho, y esta debilidad es más peligrosa que el más formidable ataque. Especialmente, la idea de una razón autoritaria del mundo parece tan contradictoria que amenaza con convertirse en una débil sombra; una vida crecida en esta idea será débil y falsa.

Por eso nos vemos reducidos a nosotros mismos; el problema de una interioridad independiente debe plantearse dentro de nuestros propios límites. Todos los días y a todas horas nos consumimos en oscuros ensayos; ante nosotros se ofrecen problemas; los esfuerzos se enfrentan mutuamente. Por eso el camino hacia el mundo visible no puede mantenerse, y las consecuencias que el choque de la vida interior produce, se hacen cada vez más claros, más dolorosas, la separación cada vez más profundo.

Una vida sin unidad y sin objeto no puede oponerse a la totalidad del mundo y hacerle frente; se convierte en la rueda de un mecanismo carente de significado; toda grandeza interior desaparece aun en la obra más admirable. Todas las esferas que exigen una acción creadora que parta del interior, como el arte, la filosofía o la religión, deben sufrir gravemente por este motivo; al desaparecer los problemas interiores, se debilitan las tendencias morales y el movimiento se dirige más hacia el exterior que hacia el alma. ¿Habremos de sorprendernos, según esto, por que falten hoy grandes caracteres y personalidades creadoras? Nuestra alma amenaza con empequeñecerse a medida que el trabajo es más intenso; trabajo y alma no se ponen de acuerdo.

Esto no puede seguir así, el progreso del mundo ha despertado en nosotros demasiada interioridad, ha provocado en nosotros demasiadas aspiraciones para que nos conformemos con una vida puramente exterior. Las mismas formas antiguas, a pesar de la oposición que sus particulares afirmaciones provocan, resuenan todavía lo bastante en nosotros, aun sobre aquellos mismos que las rechazan, planteando problemas que no admiten tardanza, ya que habían elevado la vida a una altura de la que no podemos ya descender. La religión, con su promesa de un reino de Dios, liberaba al hombre de la carga de su existencia diaria y le comunicaba el deseo de perfección; a una profunda interioridad se unía una infinita seriedad moral y un fuerte sentimiento de responsabilidad; la eternidad y lo infinito eran los impulsos de la vida humana, y el dolor de la tierra era vencido interiormente por una fuerza salvadora; esto, a la vez, provocó una completa desvaloración de lo que en otro tiempo era suficiente para el hombre. ¿Podemos, queremos renunciar a todo esto? Pero la cultura idealista tiene profundas raíces en el interior del hombre, ha ennoblecido, por la verdad y la belleza, el impulso de la vida, dándole esplendor de alegría, uniendo al hombre interiormente con el Todo, liberándole de todos los fines malévolos y abriéndole un negocio con la grandeza y verdad de las cosas. Esta grandeza no puede ser rechazada fácilmente, se conserva aun contra nuestro saber y querer. Toda grandeza crea nuevas medidas y las sobrepone al tiempo; estas medidas producen luego un estado histórico al que debe someterse todo lo que no se conforme con ser una satisfacción pasajera; pero a este estado histórico no corresponde, de ningún modo, por lo que se refiere a la interioridad, la vida moderna; mejor dicho, se aleja mucho de él; distancia que debe ser sentida más dolorosamente, incluso por los mismos individuos, cuanto más difíciles se hacen las numerosas obligaciones de la cultura.

Desde todos estos puntos de vista, la situación actual nos parece difícil y hasta intolerable. Los elementos ideales del pasado que continúan no permanecen ya en nuestras creencias y sus rasgos no armonizan; les falta, entonces, el poder necesario sobre las almas. El lugar del hombre en la realidad se ha convertido muy dudoso, así como su círculo y los límites de sus derechos espirituales. No sabemos qué finalidad da a nuestra existencia, dudamos de que tenga alguna, no vemos hacia qué final caminamos.

Por esto no podemos dejarnos llevar por la situación actual, debemos poner todo nuestro esfuerzo en superarla. Y no basta, para este fin, lanzar una imagen nueva sobre el estado de las cosas que presenciamos. Es necesario descubrir una nueva realidad y dotarla de vida, reunir los elementos dispersos, continuar e intensificar las tendencias incipientes, dar, en general, una nueva forma a la vida. Y esta acción debe extenderse a todas las esferas particulares; no es cosa de una sola región de la vida, ni siquiera de la filosofía. Pero, dentro del Todo, ésta tiene una misión especial. En primer lugar, tiene la obligación de darnos una concepción o visión del mundo y de la vida, luego debe dar a los problemas una solución no eventual ni momentánea, tratándolos como cuestiones permanentes. Una vez conseguido esto, podrá facilitarnos una situación firme que desafíe las dudas del momento actual y que nos permita descubrir nuevos caminos, nuevas posibilidades, nuevos puntos de ataque, y de este modo crear un nuevo edificio. El hecho de encontrarnos en un constante flujo y en un campo de apasionadas luchas, hace que la tarea sea más difícil, pero también más importante. En todo caso, lo cierto es que sólo un trabajo enérgico puede dominar esta situación. La filosofía misma tiene motivos excelentes para encontrar la solución de estos vitales problemas, ya que de este modo logra relacionarse íntimamente con la situación histórica y con el conjunto de la Humanidad, y deja de ser una simple disciplina de escuela, cuyos frutos quedan muy atrás comparados con los de las ciencias individuales; si la filosofía se aleja del problema fundamental de la vida humana, considerándole como cosa no científica e indiferente, los hombres acabarán por mirarla con desprecio y con indiferencia. Es más: el terreno propio de la filosofía es éste; en él radican su derecho y su posibilidad, ya que la unión de conocimientos que constituye su objeto, no pasaría de una exposición general de los resultados de las ciencias individuales si la tendencia a la unidad no crease en nosotros una nueva forma de ver las cosas; pero esto sólo es posible cuando la vida interior se hace independiente, crea nuevas fuerzas y propone nuevos problemas.

Vimos al comienzo de estas páginas que la filosofía trae su derecho y su dirección de la oposición que palpita en la situación actual. Esta oposición consiste en que las actividades esenciales de la vida actual no dejan lugar para una interioridad independiente, para un mundo interior, de tal modo que dicha interioridad es el supuesto y el fundamento de toda acción propiamente humana. Si esta necesidad, este principio de los principios, se presenta como incompatible con el actual estado de cosas, este estado de cosas debe ser transformado, hasta que aquella exigencia interior realice sus derechos.

Está claro, según lo que ya llevamos dicho, desde qué punto debe atacar la filosofía este importante tema. El mundo interior que buscamos no puede ser posesión privada del hombre, sólo es posible como principio de una realidad global; pero, como tal, sólo es accesible cuando el hombre puede llegar a una relación íntima con aquél. En tiempos anteriores se creyó tener tal relación; el mundo actual la ha perdido; es necesario buscarla de nuevo. Pero siempre que tomamos este problema, se pone de manifiesto que la filosofía se introdujo en él desde el principio, y, sacando al hombre del empeño de su existencia individual, le hizo partícipe de la vida del todo. Entonces tenemos que recorrer las principales etapas de este movimiento de una forma rápida para ver en qué situación se encuentra el problema en el momento actual. De paso veremos que cada una de estas etapas ha dado al problema una forma distinta, y que, por tanto, en el progreso del problema, es la vida misma la que recibe una historia y se va desarrollando. En la misma imagen que nos creamos de la vida late la lucha por la vida.

2. El problema en la historia de la filosofía

El problema de las relaciones del hombre con el mundo encuentra una primera solución, evidente, en la cima de la filosofía griega, especialmente en Platón y Aristóteles. La ingenua idea según la cual el hombre es sólo una parte del mundo sensible, es allí superada, pero esta superación consiste más bien en una superestructura y en una dignificación más que en una ruptura o separación. El hombre no se ha separado todavía de la Naturaleza, colocándose frente a ella, sino que tiene la seguridad de que está rodeado de ella y vive de ella; es cierto que el mundo sensible con su flujo esporádico ya no es suficiente para su deseo de verdad; pero su pensamiento es ya bastante fuerte para salir de aquel mundo y sumergirse hasta los pilares de la realidad. Ya que el pensamiento parece ya relacionado por su naturaleza con aquel mundo; el alma del hombre parece ya contener la semilla de aquello que el contacto con el mundo produce. El hombre y el mundo tienden uno hacia otro, y encuentran en el conocimiento lo que por la pura unión de ambos alcanza su punto culminante en la intuición artística. No hay duda de que existe una relación que sólo necesita ser explicada y que, por tanto, es posible el conocimiento de la verdad; y así el microcosmos es una expresión real del macrocosmos, cuya esencia es asequible a nuestro entendimiento. De aquí que el todo al que se une nuestra alma es un valor concreto y completo; el hombre no le puede cambiar, lo único que puede hacer es admitirle y aceptarle. Sobre esta idea Platón y Aristóteles crean un maravilloso castillo de reflexiones, el primero, con brillantes imágenes y con un acentuado carácter personal; el segundo, con un trabajo paciente y una poderosa estructura lógica. Por grandes que aparezcan sus diferencias, se mueven en un terreno común. El hombre transmite al mundo sus valores ideales y le libera de la maldad de las representaciones y de los fines humanos. Pero en el fondo continúan los valores humanos; falta una verdadera separación del hombre y el mundo; así ve el hombre en el mundo su propia imagen aumentada y ennoblecida; es un antropomorfismo de noble estirpe, pero, al fin, un antropomorfismo. A las generaciones posteriores, tal incorporación de los valores humanos al Todo debía parecerles un profundo error; sobre todo, el conjunto de conceptos en que Aristóteles, el gran sistematizador, reunió al mundo, aparecía a sus ojos como una falsificación de la realidad. Por medio de ideales, tendencias, objetivos y conceptos morales, como posibilidad y necesidad, había querido introducirse en las cosas humanizándolas.

También la vida que nace de tan íntima relación del hombre con el mundo tiene límites indudables. Es fuerte en su frescura, jovialidad y confianza, guía al hombre rápidamente a las cosas y le enseña su orden y belleza; al mismo tiempo da a sus tendencias sustento. Pero al igual que el mundo, la naturaleza espiritual del hombre se refleja aquí como un valor demasiado concreto; sólo espera una elaboración y síntesis, pero no una revolución radical, es más naturaleza que acción. A ello va unido que esta vida no tiene completa conciencia de las dudas y contradicciones de la vida humana, y no pone, por consiguiente, todas las energías en la lucha; el conocimiento arrastra consigo una total reconciliación con la realidad, en cuanto nos la presenta en su conjunto y en su forma eterna, y también en cuanto conduce correctamente la actividad humana; por tanto, el conocimiento forma el núcleo de la vida.

De hecho, ya el antiguo Cristianismo rechazó esta forma de resolver el problema de la verdad, en cuanto, al sumergirse en las profundidades de la vida interior, haciendo a ésta independiente, rompió la estrecha relación del hombre con la naturaleza, y por una fuerte alteración se introdujo en un nuevo mundo. Pero el conocimiento cristiano permaneció fiel a la antigua manera; no dio a la nueva vida una expresión completamente científica. Sólo el comienzo de la Edad Moderna puso el problema en relación con los impedimentos y exigencias de la situación histórica. Pero esta situación conduce al hombre hacia direcciones opuestas y establece una profunda renovación en su visión del mundo. A la vez aleja y acerca el mundo al hombre.

De un lado el tono ascético del Medievo —para Tomás de Aquino, el más allá era simplemente la *patria*—, cede a una fuerte inclinación hacia el mundo, que es considerado ahora como un lugar de vida eterna y de belleza magnífica; el hombre lucha con heroico esfuerzo a dominar este mundo, liberándose así de la pequeñez de su naturaleza individual, y liberando su vida de las preocupaciones materiales. Igualmente, cuando al inquietante período del Renacimiento sucedió el trabajo tranquilo y racional del siglo de las luces, el interés de la vida se concentra en el mundo y en el terreno de la religión y de la ética, el interés por la situación de las almas deja su puesto al deseo de ennoblecer la vida, llenando su campo de actividad. Pero este mismo período, que produce en el hombre un ardiente amor por el mundo y un deseo de dominarle, crea entre ambos un abismo aparentemente insalvable, ya que el creciente individualismo y la continua agudeza del pensamiento científico hacen ver que el hombre sólo se posee inmediatamente a sí mismo y que su personalidad particular, su subjetividad, se mezclan con todas las imágenes que crea del mundo. Así parece que el mundo retrocede y se aleja cuando va a cogerle, y que ya no está con él, como estaba antes, en una relación inmediata, sino que tiene que encontrar el camino para llegar al mundo, haciéndose confusa la posibilidad de encontrar este camino. Si al mismo tiempo continúa su ardiente tendencia mundana, se origina una enorme separación, sujeto y objeto chocan entre sí, y, sin embargo, no pueden separarse. Esta situación obliga a una renovación de la primera visión que formamos de las cosas y que pone como ayuda todo el trabajo de nuestro pensamiento.

Sabemos que Descartes fue el jefe de este movimiento, creando el camino que había de recorrer durante siglos enteros. Una estricta separación entre sujeto y objeto hizo de la conciencia subjetiva el punto sobre el que tenía que apoyarse todo el trabajo. El mundo se transforma así en problema, su existencia misma entra en disputa. Sin embargo, a pesar de toda esta revolución hacia el hombre, el mundo sigue teniendo presente al pensador y necesitando sus esfuerzos; pero la relación inmediata con él se ha roto y sólo puede restablecerse por el trabajo conceptual. El principal movimiento de la vida no va ya del mundo al hombre, sino del hombre al mundo, del microcosmos al macrocosmos.

Descartes lleva la vida al mundo, reconociendo como esencia suya el pensamiento y reduciendo así el concepto universal al concepto particular del pensamiento que conoce. Sólo falta encontrar una piedra de toque para aclarar lo que en nuestro conocimiento es verdadero o falso; este criterio es para Descartes la claridad y precisión de las ideas, de donde se deduce que nuestra labor será dar exactitud y claridad a nuestro conocimiento, separando de él todo lo que no responda a esta obligación. Para demostrar su confianza en el valor de este procedimiento, Descartes recurre, como es sabido, a la idea de Dios; por tanto, su procedimiento demostrativo sufre de graves defectos, pero estos mismos defectos demuestran la indefectibilidad del pensamiento principal; el pensamiento debe basarse en algo absoluto para poder llevar a cabo su configuración del mundo; la fe en el pensamiento conlleva la fe en una razón universal. Sin embargo, el camino que Descartes trazó era un círculo, que pronto debía ser sustituido por la línea recta.

Pero, aunque en el transcurso de la prueba queden muchas lagunas por llenar, aquí encuentra su expresión científica un cambio de la vida, productiva en consecuencias. Al descubrir todo el desarrollo de la vida en el trabajo del pensamiento, la actividad del hombre es mayor, y todos los valores pasan de lo sensible a lo conceptual e ideal. Éste es un rasgo característico de los tiempos modernos; sin esta desviación, el pensamiento no hubiera podido introducirse tan profundamente en los temas políticos y sociales, ni enfrentarse tan apasionadamente en su recinto sobre los valores ideales y los principios. No se maneja menor disputa en la forma de probar la vida. En lugar de la Historia y su dominio aparece ahora la razón intemporal; dando a la vida total independencia y originalidad, se asienta más sobre sí misma y se considera mayor de edad. En este estado de su fuerza, el pensamiento que se aclara y se percibe aparece como juez ante el que deben acudir a justificarse todos los hechos de la vida; y todo lo que es digno de esta justificación es principalmente rechazado; lo que resiste al desprecio del pensamiento es iluminado, fortalecido, y ligado estrechamente. Por tanto, es innegable que se ha creado un gran enfrentamiento, una concentración enérgica, aclarando y separando, despertando y reuniendo.

Pero, como venganza de todas estas ventajas, la nueva vida aparece cuajada de problemas. ¿Es realmente el pensamiento la única medida y el conocimiento el contenido principal de la vida? ¿No se desprecia o, por lo menos, se desdeña, de este modo, mucho que tiene un gran derecho a ser válido y a gobernar? ¿No se hace la vida más estrecha? Pero, sobre todo, ¿no hay una interior contradicción en dejar la vida en sí misma y transformarla, al mismo tiempo, en un mundo ideal? Esto equivale a relacionarla con algo extraño a ella, con lo que no puede establecer ninguna relación interna. Esta es una contradicción que se extiende a todo el siglo de las luces: rompe la relación inmediata del hombre y el mundo, pero deja existir el mundo al lado del hombre y le conduce hacia él dominantemente; luego se pide al pensamiento que configure esta relación. Esto llevó irremediablemente a construcciones artificiales, instrumento que elevó a la vida prohibiéndola tomar posesión de sí misma. Debía estar en sí misma, y, a la vez, salir de sí misma.

Si Descartes sólo encuentra la solución con ayuda del viejo pensamiento que se opone a su propio sistema, Spinoza une todavía más lo nuevo y lo viejo en una acción común. También él pone un mundo al lado del hombre, pero recurre a un nuevo procedimiento para configurar la relación. Dentro de la vida humana debe distinguirse entre una forma superior y una forma inferior; la primera tiene un carácter universal; la segunda, por el contrario, un carácter meramente humano y permanece aislada del concepto. Aquélla la encuentra Spinoza en el pensamiento que está dominado por una necesidad implacable y por encima de las representaciones, tendencias y objetivos humanos; ésta, en las representaciones sensibles así como en los impulsos de los estados y sentimientos subjetivos. Para Spinoza, el origen de las grandes confusiones y disputas de la vida está en pensar que el hombre es el centro del universo, en considerar su modo de ver las cosas como un criterio universal; pero, si el hombre pone el centro de su vida en el pensamiento, logrará liberarse de su criterio excesivamente humano, identificarse con la realidad. Para ello será necesario que su actividad no se desvanezca en actos individuales ilógicos, sino que ofrezca a su vida una ley que relacione sus acciones conforme a esta ley independiente. Pero, para que esto suceda, es necesario aceptar una hipótesis. Para que nosotros podamos adecuarnos a la marcha del mundo, es necesario que toda la variedad que en éste se observa sea la manifestación de un ser único, en este ser único debe resolverse la dualidad de sujeto y objeto. Sólo fundamentando de esta forma, el todo podrán ser considerados tanto los hechos particulares como universales. Y esto ocurre, según Spinoza, de dos formas. En primer lugar, el pensamiento científico, con su cadena de causas, forma un *pendant* con la naturaleza, lo referente al orden ideal se corresponde exactamente con el orden de las cosas; de este modo, el pensamiento, una vez considerado como intuición, parece encontrarse en situación de poder identificarse con la razón que da vida y sirve de base al todo, y poder entrar así en posesión de lo infinito. Al mostrarse así el mundo al hombre, tanto en su razón última como en su evolución en forma de naturaleza que vive y es vivida (*natura naturans* y *natura naturata*), la vida de este último adquiere un enorme valor y siente el orgullo de tener la completa verdad. Es muy comprensible que el todo, con sus rasgos sencillos y grandiosos, provocase una profunda impresión en la Humanidad, y que, particularmente, los caracteres artísticos se sintiesen atraídos por este modo de comprender la estrecha relación entre el espíritu y la naturaleza; es indudable también que de aquí hayan surgido importantes relaciones con el mundo espiritual. Pero la grandeza de esta concepción no es suficiente para cubrir sus deficiencias; cuanto más nos entregamos a ella, mayores confusiones nos rodean. La unión del hombre con el mundo sólo se alcanza aquí armonizando el viejo y el nuevo pensar, ya que este procedimiento de partir del todo como el punto de partida más seguro se opone con el pensar actual, que, al acercarse al hombre, rechaza y aleja al todo y le convierte en problema. Spinoza sólo pudo salvar el abismo por un terrible salto. Al mismo tiempo, la relación con el todo y el contenido de la vida se configuran de manera extremadamente contradictoria, según domina la razón creadora o la inclinación hacia el mundo. La observación de la naturaleza nos muestra un paralelismo entre el pensamiento y el mundo físico, en el cual el hecho principal es el hecho físico y la vida interior queda desterrada a la categoría de epifenómeno, que toma sus leyes y su fuerza de la naturaleza misma. Por el contrario, cuando la intuición se eleva sobre este paralelismo y llega a una plena unión con la razón de la realidad, la naturaleza se nos muestra como un hecho espiritual. El mundo visible es comprendido entonces como la evolución de una vida interior, como el majestuoso atavío de la divinidad. Sobre el rudo dominio en el que gobierna el naturalismo se eleva un mundo de esencia mística; pero, a pesar de todas sus diferencias y hasta oposiciones, ambas coinciden en dar a la vida el conocer como único contenido; pero el conocer con su falta de sentimientos parece libertar a la vida de su estrechez y poder conducirnos a una participación en la vida universal. La lucha así iniciada contra la estrechez y el egoísmo humanos fue una reacción justificada contra la antigua forma de pensar, que interpretaba el mundo irracionalmente, según los valores y fines humanos, y refería todo suceso al hombre como centro de la realidad; pero los límites entre lo cósmico y lo meramente humano, ¿no coinciden en nuestra misma vida con la distinción del pensamiento puro y el resto de la vida? La distinción entre las formas superiores y las inferiores, ¿no se extiende y se introduce en todos los lados de la vida del alma? El mismo Spinoza, ¿no traspasa los límites del pensamiento al considerar al hombre como si no perteneciese al mundo de la verdad y al exigirle una transformación de todo su ser? Cuando Spinoza extiende la vida al mundo, quita a ésta todo su calor anímico, la despoja de todo contenido sustancial; esta extensión produciría una ruptura si no proporcionase la antigua imagen de la vida una compensación constantemente, si el mundo del pensador no fuese más rudo y más rico que sus ideas.

Pero si debemos reprochar a Spinoza que no haya relacionado suficientemente el hombre con el mundo, ni haya dado a la vida un contenido satisfactorio ni erróneo, le debemos, indudablemente, nuevos horizontes y estímulos. Fue el primero que luchó en la esfera del hombre contra la maldad humana; y sólo pudo hacerlo descubriendo aquí un tejido continuo y configurando en él inmediatamente al mundo. Es característico en su concepción el contraste de que la vida sea, en el fondo, un acto de plancentera y tranquila contemplación; pero para llegar a ella se exige una acción de todo nuestro ser. También esto puede considerarse como contradictorio, pero es una contradicción que despierta la vida y estimula nuestro esfuerzo.

Leibniz, el otro gran pensador que sigue en la serie, aparece frente a Spinoza, más bien con desventajas. Le falta la sencilla grandeza de éste; el pensador clásico del barroquismo ama lo arriesgado y complicado, las configuraciones atrevidas y sorprendentes, no tiene la fuerza de la negación ni la agudeza en la posición, cualidades que culminan en Spinoza; pero su deseo de construir y su inclinación a afirmar y encontrar compensaciones, es la expresión de un deseo más fuerte de vida, de una visión más profunda en la realidad, que quisiera conseguir más de ésta, que positivamente descubre en ella más vida interior, líneas más profundas, más armonía. Sobre todo, lo que en su sistema se destaca más poderosamente es la idea de la individualidad, y abre nuevas vías a la solución de nuestro problema.

Leibniz guarda en común con el siglo de las luces ciertas hipótesis y exigencias, que se puede decir que en él culminan. No se necesita la relación inmediata del hombre con el mundo, y hasta se puede decir que es exclusiva. Pero persiste la necesidad de encontrar el lazo de unión entre ambos y de llevar al hombre a la vida. La exaltación del individuo hace de esta exigencia una necesidad de desarrollar la vida universal en cada uno de nosotros; el microcosmos debe participar de toda la riqueza del macrocosmos. Para ello se utiliza a la mónada; el ser individual quiere liberarse de toda condición y vivir en sí mismo y para sí mismo; pero debe crear un mundo de representaciones y llevar en sí como un espejo del universo. Pero, según Leibniz, este espejo o esta imagen sólo puede corresponderse con la realidad y aspirar a ser verdadero, en el caso de que un poder superior haya establecido de antemano todos los órdenes, relacionándolos unos con otros, de modo que lo que en cada lugar surge, por decirlo así, del fondo de la individualidad, encuentra exactamente su situación real en el conjunto del universo. Este es el sistema tan conocido de la armonía preconfigurada. Este sistema deja de lado la consideración natural de las cosas y busca su base en un milagro, si bien este milagro es meramente inicial y todo el desarrollo posterior se debe a fuerzas y leyes propias.

La dificultad de admitir esta teoría es hoy demasiado evidente para detenernos en contradecirla; la necesidad de una vía tan complicada es un argumento elocuente de que el problema había sido enfocado de mala manera y que entrañaba exigencias opuestas. La solución expuesta aquí es insuficiente, no sólo porque basa la unión del hombre y el mundo en una terrible hipótesis, sino porque con este tipo de unión, a pesar de toda la grandeza de la vida, ésta pierde su contenido verdadero; ya que si los elementos fundamentales de la realidad son conjuntos de imágenes, si en la representación no percibimos nunca nada más que algo representado, la vida no dejará de ser una apariencia, un reflejo, una sombra. En ninguna parte como aquí se percibe el peligro del intelectualismo, de evaporar toda la realidad; para conjurar este peligro es necesario acudir constantemente a tomar elementos de un mundo de otra naturaleza.

Pero Leibniz demuestra claramente que una configuración ideal, por problemática que sea, es capaz de producir consecuencias productivas para la vida. El descubrimiento de un mundo en los seres individuales tuvo consecuencias innumerables: dirigió la investigación a lo pequeño, a lo irracional, e hizo del análisis profundo el principal instrumento del conocer. El conjunto de la realidad, que de un mundo único se convirtió en una infinidad de mundos, se hizo enormemente más rico, más vivo, más sutil.

El desplazamiento total del movimiento a las existencias individuales le dio el carácter de un progreso de dentro afuera; y, como el mundo situado en estos seres individuales se mostraba en continuo desarrollo, la idea del progreso indefinido encontró un apoyo más profundo. En este orden de cosas arraigaron las ideas dominantes del humanismo alemán; como aquí la personalidad lo es todo, lo abarca todo, viene a ser el fundamento de la vida, y el pensamiento, tan productivo desde el punto de vista de la Historia y de la cultura, de una evolución de dentro afuera, la exigencia de una actividad sin descanso, pero organizada frente a la confusión caótica del Renacimiento, la confianza firme en la Humanidad y su progreso, pero en una Humanidad que tiende a lo universal y crea valores de sí misma y no degenera en estrecho filisteísmo; todo esto, acompañado de una agradable aprobación de la realidad y de una alegre afirmación de la vida, procede de Leibniz. Es suficiente con separarlo de su atavío escolástico y completarlo con desarrollos más amplios.

La filosofía de Leibniz, tal como la acabamos de analizar en lo referente a nuestro problema, sufre una contradicción que se extiende a todo el siglo de las luces y determina en gran medida su carácter. El pensamiento ha destruido la relación inmediata del hombre con el mundo; pero al lado del hombre hay mundo, y aquél no puede deshacerse de la necesidad de comunicarse con éste, aunque sea por un camino escondido. De aquí la necesidad de una metafísica arriesgada, que deberá ser más complicada cuanto más profundo es el abismo abierto. Esta clase de metafísica es la que Kant creó, con lo cual es falso decir que rompiese con toda metafísica. La independencia y la originalidad de la vida parece gravemente amenazada con esta manera complicada de establecer las relaciones entre el hombre y el mundo. Kant coincidía con el humanismo alemán en pedir el restablecimiento de una relación inmediata y de una vida más natural.

El problema de las relaciones del hombre con el universo entra con Kant en una nueva época. Este vio con total claridad la imposibilidad de acercar al hombre un mundo que está fuera de él; desde luego, estaba descartada esta comunicación porque no era posible llegar a la seguridad de que nuestras ideas se correspondan con las cosas; había, pues, que buscar un nuevo camino para borrar toda duda. Este camino lo encontró Kant en la conocida transformación de Copérnico: no es nuestro conocimiento el que se adecúa a las cosas, sino las cosas son las que se adecúan a nuestro entendimiento; es decir, nosotros conocemos las cosas sólo en cuanto se adaptan a nuestras formas intuitivas y conceptuales, las conocemos sólo como fenómenos, no como ellas son en sí; ahora bien: nosotros unimos o relacionamos los fenómenos, según nuestra organización intelectual, para construir con ellos un mundo. El problema, entonces, de toda filosofía vino a ser desde entonces el conocimiento claro y exacto de esta actividad desarrollada por nosotros. Esto conlleva un grave desplazamiento del pensamiento y la vida hacia el sujeto, la liberación radical del peso de un mundo extraño, y, a la vez, de toda intención de penetrar en este mundo por caminos complicados. Este desplazamiento da por resultado una nueva forma de conocimiento. A la tendencia trascendente del hombre le sigue una tendencia inherente. Se trata ahora de un autoconocimiento del espíritu que se crea un mundo. Positivamente, este conocimiento no es total, porque no puede formar su contenido por sus propias fuerzas, sino que tiene que tomar el elemento material del mundo de las cosas para ordenarlo y moverlo después según sus leyes propias. No podemos ir más allá de una actividad formal. De aquí que el mundo conceptual así formado esté limitado al hombre, que no puede salir de él. Esto implica una absoluta negación y un rechazo a viejas tendencias, pero el mismo límite exterior da lugar a una revolución interior de gran productividad. Al convertirse el sujeto en la base de un mundo, descubre en sí mismo una profundidad, una estructura espiritual; descubre un patrimonio espiritual, única cosa que puede aclarar nuestro pensamiento y lo que en nuestros actos hay de comprensible. A la vez, el núcleo de las cosas retrocede tras la conciencia empírica, y la necesidad de relacionar la imagen del mundo con fuerzas creadoras y la posibilidad de una teoría de la realidad produce nuevos procedimientos de conducta. Por este camino de la consideración empírica se destaca una consideración trascendental que da al hecho más profundidad, más lógica, más fuerza. El cuadro del mundo sufre un cambio fundamental en todas sus partes cuando los fenómenos no son considerados como cosas en sí, sino como relaciones dependientes del hombre. El entendimiento no toma sus leyes de la Naturaleza, sino que se las da él mismo.

El mundo que nace así es, como creación del hombre, su patrimonio inmediato; toda separación desaparece. Pero al mismo tiempo se transforma en un reino de apariencias: la adquisición nos ha costado cara; es indudable que hemos encontrado un límite insalvable a nuestras capacidades. Pero este límite no es definitivo; lo que se niega al conocimiento, es decir, la penetración en las últimas razones de las cosas, se muestra en el terreno de la acción. La actividad formal, como producción característica del espíritu, es común a ambos territorios; pero, mientras que en el conocer continúa unida a un mundo extraño, en el terreno de la conducta toma total libertad para Kant, y esto es lo que constituye la moral, que consiste precisamente en dotar de carácter independiente a la acción. La actividad formal logra aquí crear, con sus propias fuerzas, una realidad que va más allá de los límites de lo simplemente humano y que es el centro de toda realidad. Considerada así la moral, no es ya un trozo o un lado del resto de la vida, sino la vida misma; tampoco es ya una esclava de los fines del hombre, sino que se extiende más allá de éstos; tiene en sí misma su fin y su fuerza, y exige, por tanto, total independencia. No puede desarrollarse completamente sin configurarse su reino conceptual por medio de ideas directoras, que no son productos del conocimiento científico, sino de convicciones personales. El resto del mundo queda dependiendo de este mundo moral, convirtiéndose en un simple mundo rodeado. El hombre, que no sólo convive con las últimas razones de la realidad, sino que las saca de sí mismo, logra de este modo una grandeza y dignidad inabarcables, así como la conciencia jovial que posee seguramente la verdad. El antiguo problema de las relaciones del hombre con la realidad entra en una nueva fase que depende de las experiencias y rectificaciones de la Humanidad. El hombre debe ser capaz de desarrollar una actividad creadora si quiere conseguir una relación interior con la realidad. Kant establece esta actividad creadora en la moral, que destaca sobre las demás esferas de la vida, y esto explica el respeto que ha gozado siempre la moral en la conciencia de la Humanidad. Este es el tema donde Kant ha influido más en la vida común.

Se comprende perfectamente que la obra de Kant haya producido tan profunda emoción y que actualmente viva todavía con toda su fuerza. Terminó con una revolución espiritual, y no como si fuese un ensayo, sino sumergiéndose y vivificando todas las ramas de la vida. Hizo ver como insuficientes todas las producciones anteriores y puso la vida en un nuevo terreno. Pero suscitó tantos problemas y cuestiones que toda la tranquilidad desapareció durante largo tiempo. En el desarrollo de la Historia la obra de Kant aparece más como el comienzo de un nuevo movimiento que como obra definitiva; aquellos que más efusivamente aceptaron la revolución kantiana, intervinieron bruscamente en el sistema kantiano y no quisieron considerar el punto al que Kant había llevado las cosas como término definitivo. Sobre todo, un fuerte nerviosismo espiritual nació del hecho de que el eje de su pensamiento, una vez expuesto éste con toda claridad, activó con necesidad inherente, pero que en el nuevo terreno surgió un nuevo problema fundamental que provocó terribles luchas y dividió a los espíritus. Cada cual veía en Kant una cosa distinta. Cada uno tenía su Kant y quizá nadie el verdadero Kant. La duda se extendió rápidamente, tanto a la más concreta idea de la vuelta al sujeto, como a la separación de la razón teórica y práctica, al mismo tiempo que a la forma de cada una de estas dos esferas.

La clave de esta nueva forma de pensar es el desplazamiento de la realidad del objeto al sujeto; pero ¿cómo se debe entender el sujeto? No como el individuo, sino como la razón común a la Humanidad. Kant habla expresamente de una «conciencia en general»; pero esto ¿es una abstracción, una elección de los rasgos comunes de los individuos, o es una fuerza independiente superior a éstos y que los penetra? De aquí surge la cuestión de si el mundo que nace de la actividad del sujeto equivale a un círculo especial al lado del resto del mundo, o si éste encuentra sus raíces en aquél; si el movimiento espiritual está al lado o dentro de la realidad. Según se resuelva esta cuestión, el concepto de verdad será distinto, pensamiento y vida se configurarán diversamente.

El mismo Kant tiene soluciones distintas para las diversas esferas, dando a la razón teórica un significado fenomenal y a la práctica un significado fundamental. Esta separación es realmente importante y productiva pero, considerada como definitiva, no sólo pone en peligro la unidad de la vida, sino que perjudica también cada una de sus esferas; ya que ninguna de éstas, aislada, puede alcanzar absoluta seguridad, ni siquiera la amplitud necesaria. Un conocimiento que saca de su idea de la realidad los hechos y experiencias del mundo interior, sólo nos puede dar una visión parcial. Entonces la naturaleza toma demasiada importancia y el conocimiento se hace demasiado formal. Además, es difícil probar la consideración trascendental aquí desarrollada. Empieza por los resultados de conjunto y los sigue hasta las facultades que los engendran. Pero ¿están libres de toda duda? ¿Se han valorado bien contra las críticas del empirismo que hace surgir todas las relaciones progresivamente de los procesos particulares y les da otro sentido? La prueba recorre aquí un círculo vicioso; el *a priori* está basado en aquellos resultados de conjunto, pero éstos, a su vez, suponen un *a priori*. Por justa e importante que sea la transferencia y nivelación del desarrollo pensante en Kant, la forma de fundamentarlo y de detallarlo está sujeta a ciertas críticas. El conocimiento, con las limitaciones que le pone Kant, ¿puede sentirse satisfecho por mucho tiempo con el mundo de los fenómenos? ¿No sentimos la necesidad de unificar las cosas? El mismo Kant ¿no ha roto estos límites en el mundo de la moral?

Lo mismo sucede en el terreno de la moral práctica. Con incomparable energía ha elevado aquí Kant la vida a su más alto grado; es, como pocos, un conductor de la Humanidad. Por una fuerte disciplina, y por rigurosas negaciones, ha dotado al alma del hombre de nobleza y capacidad creadora. Pero la realización de este pensamiento liberador y dignificador encuentra varias dificultades. El mismo hecho fundamental, la aparición de un mundo de libertad en el hombre, no está suficientemente defendido contra la crítica del mecanismo psicológico; siempre puede renacer la duda de si es un fenómeno primario o un fenómeno derivado. La moral desarrolla aquí (y debe hacerlo para afirmar su posición) un mundo conceptual propio, produce las ideas de libertad, Dios e inmortalidad. Pero ¿pueden estas ideas aspirar a la unión unánime de los hombres? ¿No renacerá siempre la cuestión de si dicho mundo conceptual es no más que un consuelo que la pobre Humanidad se crea? Esto nos llevaría al terreno de un «como si». Además, esta moral para liberar completamente la conducta y elevarla sobre toda la maldad de los fines humanos, debe concretarse simplemente en la forma de esta conducta, en la forma de la universalidad. Con esto, la moral se convierte en simple ley, y no se ve cómo sería posible darle un contenido; Kant solamente pudo hacerlo acentuando el concepto de la personalidad y fortaleciendo el todo, con lo que el ser humano adquirió grandeza y dignidad. Pero, aún así, la concepción de la moral sigue siendo muy estrecha ya que sólo se refiere a las relaciones entre personas que actúan, pero nuestras relaciones con las cosas, como las que se dan en todo trabajo, por ejemplo: en el arte y la ciencia, no son incluidas en la valoración y en los imperativos éticos.

Todas estas objeciones dejan, no obstante, intacto el fondo de la filosofía kantiana; la liberación de la vida, que al mismo tiempo es infinitamente aumentada y profundizada, alcanzando una elevación que no había logrado hasta entonces, introdujo el problema de nuestras relaciones del hombre con el mundo en una nueva etapa. El paso dado por Kant no puede volverse atrás. Pero las objeciones expuestas sobre la fundamentación y la ejecución de su pensamiento nos demuestran que hay en Kant mucho que va más allá de su sistema. Por su influencia se produjo en su tiempo una reacción contra los límites impuestos a la autoactividad del sujeto, así como también una tendencia más acentuada hacia la unidad; el movimiento que de aquí se inició, y cuyas etapas no podemos seguir detalladamente en este lugar, se extravió cada vez más, yendo de lo ético a lo intelectual y de la conciencia inmediata del individuo a la vida histórico-social de la Humanidad, hasta que el sistema de Hegel nos mostró un nuevo tipo de vida, desarrollando al mismo tiempo un nuevo concepto de las relaciones del hombre y el mundo.

También Hegel descubre, dentro del reino humano, una actividad independiente de la naturaleza creadora, y, con ello, una relación interior del hombre con la realidad. Pero esta actividad consiste aquí en el pensar, en un pensar que se eleva, tanto sobre la simple representación, como sobre todos los fines humanos, a una posición majestuosa que tiene una ley propia y una capacidad de moverse progresivamente, y que, arrastrando toda existencia en este movimiento, le transforma progresivamente en un mundo del espíritu. Al convertirse así la realidad en un desarrollo de la idea, recibe una configuración totalmente opuesta: todo lo exterior se transforma en interior; todo lo individual se transforma en relaciones; todo lo que aparentemente está en reposo se convierte en un devenir, constantemente lo uno hace referencia a lo otro y se relaciona estrechamente con éste. El movimiento se resuelve en un clímax que a una afirmación opone siempre una negación, y que, por una sucesión de tesis y antítesis, produce una eterna renovación de la realidad. Considerado así, el pensamiento no es exterior a las cosas, ni los objetos son ya para él materia de ligeras reflexiones, sino que es el que crea las cosas, que encuentran en él su esencia propia y su plena verdad. En este proceso, lo individual es «suprimido» *(aufgehoben)* como ser independiente, pero es «conservado» *(anfgehoben)* como momento, como un grado de la totalidad. El proceso del pensar es representado aquí como una marcha triunfal, por la que entra en posesión de su reino; pero no acepta ninguna duda en su trabajo, no reconoce límite alguno como absoluto, lo cual no quiere que se pierda en una lejanía indefinida, sino que se busca siempre a sí mismo, busca la posesión de sí mismo, el conocer, ya que supone que todo el espíritu está en todas las cosas. Como en Kant, también aquí la libertad constituye el último escalón, el valor más alto, el fin supremo, con la diferencia de que de lo moral pasa a lo intelectual, del sentimiento a la fuerza. También se muestra la diferencia de que, mientras Kant, con la grandeza del hombre, señala también su límite, Hegel cree ver inmediatamente en la vida espiritual humana el espíritu absoluto; sólo de esta manera adquiere el derecho a despreciar todo límite y a hacer la confesión de que «nunca se puede decir suficiente de la grandeza y del poder del espíritu humano».

Por este camino se muestra al hombre una relación interior con el mundo. Como ser pensante puede vivir la realidad inmediatamente; es suficiente que separe toda subjetividad y se deje llevar por aquel pensamiento creador, siguiendo su necesidad absoluta. Este completo abandono forma en Hegel la esencia de la moral. En consonancia, la personalidad sólo tiene valor por su acción dentro del movimiento general; la forma individual por sí sola no tiene ningún valor. «Aquel que expresa y realiza lo que su tiempo quiere, es el gran hombre de su época.» Al mismo tiempo, se exige del hombre la generalidad; «el hombre debe nacer dos veces, una, naturalmente, y otra espiritualmente, como los brahmanes».

También esta idea de la vida y del mundo tiene su grandeza. El pensador afirma aquí un hecho que la Humanidad no ha parado de mantener desde Sócrates: el poder del pensamiento como un poder residente en nosotros, superior a nosotros, y que nos domina; este hecho es sustraído ahora del círculo de la vida individual y elevado a hecho universal de eficiencia ilimitada. Y como el punto de vista de Hegel es la vida histórico-social de la Humanidad, su fuerza principal reside en la poderosa síntesis y aclaración de esta esfera, demuestra de forma avasalladora que todo lo humano está dirigido por un poder superior, y se mueve por fuerzas propias, y desarrolla su propio contenido por un progreso incomprensible; así lo objetivo consigue toda su validez en las costumbres, en la ley y en el Estado, frente al capricho del sujeto. En toda realidad se reconoce un elemento lógico que es lo que configura su verdadera esencia.

De este modo la vida, en toda su extensión y hasta en sus últimas etapas, es vaciada en un mismo molde, y cada parte de ella puede crear una acción viva y universal; se comprende que este movimiento en su tiempo atrayese poderosamente los ánimos, y que, más tarde, su acción se introdujese profundamente en cada una de las esferas particulares. Frente a Kant, parece habernos revelado mayores horizontes, una penetración más firme de toda la realidad y habernos sacado de un estrecho subjetivismo. Como la libertad, según hemos visto, pasa de lo personal a lo impersonal, nace un sistema de fuerza impersonal que parece la cúspide de la cultura moderna, y que, en último caso, completó el intelectualismo moderno.

La suerte posterior de la filosofía de Hegel fue muy distinta de la del kantismo. El movimiento hegeliano fue una reacción brusca contra Kant, pero su filosofía quedó como punto de partida, atrayendo siempre de nuevo a los pensadores. En cambio, al gran éxito inicial de Hegel sucedió una absoluta reacción, la cual terminó en burla indigna, en la que su filosofía fue considerada como un engaño apenas concebible. La reacción inmediata de esta reacción fue seguramente la crisis en la dirección de la vida, provocada en el segundo tercio del XIX. Si hasta entonces la vida de Alemania estaba encaminada hacia los problemas de un mundo invisible, las preocupaciones del mundo material en la Naturaleza y la sociedad se acentuaron de tal modo que absorbieron todos los jugos del pensamiento y la sensibilidad; se desvaneció el interés y la comprensión de un sistema que transformaba la realidad en un simple tejido de ideas. A la vez, el nuevo espíritu de la época hacía sentir lo que el sistema hegeliano tenía de contradictorio con la experiencia de la Humanidad, y precisamente sus más grandes ideas fueron las que más oposiciones encontraron. Una de las cosas que formaban la fuerza del sistema era su carácter cerrado, unitario, rigurosamente sistemático. Pero esto era, a la vez, una severa limitación, y a ésta se oponía con fuerza irresistible la inagotable riqueza de formas y la pura independencia de la estructura de la realidad, opuesta a todo esquema y a toda construcción filosófica. La tan apresurada constitución de toda la extensión de la vida en un único molde, pareció luego como un golpe contra la individualidad de los hechos; la transformación de la vida en un proceso indefinido, se consideró como un excesivo relativismo; la transformación de la realidad entera en valores de pensamiento, y, sobre todo, de pensamiento que conoce, no permitía libertad alguna a las esferas particulares, como pudo experimentarlo con fuerte dolor la religión; esta epistemología del pensamiento prohibía a la vida tomar posesión de sí misma; el proceso del mundo era, sí, cada vez más claro, pero tal claridad no ofrecía ningún contenido vivo, con lo que era entregado a un continuo desprecio, y todo deseo era, en último término, inútil. Este vacío sólo se ocultaba porque, en favor de la alta personalidad del pensador, éste enriquecía constantemente su trabajo ideológico con mundos más rudos, dándole vida con elementos tomados de la antigüedad, al Cristianismo y a la cultura moderna. Pero la mancha estaba en el fondo, y, al separarse la personalidad del fundador en sus sucesores, los defectos habían de salir a la superficie. Es más, después de esta separación, la totalidad del proceso ideológico, su independencia y su superioridad frente al hombre, aparecía fuertemente amenazada. Las grandes capacidades de Hegel dotaron de cohesión a las fases particulares del proceso, haciéndole actuar como un todo sobre la vida humana. Pero en sus discípulos amenazó con destruirse en trozos aislados, perdiendo el pensamiento su posición privilegiada; los individuos utilizaron el sistema para sus objetivos particulares, y, por un destino peculiar, aquel mismo movimiento, que había hecho depender al sujeto de la disciplina del pensamiento, terminó en una excesiva exaltación del sujeto, en una intolerable corrupción de la reflexión subjetiva. Pero, al mismo tiempo, aquella separación del pensamiento fue un abandono de toda independencia de la vida espiritual. En este respecto, es muy significativo que la escuela hegeliana convirtiera la «Filosofía del espíritu» en un profundo materialismo, solamente animado por reflexiones ingeniosas. Por este camino un mundo puramente ideal amenazó con divorciarnos para siempre de la realidad en vez de unirnos a ella.

Pero, sobre todas las tendencias negativas y desgarradoras que de Hegel se han derivado, la acción principal del pensador conserva una profunda grandeza y continúa ejerciendo sobre nuestra cultura una influencia no menos poderosa por permanecer oculta. Particularmente, el socialismo alemán no se comprende científicamente sin Hegel; de él ha tomado su poderoso armamento espiritual. Los mismos conceptos de Estado y Derecho dependen de él. Además, tengamos en cuenta que, por muy vulnerable que aparezca la empresa de Hegel de liberar al hombre de lo malvadamente humano y descubrirle la esencia de la realidad simplemente por la evolución de un pensamiento majestuoso, es, a despecho de toda crítica insignificante, la última tentativa para resolver en alto sentido el problema que aquí nos ocupa, a saber: el problema de la relación interior del hombre con el mundo. Desde entonces ha pasado la Filosofía de una época heroica a una época mezquinamente burguesa; escapa, realmente, del peligro, con un prudente desprecio a toda especulación temeraria, pero pierde a la vez toda grandeza, y renuncia a lograr un significado para la Humanidad y para el trabajo de la cultura. Los nuevos intentos de síntesis, tales como el positivismo y el pragmatismo, acepta, como principal afirmación, la renuncia a aquello que aquí nos ocupa, a encontrar una relación interior con el mundo. Por eso nuestra investigación no tiene por qué ocuparse de ellos.

Según esto, hemos llegado al final de nuestra expedición histórica, y estamos ya en condiciones de calcular la acción de los siglos en este tema, y en qué dirección debemos llevar nuestros esfuerzos. Aparentemente, cada caso da un resultado negativo: el movimiento de la vida consiste en superar las antiguas soluciones, prohibiéndonos volver sencillamente a ellas. Una relación inmediata del hombre con el mundo ambiente, según el pensamiento antiguo, se nos ha hecho ya imposible, ya que la semejanza inevitable de ambos términos no deja que éstos desarrollen sus características; la vida interior no podía ser estudiada y la Naturaleza era falsificada por la introducción de valores humanos en ella; así, la separación de ambos términos, que refleja el comienzo de la época moderna, pareció una justificación y una liberación. Pero como en esta separación el mundo continúa estando presente al hombre y la vida de éste aparece unida a aquél, es necesario restablecer la relación por el trabajo espiritual; esto es lo que intentó hacer el siglo de las luces, descubriendo en el hombre una actividad cósmica y relacionándola con el mundo. Como vimos, esto produjo un importante desarrollo, pero la labor de separar y, a la vez, unir, era una contradicción interna; para producirla se derrochó gran cantidad de imaginación e ingenio, pero las ayudas eran complicadas y falsearon también la vida; Kant comprendió que esto no era suficiente y liberó al hombre del peso de un mundo externo a él. Sin embargo, introdujo el problema en un nuevo camino cuando descubrió en el hombre una vida independiente; esta vida crea un mundo por sí misma, mundo que no necesita ninguna justificación exterior, sino que contiene en sí mismo su verdad. Pero la parte más concreta de su obra consistió en mostrar que un aspecto especial de la vida, es decir la acción en sus relaciones con la moral, fue sacada de sus estrechos límites, dotada de total independencia y destinada a crear un mundo. Así, el hombre, como ser moral, pudo tomar parte inmediata en la fundamentación de la realidad.

Esto era una enorme transformación de las relaciones del hombre con el mundo, pero, como vimos, la solución del problema en esta dirección no fue la única; en Hegel aparece otra al lado de ésta, que concuerda con ella en destacar una forma especial de la actividad del resto de la vida, reconociéndola como una virtud creadora, pero, mientras en Kant ésta es la acción independiente, en Hegel es el pensamiento creador. Si esto provoca entre ellos una excesiva diferencia en su idea sobre la vida y el mundo, sin embargo, permanecen dentro de un terreno común. Los dos pensadores buscan y desarrollan en el círculo del hombre algo que va más allá del mismo hombre, que se da como un fin de sí mismo, que es animado por una fuerza propia, la cual le da una forma interior y que, por tanto, opone a la existencia un reino de la actividad, que no es una coexistencia de actividades; y la existencia debe rendirse a este mundo o hacerse depender de él. Con la participación en este mundo observa el hombre el alma vivificadora del conjunto de la realidad y se eleva la vida a incomparable altura sobre su contenido inmediato. Para esta elevación es necesario no sólo un cambio de sentimiento, sino una absoluta separación entre la actividad creadora y el contenido inmediato de la vida: la moral absoluta de Kant es profundamente distinta de toda moral que dentro de un determinado mundo puede ofrecer servicios por estimables que sean, e igualmente distinto es el pensamiento productor de Hegel con respecto a toda simple consideración y reflexión; al mismo tiempo, el método de esta actividad creadora se distingue de los métodos de la psicología empírica. El trabajo del pensamiento consigue, aquí como allí, una forma grandiosa, en cuanto realiza una inversión del primer aspecto de las cosas, desarrolla un mundo de actividad y la opone a la existencia inmediata. Esto da como consecuencia un movimiento de todo a todo que da a cada actividad realce; el filósofo se convierte de este modo en descubridor, en preformador de la realidad.

Pero, dentro de este esfuerzo común, Kant y Hegel ofrecen el más profundo contraste. La solución moral e intelectual del problema lanza a la vida en direcciones contrarias. En Kant hay más concentración y análisis; en Hegel, más universalidad y sistematización; allí la acción, el carácter, la grandeza y la nobleza del hombre como base del orden moral; aquí, desarrollo, objetividad, el hombre sobre la Naturaleza como partícipe en la evolución del mundo; allí, más oscuridad y el reconocimiento de las oposiciones de la realidad, a la vez, más necesidad de acción; aquí, una fe absoluta en la razón de la realidad, el pensamiento como elemento capaz de conciliación del hombre con el mundo, y, por consiguiente, una total tranquilidad en la contemplación filosófica.

Que estas soluciones no son estímulos arbitrarios, sino los únicos posibles, lo refleja el fondo que les presta la vida común de la Humanidad. En efecto, estos representan los puntos culminantes de las dos principales direcciones de la vida. Común a ambas es la dignificación del hombre sobre la Naturaleza; pero una consigue este objetivo por el camino del ennoblecimiento y hasta de la transformación del carácter, por la creación de un mundo interior espiritual, y, al mismo tiempo, por la actualización de un orden trascendental, del cual debe depender la vida humana. Este movimiento se representa en las religiones y órdenes morales de la vida colectiva, cuya cumbre filosófica la forma Kant. Tras del mundo ideal de Hegel está, en cambio, el movimiento cultural con sus esfuerzos por la subordinación y sometimiento de la realidad a fuerzas espirituales y, ante todo, intelectuales. Los dos movimientos tratan de llevar al hombre de la superficie de las cosas a su fondo, situándole en el centro de la realidad, desde el que pueda gobernar su círculo; en la configuración de un lazo entre la vida humana con la última causa del mundo, hacen convivir su propia esencia, y la prueba irrefutable de su propia verdad. Comoquiera que la moral y la cultura constituyen los dos pilares de la vida, a los que no hay otro tercero que añadir, así también los dos sistemas que se apoyan en ellos, son las dos únicas posibilidades con que cuenta la Filosofía para el hombre con el mundo por el desarrollo de una actividad independiente.

Pero este camino, por indiscutible que sea la autenticidad de su dirección inicial, no nos proporciona una verdadera solución, como lo demuestra la separación de sus dos ramas opuestas. No se pueden unir entre sí, ya que cada uno de ellos no puede asegurar a la actividad que elige una completa independencia y soberanía sin rebajar todo lo demás, incluso la actividad elegida por el otro. Así vemos que la solución moral disminuye la producción intelectual, y la solución intelectual, la conducta moral a un simple hecho secundario. A esto se debe la tensión y enemistad que en la vida del hombre reflejan moral y cultura. La moral suele considerar el sentimiento y el estímulo de la cultura como una excesiva presión perjudicial para las facultades humanas; pero al sentimiento, cultivado preferentemente por la moral, le parece el trabajo cultural oscuro y débil, y expuesto al peligro de una sobrevaloración de sí mismo. Esta separación se extiende también al problema del mundo; la idea de una moral y de una religión independientes se muestra en los ojos cultos como una fantasía; pero, en cambio, para la moral y la religión, el mundo de la cultura es un estado interior que no merece una dedicación total.

Ya de por sí, esta contradicción en la vida de la Humanidad impide que aceptemos una filosofía que se decida por una sola de estas dos direcciones. Nuestra propia investigación ha mostrado los límites comunes a estas dos vías, pues vimos, ante todo, que ni la consideración moral ni la intelectual son suficientes por sí solas para ennoblecer la totalidad de la vida;

no siendo todo lo que esté fuera de la actividad principal, más que un medio o preparación, existe el peligro, entregándose a ello, de estrechar la vida. Además, una estructura que no tenga independencia propia termina en puro formalismo, ya sea de la acción, ya sea del pensamiento. Una vida que en ella tenga sus raíces es incompleta, como lo han demostrado los pensadores mismos en la construcción de sus sistemas, pues han tenido que completar constantemente el tejido de formas que fabricaban, rompiendo los mismos límites que ellos se imponían. Por último, surgía también la duda de si la actividad que ellos predicaban en cada uno de sus sistemas y separada del resto de la vida estaba al resguardo de todo ataque y de toda duda. La originalidad de la moral, así como la independencia del desarrollo lógico dialéctico, puede ser discutida, y de hecho lo es. La absoluta originalidad y la absoluta certeza, ¿no estarán en el conjunto de la vida?

Pero todos estos inconvenientes afectan a la realización de la idea, no a la idea misma; ésta se impone con necesidad absoluta a todas las dudas que aquélla pueda suscitar. Como hemos visto, el movimiento histórico ha dirigido poderosamente el esfuerzo para encontrar una relación interior del hombre y el mundo por este camino. Si este camino nos está prohibido, la posibilidad de salir de los estrechos límites de nuestra naturaleza individual se desvanece; tenemos que renunciar a la integridad de la vida, y nos encontramos atados para siempre al lado exterior de la existencia. Y como a esto nos oponemos, se impone la cuestión de si la idea del devenir de un mundo en nuestro propio interior no es susceptible de otra interpretación. Aquellos sistemas resaltaban sólo un lado de la vida sobre el resto de ella, le otorgaban total independencia y le hacían determinar el carácter del conjunto. Esto producía no sólo una separación de la vida en distintos caminos, sino que, abandonada ésta a sí misma, la disminuía y la empobrecían, y su misma realidad quedaba expuesta a bastantes dudas e inconvenientes. ¿No podrían solucionarse estas dificultades dando una base más amplia a la labor y buscando, no un lado especial, sino un nuevo estado de la vida que llevase en sí una actividad creadora de un nuevo orden de cosas? De esta manera daríamos un nuevo paso buscando la solución, no en una actividad independiente, sino en una vida independiente. A esto nos obliga también la necesidad de dar unidad interior a la vida, la necesidad inexplicable de no poner la cultura y la moral una enfrente de otra como indiferentes o enemigas, sino de conciliarlas en una síntesis superior para que colaboren en su defensa común y refuerzo. ¿Quién se atreverá a negar que hoy sentimos profundamente la necesidad de este equilibrio y conciliación? La pregunta de si es posible una vida independiente, si ya se ha iniciado un movimiento hacia ella, no es una pura sutileza, sino que es la realidad misma y la experiencia. Hay que abrir los ojos ante tal realidad.

Por tanto, lo que el movimiento de la época nos presenta como problema es también el supuesto de toda Filosofía propiamente dicha. Y esto, por la estrecha relación que existe entre la Filosofía y el conjunto de la vida; sólo esta relación da a aquélla un contenido específico frente a las ciencias particulares. Éstas abarcan en su acción toda la existencia tal como se muestra a nuestra reflexión, no sólo la Naturaleza, sino también la vida del alma y las producciones históricas y sociales del hombre. La Filosofía sigue una tendencia hacia la totalización; si esta tendencia se limitase a unir los resultados de la investigación, no se habría conseguido nada nuevo, y la posición a la que la Filosofía aspira no podría probarse. Debe continuar esencialmente el problema del conocimiento y ofrecernos nuevas relaciones con la realidad; pero esto no lo consigue con el mero pensar; necesita una nueva vida, cuya aparición y pertenencias le promete una posición independiente frente a la existencia, y le debe prestar tanto la fuerza como el camino para perfeccionar la realidad. A la existencia tenemos que oponer una corriente de vida, un conjunto de hechos que sirva como centro de la realidad, pero que para su desarrollo y perfección necesite una apropiación de la existencia, o, por lo menos, un enfrentamiento con ella. La Filosofía encuentra entonces su tarea en apoderarse de tal vida independiente y ponerla en relación con los resultados de la investigación; dicha vida creará su problema inmediato, al que se unirán todos los demás; es de esperar que con su trabajo encuentre un camino para iluminar la realidad y acercarla al hombre.

Pero la cosa se complica por el hecho de que tal vida fundamentadora no está a nuestra disposición preparada y terminada, sino que ella misma es un problema. El camino que nos lleva hacia ella debemos hacerle practicable por el trabajo nosotros mismos, la experiencia y la lucha. Su terreno no es la conciencia del individuo, sino la vida histórica de la Humanidad, iluminada por el espíritu, que crea corrientes y relaciones particulares, actuando de este modo sobre la Filosofía, pues aquéllas, por medio de preguntas e imperativos, dan a las tendencias de la Filosofía objetivos característicos, hacen de ciertos objetos cosas principales y, de otros, cosas secundarias; contienen valoraciones propias, juicios fundamentales que, en definitiva, pueden ser justificados entre el pensamiento, pero que le señalan previamente su dirección. Toda mirada a la historia de la

Filosofía prueba tal relación entre ésta y la vida colectiva de la Humanidad; nos enseña que el movimiento de la Filosofía sólo se puede comprender desde el punto de vista colectivo de la vida espiritual del género humano. Toda Filosofía poderosa y eficaz está en íntima relación con las necesidades interiores de su tiempo, incluso, y precisamente entonces, cuando parezca contradictoria con la superficie de la época, ya que el verdadero tiempo se aleja muchas veces del hipotético. Por eso todas las revoluciones en Filosofía están estrechamente ligadas con las revoluciones en la dirección principal del curso de la vida. ¿No fue una nueva modalidad de la vida lo que determinó la caída del aristotelismo para adoptar un sistema más estrecho de experiencia y lo que extendió el pensamiento antiguo por caminos religiosos? Detrás de la Filosofía moderna, ¿no está el hombre moderno con sus nuevos deseos en la vida del conocimiento?

Esta íntima relación de la Filosofía con la dirección general de la vida humana es lo que constituye la virtud y el orgullo de aquélla, ya que participa de la historia de la Humanidad y la estimula; pero guarda, al mismo tiempo, graves peligros. En efecto, amenaza envolver a la Filosofía en todas las confusiones creadas por los cambios que se originan en la vida humana, y, transformándola en una simple expresión del carácter de una época, disolverla en una multitud de cuadros particulares. El apoyo que una época determinada comunica a la Filosofía no sólo es diferente, sino que puede desviarla de dirección y llevarla por vías fundamentalmente distintas. Actualmente, prevalece el monismo en la visión del mundo; incluso aquellos mismos que rechazan ciertas formas de éste, afirman que nadie que esté situado «en la cumbre de los tiempos» puede apoyar el dualismo. En la antigüedad decadente sucedía lo contrario: el pensamiento sufría una grave separación, tanto en su forma general, como en las formas de la vida humana; el abismo entre lo espiritual y lo sensible parecía totalmente insalvable, por lo que el dualismo era dueño del campo. El pensamiento de la trascendencia tenía el mismo encanto que el de la inmanencia hoy, o hasta hace poco. Y esta discrepancia entre los tiempos, ¿supone tan sólo un desplazamiento del punto de vista? ¿No se explica fácilmente que, mientras una época veía derrotados los fundamentos de la vida, la otra sentía una fresca corriente de vida, poniendo en primer lugar otras experiencias y otros problemas, y dando a la vida y al esfuerzo un nuevo centro? Lo mismo sucede en el terreno de la Filosofía práctica. Los que hoy, siguiendo la expansión de la vida moderna, entienden la moral como ética social, rompiendo todas sus relaciones con la religión, tienen que confiar profundamente en la bondad y en la razón de los hombres; tal confianza se apoya en las indiscutibles conquistas que la Humanidad moderna ha demostrado, no sólo en el estudio y dominio del mundo que nos rodea, sino en el progeso y humanización de sus propias relaciones. Pero los que, como Agustín y sus contemporáneos, estaban introducidos en la impureza moral y en la debilidad espiritual del género humano, sólo pudieron esperar la salvación de una ayuda sobrenatural, basando la moral en la religión. Esto no prohíbe un efecto sobre las relaciones, pero este efecto no pasa de ser efecto, nunca llega a convertirse en causa.

Este carácter temporal suele escapar a la habilidad de los pensadores, ya que cada uno se inclina a pensar que su tiempo marca la cumbre de la historia humana; pero el desarrollo posterior de los hechos demuestra la influencia que el pensador recibe de su tiempo; su obra aparece, a la vez, unida a su época, y alcanzada por el desarrollo posterior de las cosas. Cada presente se convierte rápidamente en pasado, y tiene que confesar su enorme condicionalidad. De este modo, la Filosofía amenaza con convertirse en una simple continuidad de fenómenos irracionales, en un espejo de los tiempos y en un trozo de la historia de la cultura. Y como toda supuesta verdad pronto se transforma en error, se trataría, no de una desvaloración, sino de una ruptura interior de la Filosofía. De aquí la crítica de la que ésta ha sido objeto, antes de ahora, por no tener una firme contextura, de basarse en la continua sustitución de un sistema por otro.

Esta solución de la Filosofía no se puede mantener si nos colocamos en el punto de vista vulgar; sólo es posible evitarla admitiendo que la vida, de la que nace toda Filosofía, no es obra del simple hombre, ni producto de sus estados cambiantes, sino que en ella late algo independiente y de acción propia, que, por medio de la historia, alcanza para el hombre una importancia superhistórica. Para que la historia sea algo más que una acción del momento o una fugitiva procesión de formas, que, después de una fugaz existencia, se derrumban en el vacío, hay que reconocerla un desarrollo independiente, un fin en sí misma; sólo así podemos pensar en una historia del espíritu que no sea una mera sucesión de hechos.

Esta clase de historia es también el supuesto de lo que llamamos la formación por la historia, ya que exige que en el terreno del tiempo aparezca algo que no envejece, sino que actúa con fuerza de juventud en todos los tiempos.

Pero la vida independiente, la única que ofrece a la Filosofía independencia, contiene una gran exigencia, como es la transformación esencial del contenido dado de las cosas. De los objetivos y de las situaciones del hombre, debemos separar una vida que se posesiona de sí misma y se desarrolla por sí misma con valores y bienes propios; una capa de realidad más profunda, más allá de las acciones y de los fines humanos. La variedad de las formas de la vida y de sus efectos sobre el pensamiento no desaparece con esto de ningún modo; pero no dicen ya la única palabra, ya no nos entregamos a ellas indefensos, sino que podemos huir, en favor de una vida activa, de la separación, comparar las producciones particulares en la piedra de toque de un contenido continuo y hacerlas depender de un todo más rudo. Sólo desplazando así la vida del estado de pasividad al de actividad, se justifica la tendencia hacia una Filosofía independiente; así debe ser si queremos sacar a la vida de los cambios y vacilaciones de los estados humanos, y buscar un refugio contra la corriente del tiempo. Así, la tendencia general hacia una Filosofía independiente va unida al anteriormente mencionado imperativo de la situación específica espiritual; el problema de una vida independiente, poniendo en lo más alto de la investigación el problema de una vida independiente, de su existencia y de su naturaleza.

3. El ascenso de la vida

La vida es el fenómeno primario, del que parte todo lo que nosotros llamamos realidad. Pero no es un concepto sencillo y unívoco; el que le considera así, le limita fácilmente a un grado inferior y rebaja su verdadero significado. Realmente, el mundo al que pertenecemos muestra un movimiento de ascenso de la vida, a través de distintos grados, por el que ésta es cada vez más libre, más independiente, más una, hasta que, por fin, llega a un punto en el que entra en posesión de sí misma, y, como vida independiente, recoge en sí toda la realidad y se convierte en mundo. De este modo puede hablarse de una historia de la vida, y como sólo podemos comprender por su desarrollo el último fin al que aspira, nos ocuparemos brevemente de aquél.

En primer lugar encontramos la vida en la Naturaleza, unida a los primeros estados de organización en la materia. La especulación puede conducirla, en cierto modo, a lo inorgánico, pero la investigación rigurosa tiene que reconocer un límite. En este estado natural surge la vida abundantemente en innumerables puntos de las plantas y del reino animal; lo que hay de vida en las plantas aparece sometido a un estado de letargo y a una estricta dependencia del mecanismo de los elementos; sólo en los animales se inicia cierto despertar, dándose una mayor concentración y una tendencia a la interiorización, aunque dentro de unos límites muy pequeños. Hasta aquí se puede hablar de estados interiores, éstos vienen a estar determinados por las circunstancias ambientes. La vida depende aquí, por completo, de las impresiones y estimulaciones procedentes del exterior, mientras que el movimiento se produce hacia fuera; el principal impulso es el de la propia conservación, y consiste en afirmar los distintos puntos en una síntesis espacial, y, sobre todo, en movimientos de ataque y defensa, de persecución y de huida. Tan sólo la propagación y cierta intranquilidad por la descendencia rompen los límites de este egoísmo individual, pero bajo la presión de oscuros instintos, con lo que la vida logra muy poco progreso. La actividad anímica es sólo un epifenómeno de las relaciones con el ambiente; las funciones anímicas están condicionadas por cualidades corporales: unos animales se valen de su habilidad; otros, de su fuerza o de su velocidad. Como aquí no se puede reconocer una verdadera interioridad con fuerzas y fines propios, más que de una vida propia se trata de un momento; además, permanece esparcida en puntos y partes separados. La vida de los individuos se desarrolla en puros procesos individuales y en estados particulares; aunque de las formas más diversas entren en contacto o se unan y se compliquen, no se crea de aquí ningún todo que dé por resultados mutuas consecuencias y pueda crear superestructuras. Tampoco provoca, que nosotros sepamos, esta reunión de seres una comunidad, un mundo interior colectivo. Realmente, esta vida no carece, dentro de los límites de la Naturaleza, de un movimiento ascendente hacia formas más elevadas, que destacan según la organización va siendo más perfecta. No se puede desconocer, tanto en los insectos con sus estados, como en los mamíferos superiores, ciertas semejanzas con la vida humana, en estos últimos, sobre todo, bajo el influjo del hombre. Pero, si bien hay que reconocer algunos principios de un grado superior, éstos no forman un todo que pueda superar los límites de la Naturaleza; lo que gana el ser en inteligencia y concentración se mantiene destinado a la conservación natural, cuando no del individuo, de la especie; más bien le sirve para aumentar el cuadro de la Naturaleza que para romper su marco.

Pero el cuadro de conjunto, observado desde un estado superior, aparece como una enorme contradicción. Los puntos aislados en los que irrumpe la vida la sostienen fuertemente y ponen todo su esfuerzo en afirmarla. Pero ¿qué es lo que ofrece esta vida tan tristemente conquistada y conservada a los que la poseen? No es otra cosa que esporádicos momentos de excitación y satisfacción; al margen de esto, un completo vacío. ¡Cuánto ruido por nada! En la configuración y activación de la vida aparece cierta finalidad o, más bien, adaptación que el hombre considera adecuada; pero los individuos no se unen en un fin de conjunto, más bien se molestan, chocan los unos contra los otros. A un animal se le ha dado un arma de ataque; al otro, una actitud de defensa; de este modo, el efecto de la Naturaleza se neutraliza. Y todavía más cuando la conservación de la vida en un asunto conlleva a su destrucción en otro, como se ve en los animales carnívoros, que no conocen la piedad. De aquí la rápida desaparición de los individuos, un continuo nacer y morir sin sentido y sin fin. Y no sólo desaparecen los individuos, sino también especies enteras, y toda la vida orgánica está pendiente de condiciones elementales, cuya permanencia se aleja mucho de estar asegurada. Probablemente, la vida de los seres del universo está limitada a un breve período; incluso suponiendo que se reproduzca en una época posterior, este ritmo apresurado de mundos que nacen y mueren no da a la Naturaleza ningún sentido; este continuo retorno, este movimiento en círculo, no asegura un resultado permanente. Pero, al mismo tiempo, en el universo se descubre tal orden y belleza, en nuestro mismo círculo contemplamos tal perfeccionamiento y dignificación de la vida, que es imposible considerar todo esto como obra quizá de un ciego. Antes deberíamos considerar al mundo, con Platón, como un hijo de la razón y la necesidad. Pero también esto es contradictorio. Es cierto que hay que reconocer cierta razón; pero se limita a la forma, no tiene contenido.

El movimiento ascensional de progreso sólo se muestra en el círculo humano. El hombre, realmente, permanece íntimamente ligado a la Naturaleza por mil relaciones. También para él es la vida un problema de autoconservación contra el medio que le rodea, una relación de efecto y contraefecto, un episodio, y sus representaciones forman algo impetuoso de las impresiones sensibles y se relacionan mecánicamente; también en el hombre la tendencia principal es la conservación, incluso cuando de físico se transforme en social; también el hombre y el amor hacen de él un animal, y su vida se rige por un orden de placeres y dolores. Y este estado no se limita a los comienzos de la vida social, sino que se mantiene hasta en los más altos grados de la cultura.

Pero esta vida natural no es el todo en el ser humano, no es lo que a éste le ofrece un significado característico. En el hombre hay una tendencia que le dota de nuevos rasgos y que da una nueva cualidad a su vida, haciéndola independiente.

Esta vida que, en oposición a la natural, se podría llamar espiritual, se destaca ya por su forma elemental de lo sensible, en cuanto es realzada por el trabajo intelectual y por él mismo logra la libertad y la independencia. Este trabajo no se limita, de ningún modo, al entendimiento, sino que abarca el vasto círculo de la vida, transformando el sentimiento y el instinto. El estado de la sensibilidad se produce en la vida como un simple desarrollo de relaciones con el medio y con sus estímulos; pero el pensamiento rebasa estas relaciones, se opone al ambiente, descubre en sí una ley y una fuerza, y no sólo desarrolla el dato sensible, sino que crea, por su propia virtud, nuevos valores, construyendo, por fin, un mundo, una realidad ideal, sobre la que pueda establecerse el mundo sensible, en todo lo cual no se puede desconocer una transformación del estado inicial.

Esta transformación realmente, se ha realizado paulatinamente en la historia. El hombre aparece dominado al principio por la esfera sensible; sólo después, y poco a poco, aparecen en él rasgos espirituales, que luego van adquiriendo cada vez mayor relación entre sí, hasta que, por último, producen una mutación, por la que la esfera espiritual se convierte, al fin, en el centro de gravedad de la vida. Esta evolución se refleja en el lenguaje, cuando lentamente al sentido inicial meramente sensible de las palabras va sustituyendo un sentido espiritual hasta hacer olvidar a aquél. También los conceptos se esfuerzan constantemente en superar la impresión sensible, hasta que, por último, se hacen independientes de ella y rechazan toda relación con el mundo sensible, como sucede, por ejemplo, en las matemáticas puras. En este sentido, los tiempos modernos, con su exaltación del trabajo intelectual, han realizado un considerable progreso; han transformado, más que ninguna otra época anterior, el mundo del hombre en un reino del pensamiento, otorgando a los valores y principios ideales un poder renovador. Aunque esta transformación se produzca muy lentamente en la historia y con retroceso, la sustitución de los valores sensibles por los ideales progresa siempre, está por encima de los caprichos del hombre, y en ella hay que buscar la clave de la transformación de la vida. El pensamiento, por tanto, no sólo refleja la existencia sensible, sino que es el taller de un nuevo mundo, el medio para ganar un nuevo estado de realidad.

Esta tarea exige la participación de tres condiciones: en primer lugar, deben surgir nuevas unidades, nuevas bases de vida; luego, éstas deben desarrollar contenidos propios y, por último, debe iniciarse un movimiento de construcción de una nueva realidad; en estos tres puntos se ha de apoyar el ascenso a un nuevo estado de vida. Veamos cómo puede producirse.

En primer lugar, por lo que se refiere a las bases de la vida, en la transformación a la espiritualidad, la sucesión de los hechos es superada; nace una nueva clase de relaciones, en la que la variedad es unida en una conformidad y convertida en un todo, de modo que la posición de la vida no está ya orientada hacia el exterior, sino hacia la producción del todo. Así lo demuestran todas las principales esferas de la vida: el individuo, la sociedad, el trabajo espiritual. La conciencia no sigue siendo ya un lugar vacío, por el que desfilan los hechos, sino que constituye una unidad activa, un punto central dominante que el progreso de la vida afirma y fortalece, y de la cual, finalmente, puede surgir una personalidad independiente, así como una individualidad espiritual. Esta unidad no acepta sin reserva lo que le llega del exterior; logra retrasar, según su valor para el todo, los hechos particulares, acercarlos o alejarlos y asimilárselos como hecho propio al aprenderlos. De aquí una gradación, una nueva configuración de la vida, un experimentar *(Erleben)*, no un simple vivir.

Pero la comunidad humana vence la estrechez y la separación de los momentos particulares, y convierte la sucesión en relación, que tiene un contenido propio y configura a los individuos con fuerza descomunal y ennoblecedora. Esta comunidad va en ascenso, desde el limitado círculo de la familia, hasta el conjunto de la Humanidad. En la nación está presente en gran medida la formación de una unidad espiritual, que implica algo más que la suma de individuos; tiene su psicología propia y crea su propia historia, configurándose en poder independiente frente a los particulares, y formando, a la vez, una parte de su alma. No sucede otra cosa con el Estado, y, sobre todo, con las religiones. Éstas muestran claramente que la comunidad no se compone de individualidades cerradas, sino que tiene fuerza para mostrar a sus miembros y colocarlos en un ambiente propio. De este modo, los motivos guías del todo no están condicionados por los fines de los individuos (donde esto sucede aparece una injusticia), sino que éstos están movidos inmediatamente por aquéllos, y son aceptados por ellos como fines propios. Las corrientes de vida que aquí actúan impiden al hombre permanecer en su simple yo, le hacen sentir lo despreciable de tal permanencia, provocan en él un fuerte deseo, más por alcanzar infinitos horizontes interiores que por la cerrazón en su propia existencia.

El nacimiento de diferentes esferas de vida más allá del círculo individual, como, por ejemplo, la ciencia, constituye una superación de lo particular. En ella actúan leyes y fuerzas singulares, que se excluyen de todo capricho individual, y que, sin embargo, viven en la esencia humana como patrimonio propio. Estas esferas desarrollan dentro de ellas una tendencia a convertir la simple convivencia inicial en un sistema, es decir, en un tipo de relación, en la que una idea general pasa por diferentes grados hasta los individuos, y, de este modo, ilumina el todo. Por eso la ciencia persigue, ante todo, una separación, en la que ciertas partes fundamentales llegan a adueñarse de inmensas extensiones de hechos, y transforman a los individuos en simples expresiones y aplicaciones de ellas mismas. Este enriquecimiento, con un nuevo y poderoso carácter de conjunto, incluso en las funciones elementales, marca verdaderamente grandes producciones; sólo el señor acuña moneda propia; los demás se sirven de la ajena. Así no encontramos ninguna teoría del conocimiento, digna de tal nombre, que no tenga una idea propia del juicio, esa función básica del pensamiento.

También la acción adopta este rasgo del todo y crea con él nuevos modelos. A una vida intensa no le bastan fines particulares ni simples sensaciones de placer; todo objetivo individual va más allá de sí mismo y se hace depender de un objetivo general; pero éste sólo se encuentra en una concepción total de la vida, que encierra en sí misma una actividad propia que no nos es dada, sino que tenemos que conquistar y conservar. Este sentimiento de conjunto excede el reino del placer y el dolor, y hasta puede otorgar al esfuerzo y al sufrimiento un valor y transformarle en un bien. Pero como el estado inferior continúa, nacen diferentes capas de vida, las cuales pueden valorar distinta, e incluso contrariamente, el mismo hecho. Evidentemente, el sentimiento de vida y felicidad no se mide en todos los tiempos por la suma de placer de que éstos disponen. En tiempos de poco placer, pero de mucho trabajo y lucha, los hombres pudieron sentirse satisfechos, porque el conjunto de la vida les producía altos objetivos, y ellos los perseguían, mientras que un posible aumento de placeres y una efectiva disminución de dolores rompía la felicidad, produciendo un vacío espiritual. ¡Qué feliz pudiera ser el presente si decidiese aquella medida! Con esta transformación de la vida en su conjunto cambia también su estructura interior, y el hecho principal retrocede tras la superficie de los hechos particulares. Desde entonces, en cada una de las actividades particulares, se da el todo de la vida, la actividad se eleva a autoactividad; la simple vida, a una vida. Sólo esta transformación produce valores como el carácter, el sentimiento, la fe; aumenta la tensión del conjunto de la vida cuando, en cada punto aislado y en cada momento, se lucha por el todo y se exige el todo.

Así nacen nuevas unidades y nuevas relaciones. Pero el movimiento iniciado necesita además que estas nuevas relaciones aumenten de contenido, produciendo nuevos valores y bienes, y construyendo, finalmente, una esfera propia de vida. Pero esto sucede en cuanto el hecho psíquico se libera de las ataduras exteriores, se desarrolla cada vez más interiormente y, por último, opone al mundo exterior un reino interior. Esta independencia del espíritu se realiza en todas las esferas de la vida y del trabajo.

La ciencia sólo es posible cuando separamos de nuestras representaciones sensibles conceptos procedentes de nuestra propia actividad; éstos no se conforman con recoger lo común a varias impresiones, sino que producen nuevas relaciones con los objetos, en cuanto se elevan sobre el simple contacto con ellos y tratan de identificarnos con ellos y revelarnos su propia vida y esencia. Tal dirección al objeto da a su contenido otra ley de estructuración distinta a las representaciones sensibles; aquí lo diferente no está meramente yuxtapuesto, sino que es ordenado y nivelado según su importancia para el todo. No siendo el concepto un mero resultado mecánico de la representación, sino que exija una actividad del espíritu pensante, no coincide con aquélla; a la vez, el mundo ideal que posee en sí mismo independencia y consistencia propias frente al mundo sensible. El hombre que piensa vive en dos mundos: el de la impresión inmediata y el creado por la actividad del pensamiento.

De un modo semejante, el pensamiento y la acción rompen las ataduras que el ambiente le imponen y desarrollan un nuevo estilo en la atmósfera del pensamiento por el sostén de la independencia. El bienestar sensible y todo éxito en el mundo exterior es para la acción un objeto insuficiente; un impulso creciente hace de la satisfacción del alma un objetivo principal, midiendo el valor de los bienes exteriores, menos por el placer inmediato que producen que por lo que sirven al desarrollo de la vida espiritual. El progreso de la cultura convierte poco a poco lo sensible en medio e instrumento al servicio del esfuerzo espiritual. Por otra parte, el sentimiento creado por las relaciones que se establecen entre los hombres no permanece ya unido a la impresión sensible, sino que por el pensamiento es introducido en nuestra alma y va más allá de todo límite sensible. El lenguaje oculta frecuentemente, por la identidad de denominación, la diferencia de los procesos anímicos que surgen de allí. El amor y la simpatía de especie sensible, y el amor y la simpatía de especie espiritual, son cosas distintas. El amor sensible, íntimamente ligado al instinto natural, que es variable y fácilmente se cambia en su contrario, ¡qué lejos está del que nace de la actividad espiritual, y se funda en lazos interiores! Elevada por la religión y la moral a su altura, la compasión nacida solamente de una lamentable impresión sensible, ¡qué lejos está de la compasión creada por la experiencia de la suerte común humana, que da lugar a preocupaciones y necesidades comunes! Aquellos sentimientos dependen de la actualidad sensible, y no pasan de ella; éstos se extienden a lo infinito, y su acción no tiene límites.

A este desarrollo de las cosas en sí mismas corresponde también una transformación de la configuración de la vida. El ciego instinto natural es superado, y la vida se eleva a una unidad que cobija a lo distinto y heterogéneo, lo juzga, y se eleva de este modo desde un hecho hasta una acción. La libertad que de aquí nace no conlleva a una total libertad de elección, pero se distingue ya, evidentemente, del mecanismo del hecho natural.

De este modo, el movimiento posterior dc la vida es también otra cosa que un simple resultado o producto de un proceso natural, tanto en el individuo como en el conjunto de la Humanidad. Puede suceder que, dentro de un sector limitado, se produzca un desarrollo tranquilo y lo posterior se introduzca en lo anterior, pero siempre se producirán períodos de choque y presión, en los que haya que descubrir nuevas posibilidades y desatar nuevas fuerzas; esos tiempos de crisis obligan al hombre a tomar una decisión, y le demuestran evidentemente que es algo más que un instrumento de las fuerzas naturales. Todo esto nos convence de que la transformación hacia el interior de la vida nos sitúa en un nuevo terreno y nos abre nuevos horizontes.

Pero todavía queda un punto oscuro. ¿Cómo es que este movimiento hacia el interior puede crear una realidad opuesta a la realidad exterior y crear un nuevo ámbito de vida? Para esto se necesita un nuevo plazo, que se produce haciendo la vida una separación en sí misma; y esto lo hace eligiendo de la actividad algo objetivo, reconociendo a este elemento objetivo una naturaleza propia y tratando de desarrollarla. Así, frente a la actividad, hay algo fijo; pero, como ya está separado de la vida y permanece en sí mismo, la vida se extiende de dentro a fuera, ganando con esta bilateralidad un reino propio, y encontrando a la vez un tema para su propio recinto, ocupándose y asentándose en sí misma. Así, de los cabos sueltos se forma un tejido estable, una realidad.

Este desprendimiento, esta fijación del objeto se extiende a las formas más simples de la vida. Así, por ejemplo, el lenguaje humano, frente a los simples sonidos con que el animal manifiesta sus sensaciones, tiene un carácter objetivo; así se soluciona en conceptos el contenido de las impresiones sensibles y la dirección hacia la cosa, que caracteriza la forma del juicio, y la relación causal, que se distingue de una simple asociación. Con todo esto, sobre el hombre se eleva algo dentro de él que se mantiene fijo frente a todos sus juicios y le libra del poder de sus caprichos y opiniones. Y como esta transformación hacia la objetividad convierte a la investigación en el fin director del pensamiento, configura por este mismo hecho la acción, oponiendo constantemente al capricho propio el derecho y las exigencias de las cosas; haciendo posible la comprensión de los demás hombres y de la sociedad en su propio valor y la asimilación verdadera de este valor; comienza de este modo un nuevo tipo de comunidad y de vida colectiva, que nos permite, conservando nuestra propia personalidad, acercarnos a los demás y compartir la suya.

Por este camino, la vida se configura en sí misma, adquiriendo un fin propio e imperativos propios y desarrollándose en una dirección constante. En primer lugar, se produce una separación, una separación de lo que al principio fluía totalmente mezclado; sujeto y objeto, actividad y materia de esta actividad, tienen que separarse. Pero, como lo objetivo permanece dentro del recinto de la vida, ésta presenta dos lados, que solicitan independencia, pero que, no obstante, se necesitan para su desarrollo particular. Del efecto mutuo y armónico de ambos lados nace el verdadero trabajo, el trabajo como producto de una obra interior. Pues si el trabajo significa primeramente la elaboración de un objeto exterior para fines humanos, el trabajo de índole interior forma un estado superior. En éste hay que conciliar la actividad con el objeto y unirlos en una acción. La absorción en este trabajo libera al hombre de todas las agudezas y dudas de la reflexión, da a su esfuerzo una dirección firme y a su vida un núcleo estable. La vida espiritual forma así una nueva realidad, y, a la vez, una superación esencial del hecho inmediato. Así, el hombre recibe de la comunidad espiritual más de lo que a ella aporta.

Con esto, el conjunto de la vida aumenta en movimiento. Pero no por esto está sometido a la evolución del tiempo, pues la cosa se hace independiente de éste como un fragmento de una sucesión intemporal. Al mismo tiempo, al separarse la vida de los procesos particulares, la variedad de los hechos se puede reducir a unidad, aumentándose de este modo la vida hasta constituir un mundo. Sólo por medio de la formación de este mundo interior conseguimos hacer un universo de la multitud confusa de los fenómenos; la raíz del mundo ideal está dentro de nosotros, no fuera.

Tales transformaciones desplazan y elevan todos los fines y valores de la vida. Sólo entonces nace el concepto de verdad. Entonces parece claro que no le es suficiente con el deseo de conocer una simple sucesión de representaciones, sino que exige una relación con las cosas, con lo que se enreda en una aparente contradicción; pues al mismo tiempo que es necesario un proceso objetivo con su caracterización propia, necesitamos mostrarle a la vida, apoderándonos de él. Esta contradicción es impensable cuando la vida no consigue desarrollarse en el sentido expuesto. La separación del bien de lo útil y agradable corresponde a este capítulo. Continuamente, al hombre se le representan los cuidados de su conservación, el cultivo de su utilidad, demasiado pequeños, y le mueve no un orden venido de fuera, sino la fuerza interior ascendente de su vida propia, que le hace exceder aquellos límites. Hace que no le parezca bastante con lo simplemente humano, le lleva por nuevos caminos que, a pesar de su oscuridad, le hacen elevarse sobre su estado natural.

Esta elevación marca un progreso que, desde la simple convivencia, nos hace vivir en el todo, y, rompiendo nuestras ataduras con el exterior, nos permite adoptar una nueva forma; de la confusión inicial nos lleva a una separación y a una nueva estructuración, y de este modo, a la construcción de una realidad dentro de la vida misma. Todos estos efectos crean nuevas condiciones para el hombre, que se reúnen en el trabajo cultural. La cultura encierra en sí una independencia del hombre frente a la Naturaleza; ya no toma lo que ésta le da buenamente, sino que crea y cambia, dirige y mide, formándose él mismo su círculo de vida. Así, no sólo supera la Naturaleza sensible, sino que vence la estrechez y pequeñez propias; no sólo consigue hacer más, sino ser más.

De aquí nace una confusa mezcla de libertad y determinismo. Evidentemente, aquella formación de un reino del espíritu en el terreno del hombre, con sus nuevos fines y sus nuevas formas de vida, no es un hecho del simple hombre, sino que hay que entenderlo como un ascenso de la vida, en cuanto ésta gana independencia propia y contenido propio. Pero si el hombre tiene que reconocer en su propia vida la acción de un poder superior, tiene, al mismo tiempo, que considerar esta acción no como un proceso natural, sino como algo que debe recibir y adaptarse, porque colabora en su perfección. Así, logra el hombre un valor insuperable, en cuanto tiene la misión de admitir en sí esta fuerza y aumentarla, es decir, en cuanto en él y por él, por su acción, el conjunto de la vida progresa. Desde entonces, todo lo que cae fuera de este movimiento parece pequeño.

Pero también se muestra evidente que todo nuevo valor produce graves dificultades. Como la experiencia muestra, el ascenso de la vida, en el hombre, no se produce simple y llanamente, sino que encuentra muchas resistencias que debe vencer; los límites de la naturaleza humana son un peso en esta ascensión; la mediocridad de las relaciones humanas no le da ni carácter ni fuerza para elevarse a un grado superior; el estado inferior no sólo se mantiene contra el superior, sino que utiliza éste en virtud de sus propios fines y se introduce en él despóticamente; por esto, la condición del hombre no sólo se muestra como insuficiente, sino que además se muestra como una transformación; el movimiento hacia adelante se hace imposible, y, como no puede retroceder, se produce una situación contradictoria y convierte la existencia humana en una insoportable mediocridad. De este modo se ve tanto en el conjunto como en los rasgos particulares.

El nuevo estado debía tener como base el pensamiento. Pero el pensamiento abandonado en sí mismo, como pensamiento aislado y suelto; el pensamiento como reflexión no es capaz para este fin. Sólo como pensamiento creador fundado en el conjunto de la vida, lleno de ella e impulsado por ella, como vaso de una vida que se desarrolla en posesión de sí misma, sólo así alcanza su propio contenido y sirve para ello; ya que, separado de ella y dedicado únicamente a sus propias fuerzas, sólo consigue contornos difuminados, sombras inestables, y todo lo que encuadra en sus esquemas no tiene más que una existencia aparente. Antes es una fuerza destructora que creadora; puede hacer que el estado inferior sufra, pero no puede ascendernos al superior. Pero el grado medio de las existencias humanas nos refleja al pensamiento en esta soledad: por lo mismo, no puede dar a la cultura que él crea absoluta independencia frente a la Naturaleza o frente a la maldad humana; en lugar de formar un círculo propio, lo que hace es acompañar, rodear otros círculos, reflejarlos y desvanecerlos; por tanto, la vida espiritual, más que elevar al hombre, lo que hace es rebajarse hasta él. De aquí que todas las partes principales de esta tendencia de la vida que nosotros perseguimos están manchadas, en el círculo humano, con el sello de una violenta contradicción.

De aquí surge una nueva estructura de la vida que, a una simple configuración de elementos, enfrenta una formación interior y pone en acción un todo. La vida humana recibe un nuevo estímulo, pero le falta la fuerza para dirigirse a un mundo superior, y, al mismo tiempo, su naturaleza se mantiene muy insegura. Frente a la personalidad de los individuos, la personalidad y la individualidad espiritual deben configurar una nueva unidad de vida, crear nuevos fines, producir nuevas fuerzas. Desgraciadamente, el nivel medio de la vida presenta estos valores, demasiado débiles y pálidos. La retórica sólo sirve para ocultar esta debilidad. Es más, muchas veces el instinto natural se apodera de ellos y los utiliza para adornar de triunfos su egoísmo. El pueblo y el Estado alcanzan, sí, una corriente media, pero no una unidad espiritual, un carácter de propio troquel. Los problemas y cuidados materiales suelen desplazar el esfuerzo de aquellos fines; pero esta desviación viene a ser retribuida por una corrección de orden exterior. Especialmente, el todo es demasiado débil para absorber la energía de los individuos. El bienestar propio sigue siendo el motivo principal de la acción; los problemas generales son cosa secundaria cuando no son considerados como excusa para intenciones egoístas. El esfuerzo por la conservación natural se convierte pronto en ambición perjudicial; frecuentemente, bajo la capa o la excusa del bien general.

Incluso en el trabajo espiritual, el movimiento hacia el todo rara vez alcanza una absoluta victoria no por falta de buena voluntad, sino por imperfección cultural. Las ideas fundamentales no pasan de un contorno inerte, y, aunque son bastante fuertes para otorgar determinada forma a la materia, no consiguen transformarla radicalmente.

Las mismas dificultades encuentra el movimiento hacia la interioridad. Consigue, sí, romper la existencia natural, pero no crear contra ella un reino independiente; a la seguridad de la negación no corresponde la de la afirmación. En la mayor parte de los casos de la vida, los instintos naturales alcanzan un predominio considerable, y las cuestiones materiales hacen pasar los ideales a un segundo plano. Los valores espirituales, difícilmente consiguen despojarse de los apegos sensibles, y cuando se desprenden de ellas, se hacen oscuros y vacíos. La religión demuestra claramente estos peligros. Su naturaleza íntima la obliga a romper los límites del mundo sensible, oponiendo a éste un reino del espíritu; pero, a la vez, trata de acercar este mundo al hombre, conquistándole para él. Pero, según se dirige a uno o al otro, corre el peligro o de crear conceptos insuficientes e inconcretos, o de adaptarse tan íntimamente al hombre que introduzca lo sensible en lo suprasensible y desnaturalice esta última esfera. Por eso vemos que las religiones muestran constantemente dos conceptos de la Divinidad: uno amplio y otro estricto; uno inalcanzable, pero vacío; otro cercano y productivo, pero antropomórfico. El culto de la Virgen María demuestra qué cercanas están las religiones de caer en el engaño de las imágenes sensibles. También, en otras esferas, algunas tendencias altamente espirituales experimentan fácilmente una recaída en lo sensible; así sucede, por ejemplo, en el arte, y especialmente en el romanticismo. La cultura, casi siempre, lo más que hace es dominar exteriormente lo sensible, pero no vencerlo interiormente. Con frecuencia sólo es disfrazado y refinado con matices espirituales. No es raro que un período cultural termine en un sensualismo perjudicial. Un ideal superior sentirá esto como insuficiente, pero no excederá sus límites; el hombre es esclavo del placer que él mismo debía despreciar. También en esta dirección, el movimiento se detiene a mitad de camino; lo que él mismo considera secundario, le arrastra como fin principal. Pero ¿hemos de culpar principalmente por esto al hombre? El espíritu, ¿no permanece unido hasta sus más íntimas raíces con lo sensible? ¿Puede independizarse de algún modo del poder de lo material?

Finalmente, esta expansión de la vida, ya descrita, esta construcción de un mundo, no sigue un desarrollo uniforme y lógico. Ante el hombre, la vida se separa perdiendo su unidad inicial. Pero detrás esta separación no se alcanza una nueva unión que la dignifique. Se abre un profundo abismo que prohíbe toda salida recta, toda absoluta satisfacción. Queremos agrandar un mundo, y, en vez de esto, el mundo se separa de nosotros, se sitúa rígido y distante ante nosotros y se burla de nuestros impulsos de conquista. Pero no podemos prescindir de él sin convertir nuestra vida en una mísera pobreza. Por tanto, retomamos nuestras tentativas y sufrimos un nuevo fracaso. Nuestra esperanza estaba puesta en la victoria del trabajo creador, pero los mejores propósitos no son suficientes, la fuerza empleada no encuentra el camino del objeto, la meditación y la duda se interpone siempre entre nuestras reflexiones y las cosas. Toda buena voluntad se golpea con la dureza de este obstáculo. Esta impotencia del esfuerzo humano, justamente en el punto decisivo, pesa fundamentalmente en la actualidad, la cual siente profundamente aquella separación, experimentando toda la separación de la prudente reflexión y el trabajo creador.

Dicha separación detiene nuestro esfuerzo en pos de la verdad, debilita las cosas y su poder sobre nosotros. No sólo está mediatizado por un choque entre nuestros fines egoístas, sino que, frecuentemente, es un medio cómodo, un instrumento para disfrazarlos. Por eso con razón nos mostramos desconfiados cuando se imploran el derecho y las exigencias de las cosas; fácilmente se oculta de este modo un propósito ambicioso.

Las confusiones que surgen de aquí afectan igualmente a las relaciones de hombre a hombre. También aquí se crea una confusión de la primitiva conciliación, una separación entre los individuos, y termina la posibilidad de ver en el hombre un sujeto y de compartir sus estados de alma, de configurar, por un efecto mutuo entre las almas, un recíproco ennoblecimiento. Pero el desarrollo no corresponde al deseo. Con toda la riqueza de manifestaciones exteriores, los hombres permanecen, en su mayor parte, interiormente ajenos unos a otros; viven más bien en una simple convivencia que en una unión verdadera; a esto se añade generalmente una indiferencia pasiva. Por otra parte, el hombre se enfrenta contra este estado de cosas, contra esta limitación a su propia individualidad; siente la soledad de su alma como una carga insoportable; pero no por eso se libera de ella. No sucede otra cosa en las relaciones entre los pueblos; también ellos viven en la soledad espiritual y la incomprensión, sin una comunidad de vida. Por tanto, la fuerza espiritual fracasa, la posibilidad no encuentra el camino de la realidad.

Todas estas dificultades perjudican al conjunto de la cultura, que se propone otorgar al hombre de una nueva vida. La cultura comienza este camino, pero no le sigue con paso estable; plantea problemas, pero no los soluciona; nos asigna deberes, pero no nos da las fuerzas para cumplirlos; produce muchos deseos, pero no los satisface. Así el total de la cultura sufre una profunda contradicción. Y ésta la debilita de tal modo, que cae al servicio de los fines mezquinamente humanos, ofreciendo, en vez de una cultura espiritual independiente, un estado de impurezas y de dudas. A esta indecisión va unida mucha falsedad; ya que, por lo mismo que el ascenso de la vida conduce al hombre, éste se disfraza, no sólo ante los demás, sino ante sí mismo, para no caer en una completa humillación. Esta falsedad, esta impureza es la que ha provocado tan profundas lamentaciones de los pensadores en todos los tiempos, tantos ataques contra la condición de la Humanidad. De aquí la duda de si la cultura, más que un beneficio para el hombre, no es un daño. Los progresos son evidentemente numerosos, pero se limitan al lado exterior de la vida y sólo se refieren a nuestras relaciones con el mundo exterior; entonces es muy cuestionable si realmente evolucionamos en el orden moral. La vida en su desarrollo experimenta bruscos golpes que dejan al hombre en la oscuridad. En todo caso, el desarrollo de la cultura le deja insatisfecho. ¿Podemos asegurar que le haga feliz? ¿Aumentan con el paso del tiempo su fuerza espiritual y la nobleza de sus intenciones?

El problema tiene raíces más profundas de lo que parece. Se trata de averiguar si todo perfeccionamiento, dentro del círculo humano, tiene suficiente poder para cambiar la esencia del hombre. Sobre todo, en el orden histórico social, parece no encontrarse suficiente fuerza para mejorar al hombre, como en tiempo se pensó, esperando de un aumento cuantitativo un perfeccionamiento cualitativo. Ya que historia y sociedad no se encuentra fuera, sino dentro de aquella posición confusa y contradictoria, y amenazan las producciones indiscutibles con graves daños. El hombre ejerce, sin duda, una presión de carácter intelectual, técnica y práctica cada vez más intensa, sobre todo lo que le rodea, pero este progreso no desvanece su vida interior, no le hace más noble y más grande en sus dimensiones anímicas; por el contrario, el alma parece sentirse debilitada y oprimida por el exceso y rapidez del trabajo conducido hacia fuera y contaminado de la confusión de las cosas.

El triunfo del trabajo se convierte, por esto mismo, fácilmente en un fracaso del hombre. Si la formación de una historia excede del momento fugitivo y convierte, la experiencia de los siglos, en una adquisición del presente, éste pierde, por su relación con lo extraño y lo pasado, su independencia, su originalidad, su verdad misma; como hijos de la historia vivimos una vida más que nuestra, prestada. Trabajamos afanosamente en la construcción del elevado palacio de la cultura, pero siempre llega un momento en que los cimientos se conmueven y el edificio tiembla. Tampoco nuestros lazos con la sociedad nos ofrecen verdadero beneficio. Quizá crece tanto el poder de conjunto como la relación y el trabajo de los individuos, pero su estructura origina, a la vez, a través de todas las diferencias de las configuraciones políticas y sociales, tanta dependencia, tal indigestión de uniformidad, tal número de apariencias superficiales, tan terrible confusión de grande y pequeño, que todo este enredo no nos sirve para nada; el hombre sigue siendo en todas partes hombre y muestra en todas sus acciones la señal de una dualidad. De aquí que sólo los espíritus superficiales esperen de las transformaciones políticas la salvación de la Humanidad y la dignificación de las almas; la fe pueril del siglo XVIII en el hombre sufrió un golpe tremendo por las experiencias de tiempos posteriores, sobre todo de estos últimos tiempos. Pensemos lo que pensemos de Nietzsche, éste lleva razón al decir: «Toda filosofía que pretende resolver el problema de la existencia por un acontecimiento político es una parodia de filosofía, una falsificación de la filosofía.»

Fracasado, entonces, el intento de aclarar la confusión de la vida humana y de darle un sentido en sí misma por una unión de la convivencia y la sucesión, queda probada la absoluta insuficiencia del hombre abandonado a sí mismo; vista desde aquí la vida, aparece como una contradicción en sí misma, como un intento del todo de recorrer un camino que la experiencia confirma como un error.

Sólo podemos huir de esta terrible crisis rompiendo los límites de nuestra propia individualidad y creando nuevas fuerzas tomadas de otras relaciones más amplias que nos proporcionen nuevos deseos de vida. La alternativa que aquí se ofrece no admite disminución de ninguna clase, para todo aquel que ve claro. Pero el hecho mismo de sufrir el hombre lo doloroso de aquella situación tan profundamente es un signo favorable de que no se abandona a ella; de este sentimiento surge rápidamente un deseo de liberación y salvación, y, como la experiencia enseña, son precisamente las almas más nobles las que se sienten agredidas de ese deseo y para su realización ponen como aportación todas sus fuerzas. Y no permanece en un simple deseo, sino que esta tendencia se convierte en acciones y creaciones; pero esto, como el progreso de nuestra investigación demuestra, sólo puede ocurrir cuando el ascenso de la vida rompe la trama de pequeños fines del hombre y se crea un contenido propio, alcanzando un nuevo punto eficaz para la acción. Sólo este movimiento dota a la vida de un alma y nos hace esperar que podremos derrotarla, por otra parte, inevitable falta de sentido; realmente nos muestra al hombre como imperfecto, haciendo de su existencia un duro problema, un enigma lleno de misterios.

Este deseo de libertad brilla, sobre todo, en la esfera religiosa, ya que, aunque también en ella el nivel medio ofrezca una ruda confusión de ideas elevadas y mezquinas, y lo divino se encuentre mezclado con las representaciones y los fines humanos, todos los grandes espíritus encontraron esto insatisfactorio y hasta despreciable; el entusiasmo, como un fuego que consume, trata de depurar lo divino de toda ilusión y de separar con toda claridad su reino del reino humano. Así, desde sus inicios, todavía perceptibles en toda la historia del hombre, aparece una tendencia a separar un elemento peculiar, maravilloso y superior, de todo lo que forma la vida diaria, y a alabarlo como algo sagrado incomparablemente superior a todos los demás valores y a sufrir y sacrificarse por su causa. Y esto es, incluso no un fenómeno particular dentro de la religión, sino su raíz más profunda. Desde las etapas más inferiores de la Humanidad a este sentimiento de respeto le ha acompañado en todos sus avances, purificando constantemente su expresión, pasando de lo sensible o visible a lo invisible, pero sin desaparecer con esta transformación. Cuando amenazaba con desaparecer, rápidamente disminuía la tensión interior de la vida, haciéndose ésta desagradable y sin alma. Cuando este sentimiento alcanza su forma espiritual más alta, aparece y exige una nueva vida, que no es considerada como obra del hombre, sino como favor divino, ya se entienda como renacimiento, o como unión con el todo; en uno y otro caso no se trata del perfeccionamiento de un estado anterior ni de un desarrollo lento, sino de una ruptura violenta, de la revelación de algo nuevo; el hombre antiguo y el nuevo se separan, la relación causal se rompe, es el milagro como factor de vida.

De un modo semejante, la moral produce en el hombre una ruptura consigo mismo, una superación de sí mismo. Es verdad que los tiempos modernos han puesto notable empeño en crear una moral puramente humana, y la pedantería burguesa se ha orgullecido con el triunfo de una «ética social»; pero, en realidad, este lamentable cambio sólo obtuvo una vida superficial con ayuda del respeto que le prestaron creencias anteriores y más profundas. Una vez que se entienda la moral en sentido estricto como deber o en un sentido menos severo como amor, siempre necesita algo superior a la existencia inmediata; siempre la negación exige una afirmación. A pesar de esto, la moral no es simple imaginación, y quien la entiende correctamente ve en ella un milagro no inferior que el de la religión.

También en la creación artística, como en el conocimiento, se notan claramente un grado inferior y un grado superior. El primero domina en la vida diaria, el segundo está señalado en su dirección por el trabajo histórico. De un lado, la permanencia en el círculo humano y la preocupación del bienestar del hombre; de otro, una revolución, un impulso hacia la esencia de las cosas, un vivir de su verdad, una transformación del hombre. La idea de una verdad científica y artística nunca hubiera conquistado de tal modo las almas, si no hubiera detrás la fe y la esperanza en una vida superior, con una nueva relación fundamental con la realidad. El todo no aparece ya aludido como un círculo estrecho, sino que la débil copa se rompe, la dura corteza se funde, la vida eterna penetra en el hombre. Pero los espíritus creadores sabían también que esta transformación no se produce por la fuerza del individuo, sino por una fuerza sobrenatural, y que lo que configura su esencia es una liberación del estado meramente puntiforme, y es obra de una vida fundamental.

Según esto, en todas las partes de la vida se produce una superación del hombre, una colaboración de éste en la vida creadora. Contra la opresión en el círculo meramente humano actúa una fuerza superior que vence la confusión de lo bajo y lo alto que ofrece el nivel medio de la vida. Pues este nivel medio se complace obstinadamente en negar la independencia de lo sobrenatural, sin ver que esto destruye las propias fuentes de la vida y la paraliza. Los que así piensan hacen de lo sobrenatural un objeto preferente de ataques y de burlas.

Así, todo movimiento espiritual muestra una continua contradicción y un violento enfrentamiento con este estado inferior de la vida, pero triunfa a pesar de todos los ataques; de lo contrario, no sólo no habría religión ni moral, sino que ni siquiera habría arte ni filosofía; pero como, para que los sentimientos superiores venciesen dentro de nosotros las dificultades que tienen que vencer, sería necesario que reconcentrasen todas sus fuerzas, lo que no es posible mientras se conserven separados en las diferentes partes de la vida; por eso hay que considerar toda variedad como desarrollo de una ruda y productiva unidad y tratarla en consonancia para que el movimiento destaque su carácter y obtenga, a la vez, las necesarias estabilidad y seguridad; la convivencia de esferas alejadas quita la suficiente claridad al todo e implica también el peligro de que las diversas corrientes de vida se aparten unas de otras e incluso se manifiesten enemigas. Es necesario, entonces volver al todo, que es el fundamento general, elaborarle poderosamente, darle absoluto efecto y considerarle como hecho independiente. El proceso de nuestra investigación mostrará todo lo que se va ganando con esto; pero, además, el buen derecho de aquella transformación se prueba también indirectamente considerando que, sin una vida independiente, cada actividad especial caminaría dudosa e inestable, y más directamente teniendo en cuenta que su realce y apreciación abre nuevos horizontes, introduce nuevos contenidos, despierta nuevas fuerzas y conduce el trabajo desde el conjunto de un débil comienzo hasta un carácter notable. De este modo, aquel todo creador de vida es para nosotros, hombres, por un lado, supuesto indispensable, por otro, poderoso fin; pero entre supuesto y fin está el proceso de transformación de la vida, el ascenso interior, la transformación del destino en hecho propio, y, a la vez, una clara iluminación de nuestra situación. Sólo esta transformación hace posible que no nos estanquemos en la simple humanidad y que podamos volver al primitivo manantial de vida; sólo así se aclara la frecuente impotencia que quiere lograr estos objetivos, pero que retrocede ante los medios, que afirma y niega a la vez, cayendo así en una absoluta depresión y en la falsedad. Aquella transformación debe actuar concentrando lo que sin ella se diseminaría, lo que sin ella permanecería aislado, logrando un contenido positivo, transformando en afirmación lo que se presenta como negación y haciendo, de lo que sin ella sería un simple peso, el alma de la propia vida. Veamos ahora más concretamente cómo establece aquella transformación la estructura fundamental de nuestra vida en todos sus rasgos principales y qué beneficios nos promete.

II
DESARROLLO DE LA TESIS PRINCIPAL

1. El desarrollo de la estructura fundamental de la vida

Hemos visto que la vida humana, en su movimiento de ascenso, rompe los límites de la naturaleza sensible en tres direcciones fundamentales. De la simultaneidad de una composición surgen relaciones estables que se distinguen claramente; la vida, en vez de resolverse en simples relaciones exteriores, constituye en sí misma un círculo y desarrolla a la vez una interioridad; finalmente, se divide y vuelve a unirse, con lo que gana un espacio de existencia y crea una realidad; todas estas transformaciones se efectúan por medio del pensamiento y a través de la formación de un mundo ideal que supera el mundo sensible y se siente aclamado a su conquista.

Pero continuar este proceso ascensional equivale a vencer los enormes obstáculos que encuentra en el círculo humano. Falta aquí, a la relación, tanto un carácter marcado como una fuerza que derrote a los elementos particulares opuestos; la interioridad no consigue afirmar su independencia, sino que se entrega a aquella misma fuerza que tenía el compromiso de vencer; esto trae consigo una separación, y la vida, en vez de una pura realidad, sólo consigue apariencias de ésta. En todo esto, la actividad del pensamiento demuestra la incapacidad para producir un nuevo estado de vida; por lo que más que una fuerza de creación original es una reflexión o compañía y también una solución o evaporación. Así nace aquel estado de depresión y falsedad que no podemos aceptar, y del que, sin embargo, no conseguimos alejarnos.

Sin embargo, una posibilidad de salir de este estado se ofrece con la inauguración de una vida total, que actúa en el hombre y para el hombre por voluntad propia y con fuerza superior, consiguiendo la situación de conjunto con ella un nuevo aspecto en todas sus divisiones. Pronto descubrimos que lo que nos conduce en esta dirección actúa anunciando en nosotros esta vida; y, además, que su absoluto reconocimiento y dominación progresa punto por punto, y por todos lados se aclara y fortalece.

No por eso desaparecen las objecciones, además parecerán mayores; pero la independencia que alcanza lo nuevo mejora nuestra situación esencialmente, los obstáculos retroceden, lo superior y lo inferior se separan distintamente, al perezoso estancamiento le sigue una lucha leal y sincera. Lo que perjudica a la vida no es la existencia de diferentes estados, sino su confusión.

Sobre la convivencia de elementos el movimiento progresa, aparecen nuevas formas de vida, se imponen nuevos valores. Hasta ahora no consiguieron, en efecto, aparecer con imagen propia, caían en lo mismo que querían evitar; no era posible evitar la confusión. Pero la misma confusión dejaba intacta la idea de que en el hombre actúa algo que quiere superar esta nueva convivencia de estados naturales; y esta tendencia muestra cierta realidad, que, por lo nuevo que aporta, indica que es imposible que sea un producto del simple hombre, ya sea individuo, o masa. Aunque la unidad personal, el conjunto de verdades que forma un sistema científico, la configuración de un todo llamado pueblo o Humanidad, sea cosa tan episódica e incompleta que no pase de deseo o esperanza, como ideas, existen ya, y forman, al destacar un nuevo estado de cosas, una especie de realidad, la realidad de un nuevo estado de vida. Ese rasgo de unidad no puede proceder del hombre, sino de la vida misma que por él se muestra como un todo, que asciende por sus propias fuerzas. Sólo la acción de esta vida de conjunto hace posible un mundo común de ideas, una comprensión mutua y un sentimiento recíproco entre los hombres, una transferencia del destino individual a la Humanidad entera, representada y extendida como un fin moral. Las religiones son las que demuestran cuánta vida hace surgir esta tendencia, que es más que una simple fantasía, así como el arte, pues tanto aquéllas como éste implican necesariamente una armonía de las almas y la información de una atmósfera espiritual común. Y lo que en esta dirección actúa en el hombre excede su simple individualidad, ofreciendo un contenido interior a la vida, que desarrolla fuerza e imágenes propias.

Pero el reconocimiento de todo esto supone en sí poca cosa, sólo tiene valor en cuanto nos lleva a una conquista, en cuanto provoca un movimiento para apoderarse de aquella vida como propia y hacerla objetivo de nuestros esfuerzos. Y esto produce nuevas perspectivas y nuevos estímulos. Cuando los estados superiores se despojan de la confusión y se hacen independientes por un acto de rebelión, la necesidad de una más concreta determinación de su naturaleza y de su contenido se impone, y la debilidad con que los mediocres se configuran la idea del todo se hace insoportable. En esta dirección, la idea de una generalidad tenue aporta un poder terrible sobre la Humanidad; ofrece, en vez de una verdadera realidad, simples sombras, esquematizando la vida en un simple intelectualismo, y escondiendo la necesidad de una revolución radical. Así, por ejemplo, vemos, desde los pensadores griegos hasta Hegel, el culto de los conceptos generales. Terriblemente se nos presenta aquí este dilema: o lo general es sólo una abstracción de lo individual, es decir, la señalización de aquello que se encuentra en todos los individuos, en cuyo caso es imposible crear nada nuevo ni formar valoraciones especiales, o tiene un contenido propio, superior a aquellos individuos, y entonces tiene que ser la expresión, el recinto de una nueva vida, y sacar de ésta su valor. Ahora bien: la simple forma de la tenue generalidad no consigue esto. Pero cuando, en vez de esta debilidad, el concepto de lo general se concreta en la idea de un todo unitario, inmediatamente surge la necesidad de reconocer en este todo un carácter propio, carácter propio que adquiere la vida al perseguir este todo. Por lo menos la situación general se convierte en problema y los defectos se hacen sentir como tales. ¿Cómo probaríamos, por ejemplo, el amor a la Humanidad si ésta no fuese más que una idea general?

La superposición de los rasgos comunes de los individuos no justifica ningún respeto ni origina una comunidad; sin una unión en una unidad superior de vida, y sin la actuación común, el concepto se mueve en el vacío y es incapaz de producir una acción profunda. Un saber que quiera ser conocimiento no puede satisfacerse con clasificar y firmar, ni con construir una pirámide compuesta de ideas cada vez más generales, es decir, cada vez más vacíos, sino que debe buscar un todo universal y perseguirle en la formación de unidades particulares, animándolas y dándoles vida.

De aquí que el trabajo deba dirigirse en dos sentidos: primero, debe ensayar un universo, que sólo se concrete por el desarrollo del trabajo, que, partiendo de la variedad de lo individual, sólo reciba la vida de su relación con el todo.

De este modo, el cuadro conjunto de la vida, en cuanto ésta se saca a la causa natural, adquiere una nueva luz. La vida independiente no puede llegar a los individuos sin actualizarse inmediatamente como un todo, sin configurarse como vida propia y esfuerzo de cada uno de aquéllos, sin ser reconocida por los mismos como su verdadera vida. Por tanto, el movimiento tiene un carácter inherente, se mantiene en nuestro propio dominio y no en relación con algo exterior, por lo que gana una fuerza inmensamente mayor. A la vez su deber y su tensión se elevan. Porque ya no es suficiente un desarrollo tranquilo por caminos firmes, sino que se hace inevitable, ya que la vida inmediata permanece unida al pequeño yo individual, una ruptura y una transformación; ya no basta lograr esto o aquello en la vida, sino que es necesario lograr una nueva vida, un verdadero yo; la lucha se establece de todo a todo. Y ya se demuestra aquí que toda vida verdaderamente espiritual contiene una acción penetrante, y en este sentido tiene un carácter ético. Con esto, la tendencia ética consigue desterrar el carácter fundamentalmente negativo con que se muestra a la imaginación del pueblo. En efecto, la moral parece imponer al hombre una limitación, una subordinación, un abandono; y ahora parece que esta negación sólo se produce en beneficio de una afirmación y toma su fuerza de ésta. El tema principal de la formación ética es siempre vivir esta afirmación y crear un nuevo y verdadero yo, frente al antiguo, sólo aparente. A la vez, sólo a través de esta transformación la vida humana adquiere el carácter de grandeza. Pues si el todo con su infinidad no da vida a los individuos, éstos no pasarán de ser un trozo de una configuración dada, y su movimiento será un movimiento simplemente de punto a punto; sólo por virtud del todo, la vida puede tener un sentido de conjunto y medir por éste sus estados actuales, sólo así la vida es para el hombre una relación de mundo a mundo, un movimiento y una decisión sobre mundos.

Pero una imagen característica del universo como de la sociedad humana, nos hace vencer las contradicciones a las que estamos sujetos y nos demuestra que el todo puede llegar a ser vivido por los individuos sin oprimirlos ni romper su independencia. El orden universal nace cuando los seres individuales no son simples hilos de un tejido ni tampoco partes, sin independencia, de un ser único, sino cuando son algo independiente con acción propia, que, sin embargo, colaboran en el todo, cuando pueden rebasar su carácter atómico sin perder su yo; pues así nace de la realidad un mundo de mundos, adquiriendo ésta una vida profunda. Sólo así se explica que ideas como personalidad e individualidad espiritual, adquieren tanta importancia y ejerzan tanta fuerza de atracción; y sólo así es posible vencer en la religión la oposición de deísmo y panteísmo, es decir, de una relación meramente externa con la divinidad y de una completa resolución en ella. Pero, en la sociedad humana, esta transformación nos eleva también sobre la oposición entre una concepción mecánica y una concepción orgánica. Como las dos imágenes están tomadas del reino de la Naturaleza, sus ideas no expresan adecuadamente la cualidad esencial del hecho en los grados superiores, así como su necesaria transformación. La concepción mecánica, que lo construye todo sobre el individuo, no explica el amor y el sacrificio por el todo, y, en cambio, la orgánica, que lo espera todo del todo y sólo ve en los individuos una dependencia de éste, les quita la independencia y la originalidad de su vida. La sociedad humana exige, por su naturaleza, una configuración que haga posible, tanto una vida común superior a los individuos como una inmediata imagen del todo en las almas. Pero como tal organización otorga a cada individuo un deber y le llama a una decisión (podría llamarse, frente a la concepción mecánica y la orgánica, concepción independiente), no nos liga desde el principio a una efectividad necesaria, sino que nosotros mismos debemos crear nuestra realidad y constituye un objetivo que debe ser logrado. Así, pues, el reconocimiento de una vida independiente superior a los individuos, y, sin embargo, actualizada en el hombre, nos muestra el mundo, no como una cosa completa y perfecta, sino como un devenir. Por esto también cada vida debe demostrar su productividad, no por una producción terminada, sino por el establecimiento de nuevas posibilidades, a cuya realización anima la insuficiencia de concepciones anteriores que la hacen necesarias; debe estimular movimientos, producir progresos que traigan consigo un ascenso en la esencia de la realidad. Aquí entra en juego algo que no es simplemente casualidad inútil, y que en toda la perfección de lo presente anuncia una vida independiente y creadora.

Ya vimos que el todo no puede lograr absoluta independencia sin adquirir un carácter propio; y esto nos lleva al problema de la interioridad. También aquí la idea de una vida independiente y libre desvanece las confusiones cuyos efectos desesperanzados conocemos. En primer lugar, la experiencia común proporciona una base firme y una clara iluminación. Vimos que la historia del hombre está inundada de un movimiento hacia la interioridad y realiza una transformación de lo sensible a lo suprasensible; incluso cuando como individuos permanezcamos ligados al mundo sensible, los valores no sensibles son las fuerzas estimulantes cada vez más dominantes en la acción colectiva, el mundo material va dejando poco a poco su lugar a un mundo espiritual y por él vive y se valora. ¿Qué es lo que ha traído, entonces, esta revolución, que es mucho más importante de lo que la mediocridad cree? Seguramente, no pudo nacer por una debilitación de las impresiones sensibles, pues esto no hubiera sido suficiente para darle un contenido sensible ni fuerza de movimiento, así como tampoco dar a la cultura independiente frente a la existencia sensible y establecer una violenta oposición entre ellas, ya que, incluso admitiendo que las fuerzas particulares pudieran originar progresos de vida que excedan el dominio de lo sensible, correrían entonces diferentes hilos unos junto a otros, pero nunca podría nacer de su confusión, la unidad de un mundo interior que domina y ennoblece el esfuerzo de los individuos. Y los esfuerzos humanos van dirigidos a la conquista de este mundo interior. Por último, la interioridad hoy desarrollada no puede ser obra de un pensamiento dudoso; ya que tal pensamiento supone ya la liberación de la sensibilidad; pero, además, no comprendemos cómo puede nacer de él el movimiento hacia la independencia, ni desarrollar su fuerza un carácter y actuar como impulso. Por tanto, debemos reconocer una vida independiente cuyo progreso es lo que hace comprensible la interioridad. Formaría, entonces, no un simple paso, sino el núcleo de la realidad; sólo partiendo de aquí es comprensible que toda particularidad se solucione en una unidad ruda, en la que adquieran expresión las diferentes individualidades.

Pero para que se produzca un progreso en la vida es necesario que la comprensión se convierta en una detención o conquista. Debe transformarse en aquella vida y en su posesión para dar a lo suprasensible un sentido positivo, fortaleciendo y aceptando una lucha contra la tendencia adormecida. Esta lucha debe dirigirse, ante todo, contra la irrupción de elementos sensibles en los valores no sensibles, sobre todo cuando el desarrollo histórico de la Humanidad más se haya convertido lentamente de lo sensible a lo espiritual. En este desarrollo el conjunto de la vida, incluso en su tendencia a un mundo suprasensible, puede desenvolverse en límites reducidos. Épocas enteras reciben de esta circunstancia un sello singular. En este punto se percibe una diferencia fundamental entre el pensamiento medieval, que todavía actúa en nosotros, y el pensamiento moderno. La espiritualidad de la Edad Media era más pasiva e insinuante que activa y creadora, por lo que los elementos sensibles constituían parte integrante de los valores y desarrollos espirituales, y sólo por la aportación de aquéllos parecían éstos poder llegar a total madurez. En cambio, en los tiempos modernos lo espiritual adquiere absoluta independencia y originalidad, surge una interioridad independiente, que considera lo sensible como simple instrumento o expresión de aquélla.

Pero, por lo que se refiere al hombre, la interioridad necesita luchar, porque éste se inclina a considerar el espíritu como cosa subjetiva, en perjuicio de la fuerza y la verdad de la vida. Esto ha adoptado distintas formas según los tiempos: por ejemplo, en las épocas fundamentalmente religiosas aparece como entusiasmo sentimental y protestante de aspecto humilde, mientras que, en los períodos fundamentalmente artísticos, en forma de *patos,* de fiesta de sentimientos anormales e hinchados. Aquí como allí, esto constituye una interioridad innecesaria que corrompe el trabajo espiritual. El reconocimiento de su progreso propio en la vida independiente puede oponerse a esto, en cuanto plantea el problema de la medida en que en este movimiento se muestra un contenido espiritual y eleva a los individuos sobre su estado inmediato.

Finalmente, también se opone a la situación de la verdadera interioridad por conceptos generales formales. Aquí hay un gran peligro, y hasta se puede decir que un error de los tiempos modernos. Ha querido derrotar la irrupción medieval de elementos espirituales en el trabajo espiritual, pero con frecuencia, en lugar de verdaderos valores espirituales, ha introducido simples conceptos intelectuales, débiles, haciendo depender la vida a éstos, que permanecen sin relacionarse, por lo que no pueden dar firme fundamento a la vida ni oponer suficiente fuerza a lo sensible. Así se entiende que la evaporación de la vida que se consigue de esto produzca un renacer de la manera de pensar de la Edad Media, ya que la vida necesita algún fundamento; si no lo encuentra en sí misma, lo tiene que buscar fuera; el pensamiento libre no ha servido, por tanto, para alcanzar el fin que se proponía.

Los distintos medios de defensa nos marcan también las direcciones donde hay que buscar el fundamento de la interioridad. Ante todo, lo cierto es que ésta no es algo dado, sino que constituye un problema, que no es una respuesta, sino una objeción. El individuo aislado no consigue solucionar este problema, sino que es necesario el trabajo histórico social en su relación de individuos y pueblos. La vida no puede ser perfeccionada por reflexiones ligeras, sino por la acción y la experiencia, que, produciendo fuerzas nuevas, actúen sobre el conjunto. Sólo por la fuerza y el fervor de la lucha por la vida, no por el ensayo de cuadros ideales, se realiza el progreso. Esto hace que el contenido de la vida, y con él la verdad, no sea hijo del tiempo. Ya que la adquisición de la vida no se consigue sin enfrentar a la historia temporal con una historia espiritual, es decir, una historia que no esté sometida a las condiciones de los tiempos, sino que extraiga su sustancia permanente de la esfera humana y la establezca contra el tiempo; y en este sentido el desarrollo de la historia aparece como una eliminación de lo temporal y el progreso de la vida como una creciente afirmación de sí misma en la esfera humana; el hombre no crea la vida, antes la recibe y la comparte. Así, no hay ningún peligro de que la forma de vida aquí expuesta termine, durante el trabajo histórico, en un relativismo sin base. Ya que deducir no es crear; condición y ocasión no son razones creadoras. La misma historia carece de firme sentido y de constante interés hasta que la concebimos como elaboración de un mundo independiente, que es lo que le da médula interna, fuera de la cual todo lo demás, por mucha importancia que se le dé, sólo es ambiente y cosa superflua; sólo esta fundamentación en un orden eterno saca la historia de las dificultades del tiempo, que todo lo evapora. Pero la interioridad, al formar un mundo, impone posteriores imperativos, de los que nos debemos ocupar.

Como queda dicho, hemos reconocido un desarrollo fundamental e indispensable de la vida en el hecho de que ésta se despliega de modo que la fuerza y el hecho se acentúan; sólo así sale del desorden inicial y se aclara, sólo así adquiere amplitud, una amplitud que abarque sus dos modalidades, aunque luego se le presenta el problema de unir las dos direcciones opuestas. Pero esto, desde el primer momento, parece no sólo difícil, sino imposible, ya que los elementos separados, como vimos, continúan en su enemistad, dando a la vida un carácter contradictorio que produce violentos choques. Para solucionar esta situación no hay otro medio que vencer la situación inicial, lo cual sólo puede hacerse por una transformación, por la idea de una vida independiente que descansa en sí misma y cuyo desarrollo está formado por los dos elementos opuestos. Sólo de este modo se aclara el hecho de que se pueda desprender de un proceso real de la actuación de fuerzas, conservándose, sin embargo, como algo propio de la vida, y sólo así se explica el dolor de la separación y el temor por la reconciliación, así como la posibilidad de conciliar y conducir al desarrollo conjunto los dos elementos. Y el progreso de la vida desde la esfera del trabajo a la esfera de la creación con sus acciones, demuestra la existencia de un movimiento que, rebasando las opiniones y los fines humanos, produce efectivamente la conciliación de la separación. El trabajo pone también en relación la fuerza y el objeto, pero trata a éste como algo que está fuera, y, por tanto, que es extraño a nuestro interior; aunque le explique en sus elementos últimos, no encuentra un camino para penetrar en él, por lo que no se le puede dominar ni conocer su naturaleza. Y esto es aplicable tanto al conocimiento como a la acción, dando como resultado múltiples producciones, pero nunca una actuación ejemplar. Por eso la ciencia natural, a pesar de sus profundos análisis del tejido de la Naturaleza, nunca consigue introducirse en su interior, ni, por tanto, en el sentido del todo; así también la Historia, con su exacta concepción de las características de cada época, antes que acercarnos el pasado nos aleja, en oposición a la concepción antigua, según la cual el pasado y el presente se funden. Y en las relaciones de hombre a hombre toda unión con el trabajo y toda aplicación de fuerzas para formar complejos extensos no crea la comunidad interior, la convivencia de las almas, como lo demuestra la época actual con su esclavitud del hombre al trabajo y su aislamiento interior. Es más, como la cultura moderna está encaminada fundamentalmente a la utilidad, al aprovechamiento de la naturaleza, el mundo y el alma permanecen extraños; detrás de la actividad queda algo que la pone un límite y nos prohíbe encontrar en ella una satisfacción.

Pero no sólo sentimos esta frontera como un límite insoportable; que los límites del trabajo no constituyen los límites de la vida, lo demuestra su evolución en la creación, es decir, un modo de actividad que funde la capacidad con el objeto y los hace relacionarse mutuamente; y así se consigue la producción de una acción que enlaza a ambos en un hecho único y de esta manera los ennoblece. Esta acción se distinguirá claramente de un producto manufacturado. Esto es lo que ocurre en las grandes creaciones del arte, así como en las demás esferas de la vida y en las relaciones de hombre a hombre; pues también aquí hay un punto en el que, tanto uno como otro, son situados en una misma condición de vida y sacados de su estado inicial anormal, en toda su originalidad y sin deterioro de su carácter; lo cual no se consigue ni por las palabras ni por las doctrinas, sino por la creación de una acción ruda que supera la separación y establece un círculo común de vida. Así, la arquitectura histórica de una nación; así, la formación de círculos religiosos característicos. Esto no equivale a una simple composición de trozos aislados, ni a un equilibrio de fuerzas opuestas, sino a una fuerza creadora de penetración que da a cada elemento individual una vida distinta de la inicial por su colaboración en el todo. Pero lo que nace en los círculos particulares de la existencia exige, por último, la formación de una realidad de conjunto como obra universal, y no sólo lo exige, sino que lo consigue también, ya que la formación de realidades individuales y el camino para una realidad total no serían posibles para el hombre si la transformación necesaria no estuviese ya en el conjunto de la vida y al alcance de nuestras fuerzas. La realidad por reflexión interior de lo diferente y por superación del enfrentamiento entre la fuerza y objeto sólo surge de la existencia dada por un cierto ascenso, y exige desde este punto de vista una transformación fundamental; y ésta no puede provenir más que de la vida misma, no del hombre; para configurar la razón de nuestro esfuerzo debe actuar sobre nosotros como un hecho superior a nosotros. Esto da a las condiciones de la vida humana un nuevo color. Todos los esfuerzos a favor del contenido de la vida y de la cultura del espíritu fracasarían, desde luego, y ni siquiera se concebiría que se produjesen, si el ser humano, por naturaleza, no colaborase en una realidad de vida característica y activa, y de ella no recibiese impulso; pero aunque este fin interior y principal es para el hombre un elevado y lejano fin, un fin al que no se puede aproximar nada más que poco a poco, desde distintos lados y después de muchos intentos, e impulsado, no tanto por sus propias pasiones y cálculos como por la vida misma. De aquí que los genios creadores concibiesen la obra de su vida, no como creación propia, sino como don y gracia de un poder superior. De este modo el universo se nos muestra, no como un esquema de conceptos generales, sino como una individualidad inconfundible; llegamos, entonces, a un positivismo, pero a un positivismo de un hecho creador.

Además, esta concepción depura el concepto de verdad de interpretaciones insuficientes y falsas. Una superación de la separación entre fuerza y objeto, entre sujeto y objeto, que se produce en la investigación de la verdad, no puede efectuarse por la dependencia del uno al otro, ya sea del objeto al sujeto por el nuevo estilo, sino sólo por la exaltación de ambos en una violenta acción; y la verdad no puede demostrarse por la configuración de una armonía de un lado con el otro, como si uno de los lados ya estuviera preparado, sino sólo cuando, por la unión en una creación misma y por la concepción de la acción de conjunto, cada uno de ambos lados recibe vida y se afirma en sí mismo; pero esto es totalmente imposible si no encontramos un punto elevado que domine la existencia y si no ponemos toda nuestra alma en la creación de la obra.

Considerando así el acto de creación, como una transformación de la vida, el reconocimiento de aquél conlleva el reconocimiento de dicha transformación, justificándose también la creencia de que, sin la acción de una vida superior creadora, todo esfuerzo por dar un contenido a la vida es inútil, ya que sólo en aquél puede encontrar un estable fundamento. Pero de este reconocimiento de la cultura del trabajo, que es presa de las críticas, se destaca un estado de pura cultura espiritual que las supera; y, aunque en esta superación la riqueza espiritual de la Humanidad se aminore considerablemente ante la opinión vulgar, y el hombre aparezca inmensamente imperfecto, el reconocimiento de esta imperfección es preferible a la creencia en una falsa perfección; lo principal es que aquella transformación otorgue un sentido y un valor a la vida humana. Una visión de conjunto nos hace reflexionar tres estados: el impulso diario con su inestabilidad y su confusión profunda, del que se destaca el grado de la cultura del trabajo; pero pronto se impone necesariamente un paso a un nuevo estado, el de la cultura espiritual, puesto que sólo en éste entra la vida en posesión de sí misma y puede alcanzar un contenido esencial, venciendo la separación que reina en la cultura del trabajo.

Pero tampoco aquí encontramos una situación definitiva. Hace falta una actividad poderosa, tanto para eliminar los errores como para afirmar un nuevo ascenso. Para luchar no es suficiente con ir contra la necesidad del vulgo ignorante: hay que vencer las aspiraciones de la cultura del trabajo a decir la última palabra, como sucede, por ejemplo, cuando el problema social pretende constituir el centro del problema moral, o cuando las ciencias naturales o las ciencias en general quieren crear por sí solas una concepción del mundo y dar una forma a la vida. Hay que rechazar también las tentativas de superar la oposición de fuerza y materia, de objeto y sujeto que antes mencionábamos. Sin esto, la vida humana continúa en una situación confusa entre ambos extremos, que siempre actúan el uno contra el otro; unas veces el sujeto solicita el derecho de primogenitura del inmediato estado de alma y se produce en él un vacío; otras parece que la vida no tiene estabilidad ni firmeza si no nos entregamos al objeto, mientras que éste, inevitablemente, nos lleva a una simple fórmula, a un esquema, al vacío también. No se comprende por qué hemos de entusiasmarnos con lo objetivo, sólo porque parece estar fuera de nosotros. Mientras tanto, estos movimientos unilaterales recorren la historia humana en forma de grandes oleadas, y mantienen la vida en continua excitación sin proporcionarnos ninguna solución; el uno crea justamente su derecho en la injusticia del otro.

Pero a este guerra contra lo imperfecto debe seguir una campaña hacia un positivo ascenso, en la que no serán suficientes ni la prudente reflexión ni la decisión atrevida. Los límites de las facultades humanas se nos mostrarían en toda su influencia y todo sacrificio sería inútil, si no se nos mostrase la vida activa con testimonios siempre nuevos. Pero esto no nos condena a una vaga espera y a seguir insistiendo hasta que el milagro se produzca; tenemos que preparar el movimiento de la vida e ir a su encuentro, introduciendo mayor claridad y fuerza en nuestra existencia. Más claridad, luchando contra la ignorancia de los mediocres con su tendencia a lo aparente y a las representaciones de gran brillantez, que ocultan el enfrentamiento de lo alto y lo bajo y hasta de lo bueno y lo malo, y que ocultan la alternativa en la que se desarrolla la vida humana; más fuerza, por una proclamación poderosa de lo que consideramos necesario, por un alejamiento de todo temor humillante, por la absoluta variedad contra nosotros mismos y contra los demás. Sólo esta claridad y esta fuerza nos capacitarán para dar absoluto sentido y transformar en vida propia aquello que en el movimiento histórico es vida creadora, y desde la Historia nos habla, para colaborar en su movimiento y seguir sus trazos, y, guiados por su impulso, emprender nuevos logros que correspondan al estado histórico del presente. Todo esfuerzo sería inútil si en el desarrollo de nuestro esfuerzo no fuésemos guiados y dirigidos por la fuerza superior de la vida. En esta base descansa todo nuestro ánimo, toda nuestra esperanza de verdad; pues ya dijo Goethe: «No sois creados por la vida; la vida sólo puede dar vida.»

Así, pues, el reconocimiento y adquisición de una vida independiente creadora cambia profundamente la situación humana; las sombras empiezan a desvanecerse, lo disperso se une, los golpes se evitan, las contradicciones al parecer insolubles empiezan a armonizarse, encontrando el camino para realizar lo que es inevitable para la conservación espiritual del hombre. Es verdad que todo esto está en devenir, y que la vida humana se nos muestra como muy imperfecta; pero a la vez se nos muestra más activa y más rica, y en su misma imperfección demuestra demasiada realidad, demasiado desarrollo, para que se pueda considerar el todo como un producto del error o de la fantasía. Pero si reconocemos la vida en su independencia y con su movimiento interior, se nos mostrará con su propia luz y ofrecerá direcciones dominantes. Cuatro puntos principales hay que tener en cuenta, los cuales, además de una afirmación, encierran una negación.

1) La vida humana sólo consigue un carácter espiritual por su apoyo en una actividad creadora; no forma un círculo cerrado en sí mismo. Por tanto, tiene que guardar relación con este carácter para no contradecirse a sí misma y caer en un vacío interior. Con esto, el actual estado del hombre recibe una medida directora, y cada una de las formas biológicas aparece como imperfecta, es decir, como creyendo poder tomar sus objeti-

vos y fuerzas del simple hombre. No por esto desaparece todo valor humano; pero el hombre aparece grande, no ya por lo que él tiene, sino por aquello que pueda conseguir, por las posibilidades que se le ofrecen y que se despiertan en él.

2) A aquella vida no llegamos por una prolongación de nuestro confuso estado actual, sino por una ruptura con él, por una transformación, por la exaltación a un plano superior. Esto contradice toda estructuración vital que crea poder construir algo rápidamente sobre aquel estado anterior, y piense poder dar un contenido a la vida; esto no producirá más que nuevas e inevitables confusiones, y las contradicciones inherentes a aquel estado volverían a surgir.

3) Pero también en la elaboración de una vida creadora, la vida humana permanece separada, no puede solucionarse por completo en aquélla, no puede tirar a un lado como indiferente y secundario el mundo de la experiencia. El encadenamiento causal, no sólo es inevitable, sino que es necesaria para el desarrollo de una vida creadora. Porque ésta sólo se muestra ante nosotros en forma de prueba y su contorno sólo se precisa en comparación con la existencia, es decir, por medio de una elaboración, liberación y adquisición de lo que configura su contenido espiritual; sólo podemos huir de la confusión creando desarrollos posteriores. Esto se opone a toda configuración de la vida que rechace la experiencia, y a toda construcción que quiera crear la verdad con simples conceptos.

4) Pero esta alusión de nuestra actividad espiritual a la experiencia, no convierte, de ningún modo, la vida en una composición cuyos lados estén constituidos por el estado superior y por el inferior; ya que la vida creadora, con su actividad envolvente de la fuerza y el objeto, es más que un lado; es un hecho independiente, aunque para nosotros todavía sin acabar. La experiencia sólo favorece el desarrollo interior cuando es trasladado al terreno de vida independiente y en ésta obra, primero como resistencia y luego como estímulo e impulso. Esto prohíbe particularmente una composición de forma y materia, tal como el platonismo la creó, y, perdurando a través de la Historia, experimentó en Kant una recaída; ya que forma y materia producen un todo vivo; de lo contrario, la reunión de una forma correcta y de una materia adecuada, sería suficiente para crear una perfecta obra de arte, y un cuidadoso empleo de las leyes de la vida práctica debía crear personalidades perfectas. Cuando el producto de los estados superiores es básicamente formal, la forma se desarrolla a favor de un grado del compuesto, y la vida es mucho más que una aplicación de una forma a una materia; la forma recibe un alma, bien por

que le corresponda por naturaleza, como pensaba Platón, o bien, como Kant, que se le reconozca una especial dirección con ayuda del concepto de personalidad. En ambos casos existe el peligro de señalar a la vida un camino demasiado estrecho y no destacar suficientemente sus puntos notables. La forma no es la sustentación, sino el fenómeno de la vida, y la principal oposición de ésta no es la de forma y materia, sino la de núcleo y medio ambiente, de lo que estimula la vida y lo que la recibe.

El pensamiento, en cuya atmósfera vimos producirse el ascenso espiritual, colabora también en la iluminación y en el desarrollo del que hablamos. Las fuerzas del pensamiento aislado no explican que su trabajo origine movimientos tan poderosos en el mundo histórico ni que pueda configurar el objeto de esta manera; esto sólo sucede porque, a través del pensamiento, pasa una corriente de vida que crea un modo peculiar de actividad. El pensamiento, solamente por su fuerza, no podría destacar contra la simple opinión humana, ni pasar de una simple forma a configurar un contenido, transformándose de pensamiento reflexivo a pensamiento productor, si la vida no le diese esa capacidad. Por otra parte, sólo en virtud de esa relación del pensamiento puede éste vencer en el trabajo del conocimiento la severa y paralizadora oposición entre apariencia y ser. Y puesto que el pensamiento no tiene en sí mismo la fuerza que se necesita para crear un mundo, sin unirse con la vida, permanece extraño e impotente ante un mundo inalcanzable, sin esperanza de vencer esta impotencia y de acercarse a este mundo, ni de conseguir un punto de apoyo para las relaciones de imagen y realidad. Otra cosa muy distinta ocurre cuando recibe una fundamentación en la vida, y, además, en una vida que desarrolla un mundo en sí mismo y se presta como núcleo de toda realidad. Pues entonces gana para la vida una relación con las cosas, no está junto a ellas, sino dentro de ellas y en su movimiento. La cuestión principal es entonces en qué medida participa el hombre en la vida creadora y qué es lo que de ella recibe; de esta manera se valora la luz que podemos obtener. Así es que tenemos que referirnos al conjunto de la Humanidad según se nos muestra en el movimiento de la Historia y en el presente, a sus luchas y a sus experiencias; este movimiento toma, a la vez, un raro significado para el problema del conocimiento; y como está en completo devenir, nos está prohibido considerar como definitivo, en un momento dado, el trabajo del conocimiento, ya que ese momento no significaría más que un paso a nuevas determinaciones. Aunque el trabajo se nos presentase como un devenir, de ningún modo está entregado al flujo del fenómeno, pues, si es verdad que la vida creadora se desarrolla en el tiempo, por su contenido está por encima él y se libra de su poder; a través de su vejez contemplamos una esencia eterna que constituye para nosotros una adquisición, una posesión permanente. Los mismos enfrentamientos y oposiciones están dentro del movimiento de la vida, pero en el elemento de la verdad.

Siendo tan importante la relación del pensamiento con la vida, es para aquél una necesidad inherente configurar, ante todo, la estructura fundamental de la vida, estableciendo de este modo su propia labor y acción de un modo concreto y finalizado. Por eso vemos establecerse dentro del mismo pensamiento una gradación entre el pensamiento puramente formal, regulativo, y un pensamiento constitutivo y plasmante, una gradación entre aquello que exige la naturaleza general del pensamiento y lo que en sus relaciones con la vida es útil o practicable. La lucha por la verdad se traslada así, entonces, del pensamiento a la vida; pero el pensamiento es el escenario en el que crea sus progresos.

2. La superación de los grados inferiores por la vida creadora

La vida independiente no es una clase especial de vida que se presente al lado de otras con la misma razón, sino el núcleo y la perfección de toda realidad; por tanto, se eleva por encima de otras formas de vida y exige su dependencia. Esta aspiración sólo puede justificarse por una ruptura con los límites de aquéllas y por la muestra de una nueva forma, que no sólo trae consigo algo más, sino una transformación. Este movimiento debe estar ya en camino, antes que el acto humano se realice; pero para el hombre no logra total fuerza y claridad nada más que a través de su asimilación, por la situación del yo en él; sólo de este modo aparece en él un todo que, de lo contrario, aparecería disperso; sólo entonces se observa una fuerza brutal que primeramente se muestra como una negación de los estados inferiores. La adquisición no es una cosa que se incorpore al movimiento, sino una parte del movimiento, y actúa intensificándole; la transformación en hecho propio sirve a la vez para fortalecerle y sacarle de toda duda.

Pero esta descomposición y recomposición debe practicarse frente a tres estados de vida: frente a la naturaleza —cuyo tejido penetra y alcanza también al alma—, frente a la vida humana y frente a las cumbres de la cultura; la ascensión tiene, por tanto, que recorrer diferentes etapas; rompe, como se verá, los lazos de la naturaleza con la revelación de una vida independiente; desvanece la confusión de la vida media por la clara definición de un estado superior, y combate la frecuente incoherencia del trabajo cultural por la creación de una ruda unidad. Las tres etapas de esta ascensión forman los eslabones de una cadena de movimientos y se fortalecen mutuamente.

a) Superación del estado de naturaleza

El estado de naturaleza nos muestra la realidad como una simple existencia ciega; el punto aislado es en esta etapa un trozo de algo dado y continúa, por tanto, en estado de absoluta unión; esta unión se manifiesta, primeramente en la oscura tendencia a la conservación; luego, en la total eventualidad de toda acción, y, por último, en la limitación que toda situación dada trae consigo; ya veremos cómo el movimiento de la vida rompe, punto por punto, estas uniones, pero, al mismo tiempo, fija al hombre una tarea, cuyo cumplimiento abre para éste una nueva etapa.

α) *Superación de la simple positividad*

En el estado de naturaleza la vida es un hecho, un instinto anterior a cualquier decisión; nosotros no la hemos elegido, por lo que no necesitamos justificarla; pero este instinto no es otra cosa que el instinto de conservación del individuo, es decir, de un punto aislado, la relación de sus elementos; esto influye en el alma en cuanto el desarrollo de fuerzas que de aquí nace trae consigo un placer peculiar. Pero la vida no es elegida por motivo de este placer, sino que éste simplemente acompaña al instinto superior, que no obedece a ninguna consideración. Ahora bien: cuando en el hombre aparece un pensamiento que estudia y sintetiza los diferentes hechos, que compara el esfuerzo y el beneficio, los gastos y la ganancia, y se propone la cuestión del sentido del todo, ya no se entrega de un modo inconsciente a aquel instinto vital; y esto en mayor medida cuando el desarrollo de la cultura, al mismo tiempo que aumenta sus capacidades, dificulta la conservación de su vida; ¡tanto trabajo e inquietud, tanta complicación y confusión para nada más que la simple existencia! Esta experiencia debe considerar aquel instinto natural de conservación externo a la vida como una cadena opresora, y el entregarse a él, como algo vulgar y plebeyo. Con esto, la vida se transforma de un hecho a un problema; necesita justificación para percibirse la fuerza y la fe del hombre; y esto sólo puede ocurrir cuando el hombre descubre en ella un valor.

Pero ya este mismo problema conlleva una ruptura con la naturaleza, sitúa a la Humanidad en un camino de duda y de lucha, y la arrastra en distintas direcciones. Sobre todo, la sitúa en una dirección contraria al instinto de la existencia de la que hemos hablado antes. Unos quieren dignificar dicho instinto y convertirle en actividad propia; otros quieren despojarle de la naturaleza humana; la primera tendencia corresponde a la intelectualidad de los pueblos de Occidente; la segunda, a la de los pueblos de Oriente. El pueblo indio ha puesto en lo más alto de su vida la negación del instinto natural, y ha demostrado una indiscutible grandeza y nobleza en su lucha contra «la necesidad, dueña del mundo». El Occidente, por el contrario, afirmó el instinto natural, pero trató de ennoblecerle interiormente otorgándole así un nuevo valor; esto produjo un indiscutible desarrollo del que las principales épocas dan claro testimonio. Los griegos trataron, de transformar toda la variedad caótica de la naturaleza en una obra de arte, apoyándose en la razón ennobleciendo con ella todo el rudo círculo de la actividad del hombre; el mundo cristiano enfrentó a la naturaleza con una moral profunda, consideró toda acción natural como insuficiente y sólo le reconoció su valor en sus estados superiores; por último, los tiempos modernos trataron de liberar la vida del estado de la naturaleza, dominando a ésta y desarrollando sus ocultas fuerzas. Salta a la vista de todos que estas pruebas, transformando la vida, justificaron su derecho; todos ellos anuncian inquebrantablemente un movimiento de la vida sobre la naturaleza.

Pero este movimiento no nos conduce a ninguna parte mientras continúe dividido. Y esto porque divide a la Humanidad en grupos que no se entienden entre sí, ya que el carácter esencial del problema hace que se creen concepciones totalmente diferentes de la vida. Pero, además, también porque las respuestas de la Historia son más bien unilaterales y no nos proporcionan una compensación entre el sí y el no, ni el medio de elevarnos sobre la naturaleza. La negación nos castiga a una simple contemplación en una tonalidad sentimental débil, floja, que escapa de las asperezas, y que no sólo no puede llenar la vida ni responder a sus distintos problemas, sino que hace depender a veces la negación de una afirmación oculta; los instintos bajos amenazan con arrastrar al alma y destruirla. Pero otros peligros contienen también la visión occidental de la vida. La afirmación griega, con su tratamiento y configuración de la naturaleza, se mantiene demasiado unida a ésta; su dignificación por la razón no otorga una verdadera independencia; en último lugar, el Destino sigue siendo el poder oculto que todo lo domina. El cristianismo se propuso rechazar este elemento terrenal, y así lo hizo en el terreno de la moral, liberando en ella la vida de todo obstáculo y poniéndola en la intención. Pero la grandeza heroica de esta concentración contiene también el peligro de una disminución de la vida, la liberación no ha conseguido todavía toda su amplitud; carece todavía de un seguro establecimiento en el todo de la vida misma, la simple naturaleza inunda todavía la esfera ética. La Edad Moderna, con su solicitud a un desarrollo total de fuerzas, está en grave peligro de no poder advertir su superioridad frente a la naturaleza y de seguir el instinto natural más que vencerle, yendo así contra sus propios objetivos.

Todas estas dudas y peligros demuestran que, a pesar de la diferencia de lados o de direcciones, existe un movimiento de conjunto y que el hombre debe seguirle para escapar a aquellos riesgos. Como consecuencia, tiene que configurar una vida de conjunto y buscar en ella su verdadero yo; el yo de la naturaleza es, por fin, superado por un yo del espíritu. Desde este punto de partida, hay que esforzarse por dar a la vida una configuración que sea suficiente para comprender aquellas dos respuestas como lados de una tendencia común y que tenga suficiente contenido para darles forma. Así encontramos a la Humanidad en medio de un movimiento, más profundo cuanto más claro sea la conciencia histórica del momento actual que pone ante nuestros ojos la singularidad, y, a la vez, los límites de las producciones particulares; no podemos mantenernos indecisos ante la oposición; debemos vencerla y transformarla en una concepción más alta.

Para esto es necesario, ante todo, una profundización de la vida misma, a la que debemos oponer un sentido confeccionado por nosotros. Si de este modo la vida se transforma en un objeto de naturaleza más alta, no debe, sin embargo, olvidarse que no por ello deja de ser una lucha, ya que, al elevarnos sobre el instinto natural, éste no desaparece, no pierde su carácter positivo, sino que se afirma y busca siempre salida, advirtiendo constantemente sus límites. Pero como se configura como algo de lo que no puede prescindir la condición humana, sólo por este hecho se demuestra ya que la vida en el hombre está unida a algo a lo que aspira constantemente su naturaleza interior. De este modo, no puede nunca llegar a una conclusión definitiva.

β) *La superación del mecanismo*

Fenómenos similares que en el instinto fundamental de la vida encontramos en la configuración exacta de los hechos: también en éstos domina el curso natural, pero nace un movimiento opuesto y origina mucha vida, aunque sea una vida que sólo está en devenir y que necesita una continuación para alcanzar una base estable y un fin claro; de este modo se ve el hombre también aquí en el centro de una corriente, que le arrastra, pero en cuya dirección influye él mismo.

También la vida psicológica del hombre corre en sus primeros estados dentro del determinismo de los fenómenos, y cada elemento recibe su significado del conjunto de los restantes elementos, y su acción está influida por la naturaleza del objeto al que se refiere; la herencia y el medio social nos hacen ver, así parece, que el hombre, hasta en las fibras más íntimas de su alma, no es otra cosa que un hecho de lo que hay ante él y a su alrededor. Desde este punto de vista, toda libertad, toda originalidad le están prohibidas. Todos los valores que se basan en esta libertad, como responsabilidad y conciencia, bien y mal, la acción misma cuando se quiere diferenciar de un simple hecho, parecen fantasmas. Esto conlleva una revolución total del cuadro normal de la vida humana.

Pero hay bastante fundamento para afirmar que nuestra vida puede romper estos estrechos límites y configurarse una vía propia. La idea de una libertad y de una originalidad surge en nosotros, y, al sentir los lazos de la naturaleza como un peso insoportable, demostramos que hay en nosotros la semilla de una nueva vida. Y esa idea no es una simple casualidad sin consecuencias, sino que adquiere un poder mágico sobre el hombre y le lleva al desarrollo de sus fuerzas, al sacrificio, al heroísmo y al sufrimiento. Todas las relaciones biológicas manifiestan una tendencia a la libertad; sólo encuentran su propio nivel en la satisfacción de esta tendencia. Libertad encontramos en primer lugar en el destierro de toda esclavitud como un estado intolerable del hombre; exigimos la libertad en el terreno de la política contra la condición de simple vasallaje y de la obediencia ciega, contra el rebajamiento del ciudadano a simple elemento pasivo; un peculiar fervor nos lleva a sacrificarnos por la independencia de la patria y del Estado, y, cuando ésta falta, toda nuestra vida está desvalorada. Pero esta tendencia a la libertad, y este movimiento a favor de la libertad guía también nuestras relaciones con el todo y nuestro trabajo espiritual. La vida y la acción de los individuos no logran grandeza ni espíritu mientras éste se limite simplemente a imaginar una rueda de la máquina, mientras no se convierte en una acción verdaderamente individual, original, integral, con fin propio, que la capacite para poder valorar con el todo y configurarse en él victoriosamente. Toda creación verdaderamente grande contiene una autoafirmación semejante del individuo frente al mundo que le rodea y que le quiere derrotar, un ensayo de nuevas posibilidades y su realización contra las fuerzas tradicionales; así, el renovador, el artista creador, el pensador que descubre nuevas verdades. Realmente, no sólo la vida espiritual del individuo, sino la acción y creación espiritual en su totalidad, exigen para su realización una superación del mundo inmediato y que nos liberemos de su opresión, y, sobre todo, de la insuficiente condición humana. El trabajo científico realiza esta liberación cuando no hace depender sus teorías de la unión que el hombre les presta, sino que les atribuye un valor independiente de aquél; sin una liberación de las condiciones humanas y sin una profundización de la vida, sobre ella no hay ni verdadero arte ni verdadero conocimiento; la fantasía, con sus libres combinaciones, ha de crear el camino, pero desembocaría en un juego inútil de imágenes si no fuera un instrumento de la vida para realizar un ascenso. Pero, sobre todo, en el terreno de la moral una adaptación al mundo dado, una valoración de sus exigencias y sus condiciones, equivale nada menos que a su destrucción. «Por lo que se refiere a la ley moral —dice Kant— la experiencia es, desgraciadamente, la madre del engaño, y es muy reprobable que yo vaya a buscar la ley de mis actos en la experiencia o querer moldear en ella la acción.» Así, vemos por todos lados un esfuerzo animado hacia la liberación, la afirmación de que sólo en ella se logra el fin de la vida, y, a pesar de todos los obstáculos y de todas las incapacidades, este esfuerzo se muestra de este modo como un hecho que no es posible considerarlo como fantasía.

¿Cómo debe entenderse este movimiento hacia la libertad? ¿Qué es lo que esconde en el fondo? De la opresión causal de la naturaleza, ni del simple hombre, no puede provenir; tan absoluta transformación del hecho no puede nacer de los elementos individuales, sólo es posible a base de la inauguración de un todo de la vida, como revelación de un mundo de libertad y originalidad; difícilmente, por otra parte, podría ejercer la liberación tan poderosa influencia sobre el hombre, si éste no esperase encontrar en ella una vida más alta, más rica y valiosa; la esperanza en esta vida introduce todo el movimiento hacia la libertad. Pero no puede justificarse más que por el reconocimiento y adquisición de una vida superior que actúa a la vez en nosotros y sobre nosotros, cambiando nuestro ser. Sólo así pueden los rasgos parciales reunirse en un mundo de libertad, y sólo así puede la libertad pasar de la afirmación a la negación y dar a la vida un contenido puro; sólo como condición de una nueva vida, que no se soluciona en relaciones particulares, sino que origina una esencia y una acción y toma su valor de la creación de un mundo, puede adquirir la idea de la libertad la jerarquía que alcanzó en las épocas en que reinó. Una libertad sin fundamentación pronto termina en retórica, y esta fundamentación sólo puede dársela la vida.

Reconocer esta posición y esta relación de la libertad es, a la vez, reconocer en ella un elevado fin; al mismo tiempo hay que examinar y filtrar lo que en la vida humana se entiende por libertad. Algunas veces, esta idea de libertad, si no es una pura apariencia, no es suficiente. Un absoluto reconocimiento de la libertad debe alejar de ella cualquier intento de solucionarla a través de fenómenos particulares y negarla en el todo; así sucede, por ejemplo, cuando en algunas formas del liberalismo se relaciona el entusiasmo por la libertad política con la transformación del todo en un mecanismo sin alma; también debe alejarse la tendencia a aplicar a los elementos del mundo inmediato, sin una transformación fundamental, las aspiraciones de la libertad, consiguiendo sólo robustecer los instintos naturales; debe también prohibirse una libertad simplemente formal, sin ningún contenido. Este último error constituye, sobre todo, un peligro para la vida moderna. Comoquiera que ésta se funda, ante todo, en el despertar y fortalecimiento del individuo, se ha exagerado la libertad sobre todos los demás valores, compitiéndola por la propiedad más alta de la razón, en clara oposición con formas más antiguas del pensamiento, que vieron la más alta función de éste en la capacidad de pensar con conceptos universales y de reducir los hechos particulares a un todo superior. Pero cuando se impuso una visión más concreta de la libertad al mundo moderno, no sólo los pensadores más ilustres, sino también los pueblos, empezaron a discutir; cada uno se inventó un concepto distinto de la libertad, considerando como insuficiente el concepto de los demás. Nada hay que mueva interiormente a los pueblos modernos de forma tan violenta como su división ante el concepto de la libertad. Pero todas las concepciones de la libertad imaginadas hasta hoy sufren el defecto de que no se preocupan de darle un contenido. Por lo mismo, son presentadas como poseyendo una claridad mayor de la que realmente tienen.

Es cierto que lo que acontece en el fondo del movimiento hacia la libertad, excede necesariamente el asunto en que vienen a coincidir el punto medio de las gentes, sobre todo, aquélla no puede ya ser considerada como obra del simple hombre, sino que debe ser entendida como miembro de una relación más amplia, recibiendo así mayor profundidad.

Pero la libertad no puede satisfacerse con luchar solamente por una mayor cultura, sino que tiene que conservar nuestra propia existencia, ya que, aunque nos elevemos sobre el mundo de la existencia inmediata, ésta no desaparece ni los lazos que a ella nos unen pierden su poder; su acción continúa y sigue actuando, tratando de rebajar a su nivel el reino de la libertad, convirtiéndole en un absoluto mecanismo. Y la resistencia que esto produce se siente más fuertemente cuanto más despierto está en nosotros el sentimiento de la libertad; ahora bien, su desarrollo produce en nuestra condición muchos más obstáculos y la acción del Destino, tanto en los individuos como en los pueblos, como en la Humanidad. Pero cuando el choque entre la libertad y el Destino, que aquí se produce, da a nuestra vida una profunda sobriedad, así como un carácter trágico, también la comunica, junto con el movimiento de dos mundos sobre nosotros, y la decisión que esta dualidad nos impone, adquiere una incomparable grandeza. Con razón dice Shelling: «Sin la oposición entre necesidad y libertad moriría, no sólo toda filosofía, sino todo elevado querer del espíritu.»

En todo caso, la lucha, con su poderosa tensión, va más allá de la Naturaleza, y demuestra en nosotros la acción de un mundo de vida original, a cuyo desarrollo, dentro de nuestro círculo, estamos llamados a colaborar.

γ) *La superación del límite*

Mientras nuestra vida y acción no pasan del estado de la Naturaleza, encuentran límites estables, que cambian o aumentan un tanto, pero que nunca se transforman esencialmente ni son suprimidos; estos límites son de dos clases: los que se extienden hacia dentro y hacia fuera, tanto a lo ancho como a lo profundo, es decir, que primero se refieren a la extensión de los hechos, a la relación con aquello que vive en nosotros, pero afectan también al tejido interior, a la relación con nosotros mismos cuando la actividad presupone un estado que la precede y que contiene en sí elementos extraños. De este modo está encerrada por fuera y por dentro, como si dijéramos, cuantitativa y cualitativamente limitada. Pero el aspecto de la historia muestra que la vida humana no acepta esta limitación como un destino ineludible, sino que lucha contra ella con fuerza heroica, provocando así un violento movimiento, y, a la vez, también una inexplicable duda; se siente a la vez como sumergida en una profunda contradicción, pero esta misma contradicción, con su forma agitada, anuncia, evidentemente, la aparición de una vida superior.

El movimiento se muestra, ante todo, en el sentido de que el hombre no acepta nada fuera de su círculo de vida, no deja que nada se saque de su acción, la cual le obliga a apropiarse todo lo existente y a incorporarlo a su actividad. De este modo, en el desarrollo de la historia el ámbito de la vida del hombre se ha ido aumentando constantemente, tanto en lo grande como en lo pequeño. Esta fuerza se traduce en la idea de lo infinito, que se diferencia claramente de la simple carencia de fin, pues esta última no quiere decir otra cosa sino que a un determinado estado siempre se le puede añadir algo; pero de este modo el límite no desaparece, sino que retrocede; no se consigue un nuevo punto de vista ni un fuerte estímulo para transformar la condición actual. A este concepto totalmente negativo enfrentaron los pensadores del siglo de las luces, con energía, el de la infinidad como un valor positivo. En él venían o buscaban una elevación sobre el reino de limitación mutua de los elementos particulares, el acceso a una vida total superior a aquel reino que le contiene en sí, a una totalidad que no sufre nada fuera de ella. Esta infinidad debía comunicar a la vida un movimiento poderoso cuando su encuentro con la naturaleza finita debía producir una contradicción insoportable, que originaría una gran fuerza para vencerla. Así, el sentimiento de lo infinito traza en el fondo de la historia el comienzo de una nueva época. Esta idea llegó al occidente desde la India; recibió un primer apoyo científico en Plotino, pero sólo en la Edad Moderna adquirió absoluto desarrollo y una forma propia. La idea de progreso indefinido que encarna este pensamiento nació del enfrentamiento entre la exigencia constante y sin límite y la producción humana limitada, y dio al hombre moderno la fuerza que hoy tiene. También Nicolás de Cusa, el pensador que inició el movimiento moderno, consideraba la tendencia sin límite hacia un progreso, como el signo más característico del hombre. «Conocer, saber cada vez más, es el signo de la absoluta sabiduría. El hombre quisiera siempre conocer mejor lo que conoce, y amar más lo que ama, y el mundo entero no le basta, porque no llena su deseo de saber.» «Como un fuego que surge del cuarzo, el espíritu puede crecer sin límites por los rayos que de él brotan.» También con esto se relaciona el que los antiguos considerasen la eternidad como esencia de Dios, y los modernos la infinidad. De aquí el nerviosismo interior, pero también el progreso continuo que caracteriza a la sociedad moderna; su imperfección, pero también su inocencia, en contradicción al carácter cerrado de la antigüedad clásica.

Pero este rasgo extensivo no es el único carácter del sentimiento de lo infinito. Todavía más revolucionaria es la tendencia a vencer toda limitación interior de nuestra actividad; y esto porque no sufre ni un hecho independiente de ella, ni algo extraño y oscuro dentro de ella, sino que la actividad, para dotarse de sí misma, se apoya a sí misma, y prohíbe todo elemento extraño que impida una transformación en la propia vida. Nace entonces el concepto de lo absoluto, y así se explica el violento influjo que adquiere sobre la Humanidad, y nace también últimamente el concepto de la actividad espiritual. Esta actividad es un concepto indispensable para la religión, en el que ésta vive y encuentra su base; el trabajo cultural la deja más en segundo lugar, pero también la acepta y toma parte de ella. Ya el concepto generalísimo de cultura contiene una enajenación de los límites naturales; una transformación de la existencia en autoactividad; pero cada época ha dado a esta tendencia una dirección diferente, adquiriendo de este modo su carácter diferenciador. Cuando el ideal griego preservaba un abismo cuantitativo también, realizó una superación de la limitación interior y una transformación en autoactividad, ya que, por medio de la razón ordenadora, el desastre original se transformaba en un cosmos, así como las relaciones de los elementos parciales, en una actividad independiente. Todavía más profunda es la reacción contra la limitación interior que introdujo el cristianismo en el terreno de la moral, ya que, en este terreno, todo lo que proviene de la naturaleza, por noble que ésta sea, está prohibido; ningún acto sensible que no provenga de una libre decisión y de una voluntad creadora es legal. Pero es propio de los tiempos modernos considerar la relación del hombre con el mundo, no como otorgada por la naturaleza, y, por tanto, como comprensible por sí misma, sino como determinada por el trabajo propio del espíritu. Así, el sacrificio por conocer, en los tiempos modernos, vuelve sobre sí mismo y trata de justificarse en sí mismo; por eso Leibniz busca el por qué del por qué, el principio de los principios, y Kant hace la crítica de la razón, que sólo puede aumentar nuestros conocimientos, no por una consideración simultánea al trabajo, sino por una vuelta de éste sobre sí mismo y a sus profundos orígenes. Como explicación totalmente subjetiva, no se introduciría nunca en la cosa si no desarrollara el contenido de la vida, pero sobre los sistemas particulares, el pensamiento, sólo en virtud de aquella notable autoactividad, ha encontrado su puesto directivo en la vida moderna, abriendo a la Humanidad nuevos caminos.

De este modo el beneficio espiritual de la historia se nos muestra como una creciente transformación de la vida en autoactividad, pero esta autoactividad implica necesariamente un *yo,* y éste no puede pertenecer al hombre, sino a la vida misma. Todo el movimiento sería un esfuerzo inútil, un vano deseo, si la vida no se introdujese con una mayor originalidad, dándole contenido y alma, todo esfuerzo humano en esta dirección, se aleja de la verdad si no se enlaza con el propio movimiento de la vida y toma de él su fuerza. Este movimiento arrastra al hombre, produciéndole excesivos sufrimientos y fatigas, para que éste le considere como el camino de la felicidad en el sentido usual; quizá le produzca cierta grandeza y, con ella, alguna alegría; pero sólo cuando le saca de su individualidad puntiforme y le otorga la conciencia de ser una fuente de vida creadora. Lo que antes de esta transformación satisfacía al hombre, ya no le satisface; así, el Cristianismo no aceptó como válida la antigua moral, y la nueva teoría del conocimiento concibe los sistemas anteriores, como estados inferiores de un dogmatismo intolerable actualmente. De modo constante nos aparece la vida como en un eterno flujo, y su momento actual como enormemente imperfecto. Es más: cae perpetuamente en una gran contradicción, ya que, a pesar de haberse ganado una nueva posición de vida creadora, el antiguo punto de vista humano no desaparece, ya que su limitación le tiene oprimido, y, en cierto modo, hace que la vida superior se disperse. De aquí surgen dos corrientes distintas, que en el arte y en la literatura adoptan el nombre de clásicos y románticos, y que, trascendiendo de estas esferas, invaden también los demás territorios de la vida, y en la religión, por ejemplo, se manifiestan en la estructuración mística y en la eclesiástica. Por un lado, la necesidad de limitar y establecer los contenidos espirituales; por otro, la dominante exigencia de volver a los hechos fundamentales que constituyen el manantial inmediato de la vida; allí, la tendencia a una construcción articulada; aquí, el libre movimiento en el abismo del sentimiento; y, si se separan los dos movimientos, allí, el peligro de un enquilosamiento, de un puro formalismo sin alma; aquí, un perderse en lo desmedido y tenue. Según la condición de los pueblos y de los tiempos, predomina una u otra tendencia, pero el conjunto de la vida se mueve entre estos dos extremos, y su enfrentamiento crea una realidad espiritual.

La superioridad del movimiento de conjunto sobre la actividad humana se refleja también en el hecho de que el rechazo a lo relativo y la tentativa de un esfuerzo indefinido crean enormes confusiones. En efecto, falta entonces todo equilibrio contra la continua corriente del movimiento, y, por tanto, toda posibilidad de estabilidad, de unión y vivificación anímica; se convierte la vida en un terrible ir y venir sin finalidad clara; nos esperanzamos con la idea del progreso, sin saber en qué consiste ni adónde nos lleva; la obsesión del futuro destruye todo verdadero presente y pone en peligro el sentido total del esfuerzo. Nuestro propio tiempo muestra con toda claridad ante nuestros ojos lo falso, lo insoportable de esta situación. Es un ejemplo claro de la «falsa infinidad», según la expresión de Hegel.

Pero no es suficiente con reconocer la idea de lo infinito en general sin pasar a la de una vida que llene esta idea, pues, de lo contrario, existiría el peligro de perderse en un concepto vacío de contenido, ya que la idea es enormemente sacudida y elevada, pero permanece en el aire y no encuentra el camino para llegar a una acción productiva. Esto es lo que le ocurre al místico cuando no bebe en un rico manantial del pensamiento, y así también el concepto de lo absoluto ha llevado frecuentemente al error, ya que a pesar de lo necesario que es para el esfuerzo del conocimiento, no hace más que señalar la dirección, no el final de la investigación; es más un problema que una adquisición; tomado por sí solo, desvanece fácilmente el contenido de la vida. La Edad Media, que nos trajo el concepto de lo absoluto, trató, por lo menos, de ofrecerla alguna determinación; habló, sobre todo, de un ser absoluto; la hipótesis poskantiana anunció «lo absoluto» sin limitación, disminuyendo así la vida y oscureciendo el problema.

Por tanto, la tendencia a la infinidad está expuesta a varios errores. Pero los errores mismos demuestran que no se trata de una revolución superficial, sino de un movimiento que procede del interior de la vida y arrastra violentamente al hombre.

De este modo queda demostrado que en el reino humano se desarrolla un movimiento de la vida que va más allá de la naturaleza; una superación de sus ataduras, una elevación hacia la libertad y la originalidad. Pero este movimiento no se produce si permanecemos en una actitud puramente contemplativa, sino que exige acción y decisión.

Pues si bien existe en nosotros y actúa en nosotros de alguna manera, su acción no nos saca decididamente del estado natural, sino que ambos corren paralelos y la confusión que esto produce quita a lo nuevo su sello especial y la capacidad propia del progreso. Por esto es necesario el trabajo propio del hombre, el único que puede producir la separación, desvanecer las confusiones e introducir a nuestra acción lo nuevo con su naturaleza propia e independiente. Con esto, el término definitivo se aleja, ya que la vida, en nuestro estado, permanece atada a aquello mismo de lo que quiere separarse; pero luego los nuevos elementos conquistados, aquello que se añade a la naturaleza se mantiene como prueba y tiene un carácter más negativo que afirmativo. Ahora bien: un progreso necesario no se puede esperar sino de la experiencia que la vida misma realiza en el reino propio de la Humanidad; pero esto debemos estudiarlo más concretamente.

b) Superación de la insuficiencia del estado anímico

En el círculo del alma humana, la vida toma nuevos rasgos, y empieza el desarrollo de un reino propio, apareciendo nuevas formas de vida que se muestran superiores al capricho y a la capacidad humanas. Pero estos nuevos elementos permanecen muy incompletos, están todavía en continuo devenir, y con frecuencia se someten de nuevo a aquello mismo que quisieran superar; forman un estado medio del que es necesario salir si no queremos que el todo se separe y pierda su significado. Para conseguir este fin es preciso, ante todo, que lo nuevo resalte claramente, que reconozcamos su independencia y que nos introduzcamos en su movimiento; pero esto no es posible sin una transformación del estado anterior, por lo que constantemente se nos invita a ésta. Esta salida de este estado medio dudoso puede producirse en tres direcciones: contra la actitud del momento como forma fundamental del hecho anímico inmediato, contra la simultaneidad de la vida anímica inmediata y contra la lejanía del hombre de los imperativos de su esencia espiritual. Siempre parecerá que los mediocres crean una indiferencia insoportable del que debemos salir, bien para avanzar, bien para retroceder; permaneciendo en él llegaríamos a la turbación de la voluntad o a la confusión del pensamiento.

α) *La superación del tiempo*

El hombre no sólo vive en el tiempo entregándose a él, sino que vive el tiempo y le abraza con la mirada; pero esto le introduce en una enorme confusión, ya que no puede vivir el tiempo sin sentir toda su fugacidad y el no ser de todos los hechos eventuales. Contra esta temporalidad se rebela el instinto vital que late dentro de él, y la lucha contra la completa desaparición en el tiempo forma una parte fundamental de la actividad de nuestra vida. Pero esta lucha no tiene horizontes mientras no vence los límites del tiempo, sólo el abandono de este terreno, sólo el establecimiento de un orden de cosas eterno, supratemporal, nos promete la victoria; pero este orden no puede sacarle el hombre de sí mismo, debe ser elevado a él; y esto no puede conseguirse más que por la inauguración de una nueva vida. Otra vez nos volvemos a encontrar en el centro de un movimiento que, procediendo de ocultas fuentes, va más allá de nosotros mismos, y en el que nuestra propia acción y decisión deben tomar parte.

El hecho de que el hombre viva el tiempo, hace que el tiempo sea para él insuficiente, es más, que entre en enfrentamiento con él, ya que desde entonces le interesa, no sólo el momento y su ambiente inmediato, no sólo los hechos anteriores como huellas en sus recuerdos, sino que, elevándose sobre el lugar que ocupa, puede mirar el pasado y el futuro, y compararlos, formar con los hechos particulares, una cadena e introducir el sentido del todo. Pero de aquí nace una gran dificultad, ya que nada persiste de una forma eterna en este suelo. Lo que parecía dotado de fuerte vida, desaparece rápidamente; los seres pasan ante nuestra vista como sombras para perderse en la nada. Las mismas instituciones y doctrinas comparten esta suerte; también ellas son vencidas por el tiempo, para dejar lugar a otras que las sustituyen. Por último, la Humanidad entera tiene este carácter pasajero, ya que se intuye que llegará un tiempo en que las condiciones de vida necesarias para la Humanidad faltarán en este planeta; entonces todo el trabajo histórico habrá sido inútil y el continuo griterío terminará en un silencio de muerte. En esto vemos una monstruosa contradicción: dentro del tiempo un sacrificio estéril de fuerzas, la caza del éxito, un ir y venir sin descanso de un punto a otro, la confiada esperanza de un perfeccionamiento, y, finalmente, todo para nada; así, pues, «mucho ruido para nada». Los poetas y los pensadores han encontrado expresiones brillantes para esta dolorosa decepción; como ejemplo, citaremos las palabras de Schelling: «Aparece una generación para morir y ser sustituida por otra que morirá también. Inútilmente esperamos que suceda algo nuevo que ponga fin a esta inquietud; todo lo que sucede, ocurre para que venga otra cosa que también dejará su puesto a nuevos acontecimientos; por tanto, en el fondo todo ocurre inútilmente y todo esfuerzo, todo trabajo humano, no es más que vanidad; todo es inútil, ya que inútil es todo lo que no tiene un verdadero fin.»

Es imposible que la vida humana termine en una negación semejante; ya el mismo deseo de conservación contradice esta conclusión. Así, allí donde la vida consigue romper sus ataduras con la Naturaleza, nace un esfuerzo por alejarse del curso del tiempo, para producir obras duraderas o, por lo menos, por dejar una huella suficiente en el recuerdo de los hombres. Así se alzan monumentos de mármol y de bronce, se graban los relatos de grandes hazañas en lápidas inmortales; se busca, en fin, la gloria como el más valioso don de la vida. Sin embargo, todo esto no es una solución al problema, ya que todo el resultado queda establecido dentro de los límites del tiempo; lo único que se consigue es alargar el fin. La lucha por adaptar el tiempo a los breves límites de la vida del hombre es comparable al intento infantil de construir castillos de arena en la playa para enfrentarlos a la marea ascendente. Las mismas imágenes del tiempo, la tentativa de abarcarle en un todo, no se mantienen estables; cambian con la situación del observador; cada tiempo valora el pasado con su propia medida, que cambia también constantemente.

La liberalización de tal superioridad del tiempo sería imposible si la vida no consistiese más que en la existencia inmediata; que esto no es así, lo demuestra todo trabajo espiritual, sobre todo, cuando éste crea más elevadas relaciones y las enfrenta a nuestra individualidad. A las opiniones variables de los hombres opone la ciencia un contenido objetivo de las cosas y le afirma como superior al tiempo; del mismo modo, el arte se esfuerza por crear formas y figuras que desafían al tiempo; especialmente la religión consiste en una verdad eterna frente a todos los cambios de la condición humana y en su dominio sobre todos los tiempos; por esto no acepta ningún cambio en su fundamentación, ni señala otra propiedad en el Ser Supremo que la eternidad. La fe en una verdad fuera del tiempo y en la posibilidad de conocerla domina todo el verdadero trabajo cultural; constituye su hipótesis insustituible y el más poderoso estímulo del sacrificio.

Pero esta fe nunca puede ser justificada por el simple hombre ni por su condición; la verdad extratemporal debe encontrar sus raíces en una vida independiente y desarrollarse en ella con independencia propia, para que sea posible un contenido constante en la vida y no nos rindamos indefensos al torrente del tiempo. Sólo esta vida puede dar cohesión y firmeza a los pequeños rayos de verdad que en nosotros aparecen, y advertir al todo de la descomposición y de una división en fenómenos fugitivos. La fundamentación de nuestra vida en un orden eterno da también a la Historia otro carácter; mediante ella, de la historia temporal se desprende una historia espiritual como creación lenta de un orden eterno para nosotros, pues este orden no le es otorgado al hombre ni éste se logra de un solo golpe, sino que le alcanzamos por medio del sacrificio, la lucha y la experiencia; por lo mismo, necesita también una historia. Pero esta historia es completamente distinta de la historia temporal con sus cambios;

en ella, la producción en el tiempo es, al mismo tiempo, una superación de lo simplemente temporal, un desplazamiento del tiempo para introducirse en lo eterno. Por tanto, el movimiento no se dirige a un futuro lejano, sino que, como investigación de la propia esencia, no abandona nunca el punto de partida y en su desarrollo posterior es siempre un retorno, una profundización en nosotros mismos, un crecimiento y una afirmación. Este trabajo histórico no muere con el tiempo, sino que se conserva, se mantiene contra todo tiempo; sus manifestaciones particulares se unen poco a poco hasta formar un mundo, que se establece seguro y firme sobre los caminos de las cosas humanas, como, en la concepción antigua, la bóveda celeste sobre el eterno flujo de las terrestres dificultades.

Sólo esta vida superior justifica y permite el esfuerzo hacia una unidad en y frente a la variedad de los hechos, hacia la unidad de carácter y de individualidad espiritual en los hombres; hacia la unidad espiritual de un pueblo a través de miles de años; hacia la unidad de un gran complejo espiritual, como el que forman las religiones tradicionales; si nuestra vida se desvaneciese en los hechos anímicos inmediatos, no habría posibilidad de llegar a tal unidad sintética, ya que los estados del alma cambian continuamente con los hechos particulares del tiempo, renovándose en sus últimos elementos; sólo cuando, frente a estos estados, se desarrolla en nosotros una dimensión original, como es la posesión de sí mismo del ser que se resuelve en trabajo, cuando nuestra vida se desarrolla en toda su plenitud, puede afirmarse, frente a todos los tiempos, una naturaleza común y una acción común, y podemos permanecer cercanos a tiempos muy lejanos entre sí interiormente.

Pero hay que separar distintamente esta vida de la vida temporal, despreciando mucho más de lo que se suele despreciar, y esto por medio de una severa filtración de su contenido espiritual.

No menos peligros origina el choque de la supertemporalidad del contenido espiritual y de la naturaleza temporal de la vida humana, peligros de índole opuesta. Realmente, o se traslada la supertemporalidad que el espíritu reclama a la situación inmediata del hombre, y entonces se une lo eterno a una creación temporal, lo cual produce un crecimiento de la vida y la imposibilidad de todo posterior movimiento, o se traslada a la esfera espiritual la movilidad que el hombre necesita para llegar a dicha esfera, exponiéndola a las dificultades del tiempo. Por tanto, o un rígido absolutismo, o un relativismo confuso; o se espiritualiza rápidamente lo humano, o se humaniza rápidamente lo espiritual; aquél es el peligro de la antigüedad; éste, el de los tiempos modernos. Sólo una precisa separación de ambos lados, del hecho espiritual y de la forma biológica humana, puede hacer frente a este peligro; cuando lo eterno, para nosotros, es tanto hecho como tarea, hecho como base e impulso de toda vida espiritual; tarea, como término y perfección. Entonces, de la forma vacía del tiempo se consigue destacar un contenido, que se convierte en una verdad supertemporal, y sirve para el establecimiento de lo eterno en nosotros, formando así un tejido consistente; a la vez, del presente momentáneo se destaca un presente intemporal, en el que se unen los puntos individuales en una obra común y constituyen la base de toda verdadera formación.

> Quien no sepa darse cuenta
> de tres mil años,
> permanecerá en oscura inexperiencia,
> aunque viva día a día.

Estos tres mil años son ya poca cosa para nosotros.

Este presente y temporal es siempre para nosotros nueva labor; siempre tenemos que configurarle de nuevo y afirmarle contra el tiempo que no nos libera. Por esto decían en la Edad Media que el hombre está en los límites del tiempo y la eternidad; respecto de su destino personal se originan por ello profundas cuestiones y dificultades, en su trabajo diario necesita separar estas dos capas, y, sin embargo, mantenerlas unidas, porque para nosotros, hombres, sólo por el trabajo lo eterno ofrece su contenido al tiempo. Por tanto, no se trata de reposo o movimiento, sino de reposo y movimiento, de un reposo en el movimiento; y esto es sólo posible a través de una gradación de la vida, gradación que se obtiene por el reconocimiento del régimen de una vida independiente.

De este modo, el hombre se encuentra en una situación media, que, tal como se presenta, es insoportable. Vivimos en el tiempo, pero como le vivimos no nos agrada; es más: nos resulta insoportable, y nos sentimos impulsados a buscar un contenido de eternidad. El camino para encontrarle es la creación espiritual, pero ésta no tiene ni una relación clara ni una base firme; conseguir estas dos cosas sólo es posible por el reconocimiento de la acción de una vida superior en nosotros. Pero en ésta no podemos resignarnos simplemente y de una vez, sólo el trabajo del tiempo puede desarrollarla en nosotros, de modo que también en esta labor necesitamos del tiempo, así como superarle. Ya vimos que este movimiento sólo tiene probabilidades de éxito, cuando la vida se esconde detrás del hecho anímico inmediato y consigue formar un nuevo estrato;

ya diremos cómo es posible esto. En todo caso, también vemos en este lugar lo que ya encontrábamos antes a menudo: el esfuerzo existente alcanza una mayor profundidad, una fundamentación del hombre en más violentas agresiones; pero muestra también en su medianía una íntima contradicción; hay que comprender estas relaciones y transformarlas en hecho propio para superar aquel estado inmediato y poder huir de la contradicción.

β) *La superación del estado anímico inmediato*

Vimos ya cómo la vida del alma excedía la naturaleza y comenzaba nuevos movimientos; pero el estado medio de la existencia humana no conseguía por esto, desde luego, un camino seguro y menos una solución definitiva. Para poder elevarnos completamente sobre la Naturaleza, se hace necesario que el nuevo carácter se haga independiente y cree un mundo propio. La mediocridad perjudica mucho esta independencia y esta unión de lo nuevo. La actividad crece y los procesos se relacionan diferentemente, pero, aunque esto demuestra nuevas fuerzas, éstas carecen de un fin claro, de una dirección firme, pero, a la vez, estas fuerzas no pueden mantenerse pasivas, tratan de encontrar una ocupación sin quedar satisfechas; se parecen a un capital que no encontrase trabajo. Y como, a la vez, el mundo paraliza su impulso y las enfrenta continuamente, se consumen en esfuerzos e impulsos inútiles. La vida, condenada a esta labor, se convierte en un continuo cambio de fines, en una sucesión de esperanzas y decepciones, y, a la vez, en un esfuerzo continuo por contener, ya que no extraer, el creciente sentimiento de vacío. No hay ninguna labor que haya hecho derrochar al hombre tanta audacia, tanto ingenio, tanta imaginación como esta lucha contra el vacío; toda la vida humana, con sus sabias instituciones y sus cambios continuos sirve, sobre todo, a este esfuerzo, a esta huida del hombre ante su propia nada. Con especial intensidad se manifiesta esta huida en los tiempos de la cultura madurada donde las fuerzas no están dirigidas por un contenido espiritual, y también en nuestros mismos tiempos. Pensadores y poetas, de carácter fundamentalmente religioso, han censurado esta inquietud, este agitado saltar de un punto a otro; pero no han considerado suficiente que este descontento es también un signo de grandeza, una señal de la aspiración de los hombres a una vida independiente, a un contenido de la vida, la prueba de la acción de un ser superior. No faltan tendencias para satisfacer esta aspiración; junto con el arte y la religión, el trabajo científico se ha dedicado a esta labor. Y trata de conseguirlo trazando líneas rectas en el dominio del alma y sometiendo la variedad de los hechos a una unidad dominante; esto no significa una ruptura con el hecho inmediato, pero sí una ordenación y gradación de éstos. Este es el punto de vista que se ha designado con la grave expresión de «psicologismo». La razón o el derecho de este punto de vista, no se puede discutir en este lugar; lo cierto es que el tema expuesto aquí no ha sido superado por él. Estos procesos psicológicos están sujetos a las condiciones humanas, e imprimen su sello en todas sus concepciones, incluso en la concepción del mundo; además, todos estos intentos no tienen una raíz común, ya que las direcciones están influidas por las diferencias individuales, y no es posible lograr por este camino un mundo de la verdad superior a los individuos, un mundo de objetividad. Pero como la preocupación de una verdad universal no nos abandona y su acción de medida no se rinde, la pequeñez, la dependencia y la insignificación de aquel acaecer es rápidamente sentida de forma clara, reconociéndose, a la vez, como una imposibilidad de conseguir, por los medios prestados, una independencia para la vida, una independencia interior.

La clara comprensión de todo esto nos lleva al reconocimiento de una idea superior a aquel estímulo y despierta la esperanza de encontrar un nuevo punto estratégico para la creación de un nuevo mundo. En realidad, ya se ha conseguido mucho para dar a la vida independencia, haciéndola a la vez universal. En el terreno ideal, la vida progresa hacia la actividad y hacia la superación del estado inmediato, pero, a la vez, produce una supresión de todos los estados simplemente subjetivos. Pero, sobre todo, consigue crear el concepto de objeto, introducirse en el objeto, seguirle en su desarrollo, identificarse con sus exigencias. La capacidad de la vida se basa fundamentalmente en el pensamiento para agrandar su dominio, desprendiéndola del tejido de los hechos inmediatos y enfrentándola a éste, pero elevándose sobre él; sólo esta alternativa de separación y retención explica que el hombre, no sólo viva dentro del tiempo y del espacio, sino —lo que significa un desarrollo importante— los pueda contemplar y sentir como un todo.

Así se hace posible crear un mundo, vivir un mundo en el que se desarrollan simultáneamente diferentes complejos, se forman distintos estados y se concilian movimientos opuestos. Esto implica un decidido progreso sobre la vida anímica natural, la formación de un reino de total interioridad.

El pensamiento, por sí solo, no consigue terminar este mundo. En primer lugar es sólo un esquema que comprende, sí, todo lo existente; pero que necesita ser cubierto de sangre y carne para que pueda tener una verdadera vida. De lo contrario, el mundo y la vida se convertirían en un reino de sombras. El pensamiento, por sí solo, muestra más objetivos que caminos, formula más problemas que soluciones. De un todo, quiere desarrollar las variedades; pero este todo es para él una forma vacía cuando le faltan determinaciones posteriores, separa el concepto como factor activo de la representación, como relacionada, y puede derivarla de ésta por simple generalización; pero no puede demostrar su cualidad positiva y su fuerza plasmante; de hecho cada época cultural ha entendido la esencia del concepto de modo distinto; el pensamiento antiguo la encontraba en la forma; el siglo de las luces, en la fuerza. Las mismas categorías reflejan esta impresión del pensamiento deductivo. El pensamiento exige, para su construcción del mundo, el concepto fundamental de cosa, de sustancia; pero cada época de trabajo cultural ha entendido de un modo diferente el objeto de la ciencia, y todavía se sigue discutiendo. No ocurre otra cosa con la causalidad, es decir, el encadenamiento objetivo de los hechos. Aunque la vida humana tiene una experiencia común, cuando se trata de determinaciones más precisas necesita del trabajo y de la experiencia de la ciencia, y esta determinación da lugar a grandes disputas. El progreso se obtiene siempre en una relación de vida más violenta que la que supone el pensamiento puro. Si despreciamos esta relación y este progreso, y queremos crear por nuestras propias fuerzas una vida y un mundo, convertiremos la realidad en un tejido formal sin alma, que sólo por una oculta integración de contenidos más firmes adquiere una apariencia de vida. Pero tal sutileza produce una racionalización y evaporación de la vida. La excesiva tensión amenaza con terminar en una ruptura; cuanto más se encierra el pensamiento en sí mismo, más se convierte, al querer dar independencia a la vida, en una amenaza a esta independencia. Es decir, que sólo puede conservar su lugar oponiendo al reino de la Naturaleza un reino de la interioridad; pero, para asegurar éste, no es suficiente el pensamiento; por eso es un grave peligro perder toda superioridad y sembrar sólo una parte de nuestra psicología, y querer edificar sobre ella. Que el intelectualismo no consigue dar a la vida del espíritu un fundamento, que fácilmente desemboca unas veces en subjetivismo y otras en naturalismo, es algo que demuestra la historia del hegelianismo. En primer lugar, la exageración que éste hace de la actividad conceptual libre origina una fuerte necesidad de realidad, que se cree satisfacer erróneamente por una ciega entrega a la existencia inmediata.

Pero despreciar el intelectualismo no es derrotarle. A pesar de todos los ataques y negaciones de que ha sido objeto, siempre sobrevive, demostrando así que consigue llevar por su camino a los supuestos vencedores; y esto porque la contradicción siempre se soluciona con una simple doctrina, en una opinión. Así sucedió con el Cristianismo, así sucedió con la Reforma, así con la llamada kantiana a la razón práctica. Todos quieren siempre basar la vida en una simple doctrina, y lo que hacen es dejarse llevar por la fama del momento, sin poderse liberar de sus redes. Estas experiencias demuestran que el intelectualismo contiene un elemento de verdad, pero que necesita incorporarse a una relación más ruda para defenderse de la caída y del error.

Claramente se ve, por todo esto, que dentro de nosotros hay una tendencia hacia una vida independiente y libre. Esta vida debe relacionarnos con el mundo, porque, a la vez que nos forma a nosotros, forma también al mundo; está destinada a vencer el enfrentamiento entre fuerza y objeto, y esto, como vimos, por una creación de realidad, por un trabajo multilateral y elevador, de modo que esta fuerza creadora obre también en nuestra vida. Pero esta acción no debe consistir en la creación de simples relaciones exteriores, debe ser, por el contrario, la extracción, por medio del trabajo, de algo que llevamos dentro. Y como con esa vida se forma una nueva estructura mundial, debemos entender aquella actitud como un acto de vida del todo, y el origen de la realidad particular que aquí asoma debe estar dentro de la realidad total de la vida creadora y ser un miembro de su desarrollo.

Así también aquí, en el punto más primitivo de nuestro ser, estamos dentro de la gran corriente de la vida; lo que somos, lo somos por ella, y como el elemento fundamental somos llamados a la formación de un centro de vida propio, de una energía independiente. A la vez, es claro que nuestro papel en este juego no es el del esclavo que actúa mecánicamente, sino que sólo podemos convertir nuestras energías potenciales en energías reales por medio de un hecho propio, de una configuración superior de los orígenes que encontramos dentro de nosotros. Sólo así del origen de vida puede formarse un núcleo de vida, y la nuestra encontrar un apoyo estable e independencia. Sólo esto hace de la vida una verdadera vida; todo lo que no sea esto debe ser considerado como una media vida, como una apariencia de vida. Con esta exigencia de ser un centro de vida independiente, una verdadera realidad, se aumenta enormemente nuestra labor, ya que, ahora, ya no debemos aspirar sólo a ésta o la otra vida, a aumentarla o mejorarla, según determinadas direcciones, sino que entra en juego el todo, y se trata de una verdadera vida en general; toda otra debe introducirse en ésta y adaptarse a ella.

En este punto la Humanidad está sometida a una grave reflexión: cuando aquella plasmación de un nuevo núcleo de vida se efectúa, ésta, a pesar de todos los dolores y cuidados, adquiere un contenido, un sentido y un valor; cuando no, las posibilidades de la nueva vida quedan sin realizar y, a pesar de todos los disfraces y de todas las apariencias de la vida exterior, los hombres nos convertimos en simples figurantes, en sombras vagabundas, en almas muertas.

No es éste, por cierto, el momento de reflexionar en qué medida el hombre ha cumplido este deber; sólo deberemos valorar cuánto encierra en sí y cuántas cosas cambian con su cumplimiento. Sobre todo, una cosa es cierta: que, para comprenderle, necesitamos producir una revolución en nuestra vida inmediata, que necesita una nueva actitud, que convierte en problema el ambiente, lo que antes constituía el todo de la vida. Y, en la medida en que esta revolución se produce, la vida adquiere un fundamento y una profundidad; toda acción separada tiene detrás la consideración de la vida total, y es manifestación de esta totalidad. Sólo así adquieren los valores, como los sentimientos y las creencias, un verdadero derecho y un fundamento seguro, concentrándose el contenido de estos valores; así puede también, en el mundo del pensamiento, transformarse la tarea aislada en expresión del todo y su modalidad, sólo que también aquí esta transformación de lo particular en general se limita a ciertos puntos culminantes y los hace semejantes. Pero siempre sobrevive el problema de cómo se sitúan los hombres ante los valores, y a esta idea conviene citar las palabras de Schiller:

> Las almas nobles cuentan con lo que ellas son;
> las almas vulgares, con lo que ellas hacen.

A la ganancia de la vida en profundidad le corresponde otra en grandeza cuando una parte del mecanismo natural se transforma en una conquista de mundos, en un movimiento dentro del todo. Consideremos la obra de un gran hombre de naturaleza progresiva. ¿Qué es lo que nos atrae y nos admira de ella? Que el alma de este gran hombre está dominada por una necesidad interior, que no es otra que una realidad propia, y que esta realidad interior choca contra la realidad ambiente y se crea su camino a través de ella; el hecho de que esta lucha lleve a la victoria, que la necesidad interior establezca su ley al mundo que le rodea, es un triunfo del espíritu sobre lo simplemente dado, una introducción de la cualidad en la masa, de la verdad en la apariencia. Y ¿cómo podría ocurrir esto, si en aquel movimiento sólo hubiera una peculiaridad de un individuo? Esta peculiaridad, ¿no sería algo censurable, como les parece a los que se niegan a seguirla? Entre un absoluto afecto y una completa condena no hay término medio; pero aquella estimación sólo se justifica cuando desde su interior actúa el todo, y así cada movimiento de la vida particular implica inmediatamente un movimiento del todo, un ascenso del todo; sólo así se explica, por otra parte, la posibilidad de romper la resistencia de un mundo.

Pero, aunque este carácter de vida sólo se refleja con completa claridad en sus cumbres, sus resultados se extienden por toda la vida. Como desde este punto la vida, incluso en sus mismas manifestaciones individuales, es fundamentalmente una búsqueda a sí misma, también se explica la elevada estimación que mostramos al que es fiel a sí mismo, como también se comprende mejor la idea del deber al liberarse de la idolatría de una vacía generalidad. Las más profundas razones del deber están en que el individuo no vive sólo, sino que significa algo en el todo y para el todo, que este todo pertenece a la esencia misma del individuo; es más, que espiritualmente es lo único que explica la esencia del individuo. Por esto mismo el deber no se limita a ciertos actos, a la obediencia de ciertas leyes y formas, sino a la totalidad de una nueva vida. Sólo así puede transformarse lo regulativo en productivo y producir alegría interior. Sólo como una obligación hacia sí mismo alcanza todo deber su derecho y su fuerza; en él, la idea dominante debe ser la de un todo, no la de una generalidad.

Desde este nuevo punto de vista, la vida se nos presenta en mayor medida como un problema, incluso cuando pensemos producida la transformación, la posesión del germen y su transformación en núcleo. Ya que la formación de este núcleo actúa, sobre todo, separando la extensión de la vida que se divide en centro y ambiente, por lo que no podemos mantenernos indiferentes ante esta división; a ello no sólo se opone el impulso a la unidad, sino que, además, el núcleo no está completamente formado, tiene que desarrollarse, y sólo puede hacerlo en oposición con las demás esferas de la vida e intentando conquistarlas. Ya esto implica una actividad continua. Pero el problema no se limita a esta necesidad de una elaboración o formación del núcleo, tampoco su naturaleza interior se forma rápidamente; la experiencia histórica demuestra, de un modo inequívoco, que sobre este punto se crea una larga disputa, y que son posibles diferentes concepciones; por tanto, se exige también aquí una decisión, los fundamentos de la vida no se nos prestan gratuitamente; tenemos que lograrlos con el movimiento y la experiencia de la vida misma, por lo que son posibles e incluso reales los desplazamientos de un todo a otro todo. Con este problema se relaciona también el de nuestra libertad, y a la vez crece la importancia de la Historia, cuando ahora, al buscarse la vida a sí misma, se busca la Humanidad a sí misma y el individuo a sí mismo. Así también se explica la movilidad que las ramas particulares de la cultura espiritual sufran: religión, filosofía y arte no progresan tranquilamente de una base dada ni acumulan producción sobre producción continuamente —¿adónde llegaríamos entonces?—, sino que siempre vienen tiempos en que el movimiento agita nuevamente los cimientos, éstos pierden su estabilidad y hay que examinarlos y renovarlos. Así, no sólo tenemos que luchar por un punto único, sino por el carácter total de la vida; también se exige aquí una acción propia que no puede ser abandonado sin comprometer el todo.

Con esto se crea un concepto de la vida que decididamente señala ciertas concepciones muy extendidas por los diferentes círculos de la Humanidad. Ni la afirmación de la armonía de la vida, propia de la antigüedad, y que durante tanto tiempo perduró, ni la idea de la evolución, pueden mantenerse ante este nuevo concepto. La armonía lleva consigo que para la solución del problema de la vida sea suficiente con un orden y una gradación de elementos, mientras que los elementos en sí mismos no muestran ningún problema ni exigen transformación. No hace falta que nos paremos en demostrar qué poco de acuerdo está esto con el contenido real de la vida, con sus contradicciones y luchas. Una vez reconocidas éstas, la elevación de la armonía a obligación principal sólo puede dar por resultado un debilitamiento de la lucha y una superficialización de la vida. La idea de una armonización de la vida tiene sus derechos dentro de ciertos límites, pero no basta para el dominio de la vida humana. Lo mismo ocurre con la idea de la evolución, de la que se han enamorado los tiempos modernos. Tiene el indudable valor de haber puesto en claro el sentido del movimiento así como su ley; pero, en lo referente al considerar el movimiento como ya existente y extendiéndose al hombre mismo, destruye toda libertad, quitando a la vida, así como su carácter inherente, toda su alma, transformándola en un mecanismo inerte, ya se considere la evolución, como Darwin, como una reunión de elementos aislados, ya, como Hegel, como una espiral de contradicciones que se introducen en el todo. Acción y movimiento se separan; el que, atado a la rueda del molino, trabaja, se mueve realmente, pero no puede pensar que es libre. Debemos negarnos a transformar la vida en una rueda de molino con teorías, ya sean naturalistas, o espiritualistas.

El gran servicio de las religiones es que afirman la importancia fundamental de la grave decisión que se introduce en toda nuestra vida y vence todas nuestras producciones particulares; desconocerla equivale a retroceder mil años en la Historia.

Según el cuadro trazado, podrá parecer muy pobre la cosecha de la vida humana: por todas partes tendencia y lucha, constantemente se refleja la mayor distancia entre nuestros esfuerzos y nuestro fin, mucha angustia y poco resultado. Pero esta impresión se produce por una consideración superficial de las cosas. Nos sentimos pequeños porque vemos ante nosotros algo grande y nos comparamos con ello. Pero esta misma grandeza no nos extraña y actúa en nosotros como nuestra propia esencia; por tanto, la misma sensación dolorosa de pequeñez es un testimonio de nuestra grandeza. Realmente, nuestro estado es muy imperfecto, no sólo en lo que se refiere a la extensión, sino al contenido; la misma consideración del género humano en su conjunto no hace más que reforzar este sentimiento, pero imperfección no es sinónimo de insignificancia; nuestra importancia será, sin duda, reconocida si pensamos que el movimiento de conjunto no es obra nuestra individual, sino producto del conjunto de la vida; de ella llega a nosotros y colabora en este todo. Poseemos menos de lo que a menudo creemos poseer, pero en esta pobreza somos más ricos de lo que una consideración superficial pudiera hacernos pensar.

Dominados por esta convicción, rechazamos asimismo la opinión de que la necesidad de buscar un objetivo a la vida sumerja a ésta en las tinieblas. Esto sería así si estuviésemos entregados a nuestro propio entendimiento y no actuase en nosotros el espíritu de la vida, alejándonos del error y guiándonos a la verdad. Si no formásemos una parte del todo, tendríamos que elegir entre una completa renuncia a la vida, o una absoluta resignación a cualquier autoridad. Nosotros creemos que hay también otra salida; pero, como siempre, no basta reconocer aquí la profundidad: hay que adquirirla y elegir en ella un punto estratégico. Lo que nos ocurre, no sería posible sin aquella profundidad, pero el estado actual no se libra de la contradicción si no avanzamos, es decir, si no nos apropiamos lo que al principio nos parecía extraño. Esta adquisición nos debe conducir a compararnos con la mediocridad; especialmente impone una clara separación entre el establecimiento de una vida independiente y la adquisición humana; en el desarrollo posterior de las dos series, ambas nos obligan a trabajar, pero el lado espiritual se sobrepone al humano. Esto trae consigo importantes consecuencias, tanto para las esferas particulares de la vida como para la Historia y la sociedad. La Historia no consiste ya en el desarrollo de una actividad simplemente humana, sino en la muestra de una vida superior; sólo de este modo tiene un sentido. Tampoco la sociedad se limita a buscar como único fin el bienestar humano, antes encuentra su más elevado resultado en el contenido espiritual, en la pura realidad que el hombre origina y desarrolla. Sólo esto eleva la vida humana sobre su nivel inferior, sobre las tendencias que la rebajan sin poderla satisfacer. No necesitamos recordar que la forma de todas las relaciones políticas y sociales es la prohibición de estos valores inferiores. Este es el defecto fundamental del socialismo: poner al hombre por encima de Dios y de la vida espiritual; y este defecto es su ruina.

Pero, por el lado metodológico, la diferencia entre desarrollo de la vida y adquisición humana debe ayudarnos a separar claramente un procedimiento psicológico y un procedimiento noológico. La conducta noológica la desarrollaremos más adelante, pero debemos antes justificar la conducta psicológica, pero ya con esto está condenada su intención de explicar por sí misma el contenido espiritual de la vida humana. Tal intención nace cuando consideramos cada una de las esferas de la cultura como resultado de una capacidad especial humana, como la religión, producto del simple sentimiento; el arte, de la simple intuición. También se manifiesta allí donde determinadas épocas de la Historia son referidas al predominio de una determinada capacidad humana, como, por ejemplo, el siglo de las luces al intelecto analizador, el romanticismo a la fantasía y a la intuición inmediata. En realidad, hay actitudes históricas que oponen en primer lugar ésta o la otra facultad; pero estas fuerzas particulares nunca pueden originar un contenido vital; éste es desconocido y perjudicado cuando aquella segunda consideración se sobrepone a la primera.

Así nace en cualquier lugar la necesidad del reconocimiento y adquisición, de una separación y una revolución. De este modo llueven sobre nosotros problemas y problemas. Nos encontramos en el centro de un movimiento que nosotros no hemos provocado, pero que, sin embargo, es nuestro, que nos desespera y asusta, pero que, al mismo tiempo, nos eleva. Somos violentamente despertados y sacudidos de nuestra inercia; pero, a la vez, se nos eleva el horizonte de una verdadera vida, y la seguridad de que en nosotros actúa la fuerza del todo y nos conduce por el camino de la verdad, nos protege de toda duda y de la desesperación.

γ) *Superación de las confusiones morales*

El hombre no se extingue en la producción exterior, toma también posiciones interiores respecto de lo que él hace y de lo que llega hasta él; y esta posición excede de sus acciones particulares al conjunto de su conducta, no se trata ya de la simple producción del hombre, sino de la intención de sus acciones, de la dirección de su esfuerzo: así se crean los conceptos de bien y de mal, así nace la valoración moral, y, por último, el reino de la moral. Todo esto implica una crisis llena de consecuencias, origina graves problemas y confusiones. Estas confusiones se muestran ya en la diversidad que se observa en los individuos y en las épocas, en lo que se refiere a la forma de considerar la condición moral de la Humanidad. Por una parte, una fe noble en la bondad natural del hombre, la confianza en que, volviendo a las disposiciones naturales del hombre, a las condiciones naturales de la vida, desaparecerían todas las injusticias y todos los vicios; por otro lado, un absoluto escepticismo en la naturaleza moral del hombre, la sospecha de que su corrupción tiene raíces demasiado profundas para que pueda cambiar necesariamente. Esto, no sólo introduce una profunda disyuntiva en el concepto de la vida, sino que cambia fundamentalmente los puntos de mira, los fines de ella; allí, la creencia en el desarrollo; aquí, la aceptación del estado actual como un lote del Destino. La primera concepción impone la fe en tiempos mejores y en el perfeccionamiento de las clases; la segunda impone la vuelta a lo antiguo y la tendencia a mantener las formas históricas de la vida; allí, la idea de libertad, aquí, la de orden, en primer lugar; continuamente el choque de valores y caminos opuestos, y, a la vez, la imposibilidad de conciliación en una línea media, la necesidad de una severa separación. Para encaminarla es necesario mantener diferenciadas las distintas capas de la vida, ya que su confusión ha colaborado bastante a la inseguridad de pensamiento. Entonces comprenderemos que, para lograr la claridad y para vencer las confusiones de la experiencia, es necesario el reconocimiento y la adquisición de una vida superior al hombre, pero presente a él, de una vida espiritual independiente.

Una primera capa es configurada por la convivencia social, por las relaciones exteriores de los hombres en la vida diaria; esta capa tiende a hacer la vida más suave y más agradable, a debilitar las oposiciones, a evitar todos los enfrentamientos, a aclarar todas las confusiones. Preocupado por esto, el hombre intenta mostrarse agradable y amable al hombre; nos esforzamos por hacer pasar el tiempo a la gente de la forma más divertida posible; una hábil cortesía desvanece todos los esquinamientos y asperezas, y no falta tampoco cierta simpatía, cierta cordialidad. De aquí puede surgir una idea encantadora de las relaciones humanas. Pero sólo una inexperiencia infantil y una censurable superficialidad pueden aceptar este cuadro como definitivo; ya que, aunque esta conducta no es simple apariencia ni falsedad, y hasta tiene cierto derecho a mantener alejadas algunas luchas inútiles en la vida, es indudable de que se trata de un hecho totalmente superficial; una profunda decepción es inevitable cuando descubrimos que este papel moneda de la vida no tiene detrás ninguna reserva metálica; frente a un optimismo que se alimentase de estas manifestaciones, el pesimismo aparecería como el representante de la verdad contra la apariencia.

Al pisar la esfera de los fines y del trabajo, se nos presenta otro cuadro: la convivencia amistosa es sustituida por una división absoluta, y hasta por una enemistad, por la discordia, la envidia y el odio. Aparece una fuerza más poderosa, como un esfuerzo sin límites de los individuos por mantenerse y llegar arrastrados, por lo que no se preocupan los unos de los otros, ahora bien, aparecen los unos contra los otros para conseguir su propio éxito. Por mucho que este esfuerzo se oculte, el observador hábil descubre pronto su verdadera naturaleza. Cambia de forma, pero no de esencia; es dominado por instituciones exteriores, pero es indestructible en sus fundamentos; acompaña al hombre en todos sus estados, incluso los más altos, y entonces se nos muestra en toda su bajeza moral. Nunca podría el trabajo histórico originar ideales elevados sin reconocer la insuficiencia moral del hombre. La cumbre de la antigüedad griega pedía a la vida una base estática, una igualdad de medida. Veía a los hombres en continua transformación y con sus intereses puestos en lo ilimitado; el Cristianismo anunció el poder dominante del amor divino e impuso una libre renuncia, una renovación interior del hombre por este amor; y encontró una absoluta resistencia en el amor propio y en el egoísmo. La Edad Moderna soñó el progreso indefinido, la superación de la vida hasta lo infinito para dominar el mundo interior y exteriormente, para lo que pedía entusiasmo, fuerza, valentía, y encontró, en cambio, vaguería, estupidez y cobardía. Por esto, a pesar de sus peleas, las distintas tendencias están de acuerdo en el desprecio de la conducta moral del hombre; el lamento y la protesta fue general, considerando que el hombre se presentaba mejor y más noble de lo que en realidad era, empleando en su beneficio aquello que podría superarle sobre sí mismo. En esto se vio, no sólo un retroceso, sino una contradicción, no ya de los estados individuales, sino del estado general del hombre. Se reconoció, sin embargo, que, dentro de esta condición general, había excepciones honrosas, que de la humillación general se destacaban algunos rasgos, pero esto no cambiaba la situación de conjunto, y estas mismas excepciones hacían más duro y riguroso el juicio; así no solían aquéllos oponerse a una colaboración en la necesidad y culpa común; es más: sentían profundamente su propia imperfección; «los santos suelen tenerse por pecadores y los pecadores, por santos» (Pascal).

Estas impresiones y experiencias hicieron que el optimismo moral fuese derrotado por el pesimismo. Éste parecía ver claro, observar exactamente, juzgar con veracidad, seguir la vida en todas sus partes y la desprendía de todas las erróneas apariencias; así que pasó por el mejor conocedor de los hombres.

Pero la capa donde actuaba el pesimismo no era la totalidad del hombre; la Humanidad ha creído en todos los tiempos que no era posible entregarse completamente al pesimismo; ni siquiera lo ha creído éste, cuando se esforzaba por mejorar la vida y no se rendía a la condición actual. El pesimismo, no sólo castigaría la vida a un completo estancamiento, sino que deja sin explicar todo aquello que nos arrastra a otra dirección. El que nosotros consideremos nuestra condición insuficiente e incluso insoportable, indica que no nos entregamos a la desesperación, que no acatamos ciegamente la dirección de la naturaleza como plantas venenosas o como fieras. Cualquiera que sea nuestra opinión sobre la condición moral del hombre y sobre la moral misma, en todas partes prevalece una valoración moral, en la que logra el desarrollo del hombre determinada altura; en todas se tienen ciertas acciones, independientemente de los prejuicios, por buenas y otras por malas, y este pensamiento origina también muchos actos morales incluso cuando no lleguen a una realización perfecta. También muestra un poder de la moral el hecho de que el hombre recubra sus malas acciones con la apariencia del bien, intentando justificarse, no sólo ante los demás, sino ante sí mismo; ¿por qué esta justificación si no esperase de ella un fortalecimiento? En las mismas relaciones y enfrentamientos entre los pueblos, se esfuerzan los Estados por ofrecerles, por lo menos, una apariencia de derecho, robusteciendo de este modo la propia posición y debilitando la del enemigo. En realidad, la idea de defender una causa justa fortalece las luchas nacionales, políticas y espirituales. No debemos olvidar tampoco que la vida media, incluso cuando en su conjunto sea tan imperfecta, en algunos de sus aspectos muestra bastante generosidad y hasta sacrificio, como en la familia, en los círculos profesionales, en la nación; sobre todo, en las profundas crisis, ya sea de los particulares, ya de los pueblos, se reflejan nobles sentimientos, que aparecen ocultos en la vida común, lo cual prueba que ésta no es la manifestación de una vida total, lúcida prueba de que detrás de aquella capa hay otra más profunda que presenta otra naturaleza del hombre, por la que se olvida de sí mismo y se ofrece como sacrificio de sus ideales. El pesimismo es injusto al rebajar todo esto explicándolo por razones impuros; se muestra como una visión incompleta del mundo.

La confusión, sin embargo, no desaparece; incluso se hace más profunda. Esta manifestación de los oscuros fondos de la vida no termina de purificarse y aclararse, produciendo muchos ataques y dudas; explicarla por un *a priori* no es explicarla; además, estas manifestaciones esporádicas de la moral, según direcciones especiales y momentos particulares, la despoja de la fuerza que necesita para introducirse en el hombre y dar forma a su vida. Lo elevado aparece como una excepción, más adecuado para poner de relieve y hacer sentir la imperfección de la vida media, que para establecer otra vida frente a ella. Vislumbramos una nueva dirección, pero no tenemos fuerza para seguirla. La superposición de lo elevado sobre lo bajo, crea una situación de mezcla, de duda, de falsedad interior. La conducta es semejante a ciertos elementos morales, pero como subordinados y secundarios; sin embargo, expone estos elementos como los principales, y se atormenta de tal modo con el espectáculo de lo cruel, que los límites se confunden y lo bueno pierde toda su independencia. Así se origina el estado de mezcla, de impureza y de corrupción moral que tanto se ha criticado de la Humanidad; este estado de cosas, con su creciente confusión, antes ha perjudicado que beneficiado a la cultura. Esta introducción en ella de la impureza moral y la aparente imposibilidad de librarse de ella, es lo que ha hecho que algunos espíritus alaben la vuelta a un estado natural primitivo de pureza hipotética. Pero esta creencia en una pureza primitiva procedía de una observación demasiado superficial; y, por otra parte, nosotros no podemos ya prescindir de la cultura tan fácilmente, nos ha convertido en otros hombres, no la podemos tirar como un vestido estrecho. Así, la confusión moral permanece y amenaza con arrastrarnos al fondo, despojando a todo movimiento cultural su alegría interior y debilitando su impulso. Trabajamos cada vez más efusivamente, pero cada vez nos introducimos más en un camino oscuro, y, mientras ganamos terreno en la periferia, el centro de nuestra vida parece perderse; hablamos confiadamente de progreso y evolución sin tener en cuenta que esta evolución es un desgaste interior. Este es el drama de toda cultura: construye constante y decididamente, pero, al construir, destruye los pilares del edificio.

En esta situación crítica, que sólo puede desconocer el pensamiento superficial, la religión, como religión salvadora, especialmente la religión cristiana, presta su ayuda al hombre, prometiéndole la construcción de una nueva vida divina sobre las ruinas de la antigua vida natural, por el amor y la gracia de Dios; da al problema su expresión más fuerte posible, y hace visible la irreparable verdad de que, si hay una transformación en este punto, ésta sólo puede producirse mediante fuerzas sobrenaturales. Pero su fórmula dogmático-eclesiástica da a cierta verdad una forma muy combatible. En su deseo de resaltar la responsabilidad del hombre, le carga toda la culpa de la confusión del mundo, siendo visible que va más allá de todo hecho humano consciente y se introduce en todas las relaciones. La Naturaleza nos obliga a luchar por la existencia, y la estrechez del marco nos conduce a agresivos choques, el éxito, por un lado, nos lleva inevitablemente al fracaso por otro. Este estado inferior de la vida tira de nosotros cruelmente y tiende a destruir toda construcción superior. La cultura provoca agresivos impulsos, pero también otros más delicados que son las más seductoras; despierta fuerzas en un extenso círculo sin conducirlas ni unirlas; nos anima a la búsqueda de los placeres, estimula la avaricia y la agresividad, cuando aumenta los placeres, dando a la riqueza y al poder una mayor relación, a la vez, como ya vimos, rodea a los individuos con fuerzas superiores e irrita su deseo hasta la pasión. De este modo, en la realidad, el bien y el mal no aparecen tan claramente separados como en los sistemas filosóficos. Las relaciones que la vida establece entre el hombre y la Naturaleza forman íntimamente el Destino y la culpa, y rompen los límites entre éstos. Achacar toda la culpa al hombre era posible en los inocentes tiempos antiguos; pero hoy, que nuestras ideas han aumentado y son más claras, se ha hecho imposible. Pensar antropomórficamente ya no es pensar profunda y éticamente; es más, el achacar al hombre la culpabilidad puede esconder una enorme violencia. Pero tanto la definición tradicional eclesiástica del pecado, como el método que se propone para su curación, no son ya aceptables en el actual estado espiritual. Aquélla considera excesivamente al hombre como objeto y muy poco como sujeto; el milagro no es suficientemente considerada como acto, como actividad del alma entera, y la crisis no repercute sobre todo el entorno de la vida; es más: la misma doctrina, al ser considerada de diferente forma por el hombre antiguo y por el moderno, hace más inestable la relación interior de ambos. Estas verdades esenciales y necesarias, que forman la solución religiosa del problema moral, son opuestas en su forma tradicional por la forma de pensar, configurada en el paso de los siglos, de modo que no pueden predominar. Para conservar sus esencias debemos despojarlas de la oposición que esta forma implica. Veamos lo que en este sentido puede exigir el mundo ideal de la vida creadora. En primer lugar, es necesario fundamentar la moral mejor que lo ha sido hasta ahora. Realmente, sólo la fuerza de la costumbre es capaz de considerar la moral como algo sencillo, siendo así que constituye un misterio más oscuro que el de la religión. Surgida históricamente de la convivencia histórica, ha ido más allá de ésta por la creciente interiorización de la vida; la religión le dio luego su forma más eficaz y característica, pero la razón que ésta le ofrecía, no sólo producía muchas dudas, sino que ponía en peligro su independencia y su originalidad; cuando la vida moderna la comprende, en cambio, como una dependencia del individuo al trabajo cultural, extrae a la moral del centro de la actividad espiritual, convirtiéndola en un fenómeno de segundo orden. La moral no puede justificar el respeto que merece, si la consideramos como un fenómeno del individuo aislado, y no como una fuerza que informa y dignifica la vida, y esta concepción sólo es posible cuando la vida no sea un desarrollo condicionado exterior o interiormente, sino siendo ésta algo independiente en posesión de sí mismo, que se configura y eleva continuamente por un acto propio. La moral significa, entonces, la introducción en esta vida que se hace a sí propia, que se crea a sí misma; una colaboración en la originalidad y en el contenido del todo, la adquisición de un nuevo yo en la unión con el todo. Esta unión es también la que da forma a todas las divisiones de la vida. A la vez, orienta y conduce a todas nuestras acciones, y nos hace ver que la perfección de éstas tiene como intención aquella unificación con el todo; así la creación de las individualidades, así también la de las nacionalidades. La vida y el contenido de vida de cada uno de los individuos, depende, en último lugar, de aquella fuente. Pero es vital a la sustantividad o independencia que aquella creación propia de vida, en cada punto particular, no se cree por una corriente exterior, sino que necesite un hecho propio; con esto nace un nuevo elemento de libertad, se pone un problema que se puede solucionar de muchas formas. Pero aquí, tan inexplicable como indiscutible es el hecho de que el mundo que nos rodea muestra una separación entre relaciones y una solución de elementos de vida; pero, con todo esto, también una vida que, no por no tener raíces, es menos completa ni menos carente de fuerza. De aquí, una ruptura o separación de la vida misma, si nos ajustamos al mundo de la experiencia. Esto lo indica ya la Naturaleza, que con su separación de elementos particulares, con su tejido de leyes formales y lucha constante, con su objetivo en lo individual y su aparente falta de finalidad en el todo, crea una mezcla de reflexión y de irreflexión. Y esta mezcla la encontramos también, y en mayor medida, en la vida humana; pues si, por un lado, se afirma la posibilidad de conseguir la unidad creadora de vida, manifestada en el propio yo, por un acto elevador, también por otro lado se afirma la posibilidad de enfrentar las fuerzas separadas de su raíz a aquella unidad, y transformarlas en mal. Al mismo tiempo, esta enemistad de las fuerzas con sus raíces no se limita, como ya vimos, a los círculos alejados, sino que se crea una atmósfera de contradicción y de imperfección; se ve claramente que el ascenso de la vida en nuestro círculo encuentra profundos obstáculos y tiene que vencer duras dificultades. Todos los intentos de solucionar esta ruptura o simplemente de explicarla, han sido un fracaso; incluso aquello mismo que las religiones históricas persiguen en este aspecto, no consigue nada más que disminuir el problema, pero no solucionarlo. Todo intento de separar esta corriente tan arraigada y tan extendida de los círculos particulares, o quizá de enfrentarse a ella de alguna manera, está condenada a fracasar por completo; a una confusión que se refiere al todo sólo puede enfrentarse una solución que provenga del todo. Pero ésta no tendrá éxito si el conjunto de la vida no se soluciona en aquella separación, sino que le supera en su todo y consigue hacerse productiva; pero para ello los hombres necesitamos convencernos de que esta productividad obliga a una nueva dimensión de la vida, que libera a ésta de toda separación y desgarramiento. Pero esta nueva vida no podría ser el principal objeto de nuestro esfuerzo si no lograse vencer una extrañeza interior, si procediese simplemente del exterior, si no la pudiésemos adquirir y convertirla en yo propio. De la misma forma que lo superhumano se transforma en infrahumano y actúa en su superioridad como algo inmediato y cierto y crea el centro principal de la vida, se percibe la posibilidad de una configuración moral de la vida, y justifícase, a la vez, la idea de que la acción desarrollada no se pierde al vencer las profundas dificultades. Ya que si la fuerza del todo actúa, se conquista un terreno, donde lo que parecía dudar en el aire consigue afirmarse, y lo que estaba separado y dividido logra relación y unidad. Entonces, aquella formación anímica, de capas profundas y esenciales, que no conseguía independizarse de la capa del trabajo y de los fines, se hace independiente se constituye en reino propio; entonces se justifica también la idea de hombre como superior a todos los demás progresos de la vida, ya que en él la vida consigue una posesión de sí misma, es referida a una fuente primaria y mantenida en continuo flujo. De todo lo que se deduce que ver en el hombre exclusivamente un ciudadano del Estado o un individuo de la sociedad, y, sobre todo, un esclavo de la cultura del trabajo, es una visión estrecha y rígida. Pero esto es aplicable, no tanto a lo que el hombre es ya actualmente, como a aquello que en él se prepara y puede llegar a ser por su relación con la unidad de la vida; pero no es aplicable a todo el contorno de la vida, sino sólo a profundidades anímicas, junto a las que se mantiene un mundo de imperfecciones y de vicio. De este modo, la vida total del hombre está manchada por una fuerte contradicción, y, por tanto, en continua tensión; y frente a la convivencia humana y el mundo de la cultura hay que establecer la creación de un reino independiente por la adquisición de la nueva vida, y como esto no se concentra en los particulares, sino que abarca toda la Humanidad, implica obligatoriamente la creación de un círculo de vida especial que acepte esta labor, frente a la cual el nivel medio de la Humanidad representa la adquisición de la vida creadora y el esfuerzo hacia ella; necesitamos, en efecto, este círculo especial, que trabaje, sobre todo, no por el bienestar de la Humanidad, sino por el desarrollo en ella de una vida independiente, y, por tanto, a favor de su dignificación. La Iglesia medieval llevó a cabo esta labor con grandeza, pero la entendió de una forma demasiado trascendente y no como un hecho libre y propio de decisión; era poco viril, por lo que se mantuvo en la estrechez y en la rigidez. Pero esta práctica imperfecta no declara de ninguna forma contra la autenticidad ni contra la necesidad de la idea fundamental; a ella volverá siempre la Humanidad cuando no acepte como definitivas las penosas imperfecciones de la vida, las continuas transacciones del bien con el mal, ni se deje despojar las ilusiones doradas, cayendo en una absoluta desesperanza. Es verdad que, como ya hemos visto, la apertura a la vida superior no convierte nuestra vida en un reino de la razón pura; pero el hombre ya no está atado a aquella esfera, puede crear enfrente de ella una nueva vida, y dar a su existencia un fin superior. Por lejanos que estemos de ver configurado en nuestro círculo un reino milenario, a pesar de todas las dificultades podemos adquirir cada vez mayor independencia, y nuestros fines pueden lograr un valor en sí. Desde entonces, la insuficiencia de nuestra condición se hace tolerable, la raíz del pesimismo es extraída de aquel pesimismo que le ataba a la dualidad de su situación. Tanto el optimismo superficial como el pesimismo oscuro se desvanecen; y podemos, incluso reconociendo todos los males de la existencia, implorar los peligros del desmayo y cobijar la fe en el poder del bien. Pero esta posibilidad sólo puede producirla la existencia y adquisición de una vida activa.

c) Superación de la división de la vida espiritual

La vida creadora no se le presenta al hombre como una elevada finalidad independiente, después de mucho trabajo y confusión. Sobre todo, una observación más precisa nos hace ver que sólo lentamente nos podemos acercar a aquel fin, y que para ello debemos elegir diferentes puntos de ataque y movernos en diferentes direcciones. Y esto es necesario, porque para nosotros, hombres, toda vida espiritual se mantiene en un contorno débil cuando no logra concentrarse en una creación real; pero esto sólo podemos realizarlo en una dirección especial y en un contorno limitado; sólo en la limitación se crea ante nosotros la vida plena. Pero, al mismo tiempo, existe el peligro, es más, la necesidad de que se creen diferentes direcciones, que se separan profundamente unas de otras, entran en violenta oposición, dividiendo la vida y poniendo en peligro la espiritualidad. Constituye a la vez una parte esencial del destino humano, que no sólo tenemos que lograr un estado superior, sino que para llegar a él se producen muchas separaciones y enfrentamientos, que dividen y enemistan a los hombres unos con otros. La Historia demuestra, con clara evidencia, que la lucha dentro de la vida espiritual produce frecuentemente mayor agitación y angustia que la lucha para lograr una vida espiritual. No se trata sólo de doctrinas diferentes, de interpretaciones distintas de un único hecho, sino del hecho mismo, que se transforma en problema; se producen procesos de la vida divergentes que exigen diferentes ideologías y diferentes métodos. Todo lo cual introduce infinita confusión, disgregando el movimiento histórico en diferentes hilos. No obstante, no debemos considerar esta disgregación como un error; la escisión es inevitable si hemos de elaborar todas las energías vitales y si han de afirmarse sus distintas manifestaciones; al querer cada una de estas manifestaciones adueñarse de las demás y reinar exclusivamente, se producen grandes obstáculos y graves coacciones. Y esto, no sólo hace que la Humanidad se divida hasta llegar a la incomprensión, sino que la vida misma, al vincularse a una manifestación particular y al confinarse en una esfera única, se estrecha y se aleja de sus fuentes primordiales. Esto sólo puede remediarse cuando del todo emana una fuerza de cohesión que disciplina este fraccionamiento; para ello, el todo no debe mantenerse como un terreno indiferente, como un recinto vacío, en el cual se encuentren al azar las diferentes corrientes de vida, sino que, en cuanto todo, debe mostrar un carácter y, con arreglo a éste, examinar y juzgar las diferentes tendencias, y hacer que se comprendan mutuamente sin perder su carácter propio. Sólo así se evita la uniformidad con su carácter de rigidez, sin perder, al propio tiempo, relación; sólo así puede cada una de las esferas particulares conservar, al mismo tiempo que se desarrolla, la idea del todo. Se demostrará que, en esta dirección, el mundo ideológico de la vida independiente aporta la correspondiente ayuda; contribuye tanto a hacer comprensible la diferenciación como a evitar el desdoblamiento; y, aun cuando esta acción contra el desdoblamiento no consiga ninguna solución definitiva, puede engendrar un movimiento fecundo y evitar la petrificación.

En tres direcciones principales se puede reconocer una variedad y prevenir la disgregación. En primer lugar, en la concepción del concepto generalísimo de vida; luego, en la de sus principales propiedades; finalmente, en su configuración en el trabajo histórico. La variedad se manifiesta de distinto modo en estas diferentes modalidades, unas veces aparece como una serie de grados a recorrer; otras, como una colección de hechos coetáneos, llamados a integrarse mutuamente; pero siempre hay que reconocer y llevar a realidad en esta separación un movimiento de la vida total.

α) *El ascenso de la vida en su estado principal*

La vida se nos presenta en primer lugar como una serie de simples hechos o procesos particulares, estos hechos son la preocupación, la inquietud de todos los días. Pero, a través de esta múltiple variedad, se extiende un impulso vital que aspira al establecimiento de una unión, a la introducción de todos estos elementos individuales en un cuadro de conjunto. Pero esta tendencia no se impone incondicionalmente, sino que en ella se produce ya un punto de desacuerdo; el hombre puede continuar en la convivencia con esta separación o puede tratar de vencerla; puede ir de un punto a otro, puede también intentar elevarse sobre la simultaneidad y hacer depender toda variedad a una idea general. Pero para esto último necesita ascender a una posición superior, y en tal caso se le presenta una disyuntiva. Nosotros procedemos de la Naturaleza y seguimos unidos a ella por muchos lazos; late en nosotros una nueva vida que establece sus propias fuerzas y leyes; aquélla, la Naturaleza, se da en la extensión; ésta, o sea la nueva vida, se siente interiormente. El punto elegido sólo podemos encontrarle o en aquélla o en ésta; según nuestra decisión, la forma de vida será una u otra. Estas dos formas de vida las llamaremos aquí, en favor de la brevedad, naturalismo e idealismo. El naturalismo eleva la Naturaleza a la categoría de todo, derivando toda relación de sus elementos y viendo toda unidad en el individuo; muestra un buen derecho cuando defiende el poder del hecho natural y sus consecuencias en el interior del alma; pero acentúa este derecho y da un aspecto contradictorio a la vida cuando quiere introducir toda producción espiritual en el concepto aumentado de Naturaleza, ya que la tendencia a un todo, que también domina en el naturalismo, exige una liberación del pensamiento y de la vida contra la simultaneidad de la Naturaleza; una severa relación con ésta sería perjudicial a todo intento de unidad, incluso al naturalismo como ideología; por tanto, él mismo destruye el terreno que le sirve de base. El pensamiento, cuando se eleva a una consideración general, exige una vida en el todo y por el todo; pero la Naturaleza ofrece solamente una variedad múltiple de hechos particulares, cuyo vacío interno se percibe cada vez más en la misma sensación. Por tanto, una vida intensa, poderosa, no puede satisfacerse con esta solución, la deja a un lado y se lanza por la vía del idealismo, que intenta comprender la Naturaleza por el espíritu y no el espíritu por la Naturaleza, estableciéndola con relación a aquél. Pero esta tentativa produce rápidamente un nuevo problema y exige una nueva decisión. ¿Será la acción bastante poderosa para gobernar su propia valoración de las cosas o encontrará una dificultad que no podrá vencer, sino que, al contrario, producirá sobre ella un poder inmovilizador? Si nos decidimos por la primera alternativa producimos un absoluto idealismo, que terminará rápidamente algo formal y abstracto; si nos decidimos por la segunda, un idealismo pesimista e incrédulo. El idealismo absoluto, al deducir toda realidad del movimiento propio del espíritu, pone toda su confianza en una acción especulativo-deductiva, y considera toda la diversidad de lo individual sólo como una serie de estados y lados de un movimiento conjunto. De aquí nace un ferviente deseo de lograr un concepto del mundo que abarque toda la realidad y la presente como el reino de la razón; lo consigue con respecto a algunas formas generales de los hechos, que resultan unidos por la ley de la causalidad y por otras leyes que gobiernan el movimiento; pero se debilita cuando se trata del todo y del contenido de la realidad, ya que en lugar de una realidad viva nos encontramos una simple superposición de formas, un esquema de formas, un esquema de la realidad, que no puede dotar a la vida la adquisición de sí misma, y que amenaza con convertirla en una simple sombra. Cuando se reflexiona sobre esto, el idealismo fácilmente se convierte en escepticismo y pesimismo. A éste le parecen las contradicciones demasiado fuertes para dejarse vencer fácilmente. Nuestro conocimiento encuentra oculta la naturaleza de las cosas. Nuestra acción se encuentra postergada a la superficie y excluida del centro de nuestra existencia, del cual necesita para la creación de los pensamientos morales. Esta forma de pensar aviva la mirada para la valoración del hombre y de las cosas, estima justamente su oscuridad y firmeza, que el idealismo absoluto tiende a despreciar o desconocer; es una crítica poderosa y sutil, y una reflexión ingeniosa. La dificultad se hace invencible si no se considera como una limitación hacia el exterior, sino como una descomposición interior, ya que aquélla podría aceptarse sin romper el fondo de la creencia, mientras que ésta arrastra forzosamente al desastre. Por tanto, si esta afirmación fuese definitiva, la vida se paralizaría. Nuestra condición parece insuficiente y hasta mezquina sólo por la elevada medida que se le impone; pero esta medida no proviene del exterior, sino que surge del interior de la vida misma, anunciando así su profundidad; por esto precisamente es por lo que no es suficiente con nuestro conocimiento, ya que el pensamiento exige que conozcamos la esencia de las cosas; por esto tampoco nos agrada nuestro estado moral, ya que éste exige la perfección de las intenciones. Pero esta misma exigencia, ¿no muestra la existencia en nosotros de un poder espiritual que nos impide dejarnos llevar a la irreflexión? Pero lo que conocemos sobre este poder es todavía demasiado débil para poder desarrollarlo; considera el estado actual como definitivo y se soluciona con una desentonación. Sobre esta solución se acentúa un nuevo idealismo, que podemos considerar positivo; cree que el estado interior de la vida es capaz de un ascenso esencial; pero sólo puede creer esto si, tras las capacidades de los individuos particulares, descubre una vida original en el hombre, para lo que es necesario que el movimiento, recorriendo los diversos estados, cree esta nueva vida; sin este resultado, el movimiento caminaría en el vacío, por lo que en este punto está el final de la cadena. Este idealismo positivo conlleva un sello histórico y un carácter ético. Un carácter ético, porque, para la transformación del estado inicial, es necesaria una acción dignificadora de la vida y una adquisición humana de esta acción; un sello histórico, cuando la vida misma realiza una acción posterior, cuyo contenido último sólo puede revelar la experiencia. El reconocimiento y la adquisición de este movimiento pone a la vida otra vez en flujo y la saca de la duda inmovilizadora sin debilitar la oposición; pero, si falta aquella vuelta de la vida sobre sí misma y la creación de un nuevo mundo en nuestra propia esencia, las dificultades son invencibles, y todo el esfuerzo humano se desvanece.

Todo esto muestra un continuo movimiento posterior de la vida, pero no en línea recta, sino a través de diferentes curvas y cruces. La vida avanza por sí misma, pero en su lucha con el mundo y consigo misma llega a un punto en que se producen diferentes alternativas y se exige una decisión. La vida, entonces, sigue una línea principal y se produce una acción progresiva; las direcciones secundarias se dividen, pero no siguen desarrollándose. La división se produce porque cada uno se para en un punto distinto y en un estado distinto; pero, si abarcamos con la mirada el todo, cada uno de aquellos estados se nos presentará como una parte de la verdad y como un esfuerzo parcial hacia el todo. La convivencia temporal con el error que supone, se muestra aquí como una falta de fuerza para la vida, como un momento de fatiga antes de lograr la máxima altura que nos es posible alcanzar; pero el cruzar los primeros estados no convierte a éstos en innecesarios de ningún modo. Ahora bien, la acción de los fundamentos comunes, así como de las dificultades que muestran los primeros estados, deben permanecer, con sus decisiones y experiencias, para que el todo permanezca en eterno flujo y el resultado final, como hecho propio, conserve su absoluta verdad. Esta verdad sería incompleta si los estados superiores prescindiesen de los inferiores y se limitasen a sí mismos. Ésta es una de las raíces, la raíz fundamental del dogmatismo, que trata como cosa terminada y definitiva lo que necesita un análisis continuo y una decisión. Toda convivencia muestra la acción de una vida superior al hombre, y toda la esperanza de que esta acción no se desvanezca consiste en que, dentro de todas las dudas y dificultades de la existencia humana, aquella vida produzca, por su propia fuerza, una acción interior que despierte en nosotros una espiritualidad, no sólo básica y luchadora, sino también vencedora. Por eso, nunca podemos llegar a una tranquila y absoluta adquisición de la vida, sino que, al igual que el movimiento y la lucha, también la duda debe retrocedernos a los estados inferiores; pero éste es nuestro destino y quizá nuestra salvación, ya que, tal como somos, una adquisición absoluta nos conduciría a la inercia y al sopor, mientras que así nuestra vida queda confiada a su propio esfuerzo y decisión.

β) *La superación de las dificultades en la vida espiritual del hombre*

La vida creadora se nos muestra como una superación de dificultades entre cuyos términos la vida media vacila; supera la resistencia de las fuerzas y del objeto, de sujeto y objeto, y también la de acción y existencia, ya que sólo aquella superación hace posible la creación de un contenido de vida, y, a la vez, la independencia del pensamiento con su objetividad y su fuerza unidas frente a las representaciones subjetivas, y sólo de la superación de acción y existencia surge una realidad en posesión de sí misma. Pero todo análisis posterior de la vida espiritual en el hombre deja ver que en su propio suelo aquellas dificultades se repiten en estados más altos, mientras que la creación se produce bajo el influjo principal de uno u otro término. De aquí nacen enormes dudas, que sólo se pueden vencer por un fortalecimiento de la vida fundamental y por una habilidad debida a este fortalecimiento.

El equilibrio entre fuerza y objeto, dentro de la creación, pudo ser afirmada en las más altas manifestaciones de la vida griega, ya que hombre y mundo estaban allí suficientemente alejados para ser independientes, y, a la vez, estaban tan íntimamente unidos que se intercambiaban constantemente corrientes de vida elevadoras; el mundo era admirado y vivificado por el hombre, pero éste, a su vez, actuaba como creación sobre su alma, aumentándola, fortaleciéndola e iluminándola. Esta acción enérgica y bilateral originó una elevada cultura, cuyas claridad y belleza todavía hoy nos atrae. Pero el desarrollo posterior de la historia ha demostrado que este equilibrio es insuficiente. Aumentando los dos lados de la vida, por un lado, el alma humana consiguió mayor independencia, desarrollando su esencia interior; por otro, la naturaleza y el mundo se han desarrollado también, separándose de la vida anímica y consiguiendo un carácter impersonal; lo primero ocurrió en el mundo cristiano medieval, que de ningún modo es para nosotros un pasado muerto; lo segundo, en los tiempos modernos. Aquí como allí, la tendencia a encontrar una realidad que ponga en tensión los dos lados; pero en lo relacionado a su configuración sufre el influjo primordial del uno o del otro lado, se separan un mundo personal y un mundo impersonal, y se separan a la vez los objetivos, los valores y los bienes. Cada una de estas dos estructuras ha aportado novedades de enorme importancia, desarrollando el conjunto de la vida, pero aquí y allá se han producido dudas que complicar una solución definitiva.

La configuración de la realidad por la vida personal, por la construcción de un mundo característico diferente de todos los instintos subjetivos, ha otorgado independencia a la vida interior y, con el descubrimiento de nuevas dimensiones en religión y moral, ha creado un nuevo reino del espíritu. Además, ha unido el fervor y la dulzura del ánimo, ha concentrado fuertemente la vida por la relación con la personalidad de un Dios superior al mundo y ha puesto como labor fundamental la determinación del concepto del mundo. Pero como el movimiento confuso de las almas no encontraba equilibrio en ninguna estructura objetiva, la mezcla de los elementos subjetivos no se evitó suficientemente; esto trajo como resultado una concepción del mundo demasiado absoluta y antropomórfica, y reflejó la actividad espiritual demasiado subjetivamente, dejando que los elementos sentimentales produjesen demasiada acción; una vez que estos errores aparecen claramente en la conciencia, aquella vida pareció demasiado pequeña y demasiado relacionada con las formas humanas, y pudo ser censurada como un reflejo de deseos humanos. Este hecho señala el principio de la época moderna, y rápidamente se produce un movimiento contrario, tratando el hombre de objetivarse y de ofrecer el fruto de la unidad de las almas. Se desarrolla ahora en el hombre una poderosa lucha contra la peculiaridad de su esencia como demasiado pequeña e insignificante frente a las obligaciones de la acción espiritual, una lucha por una vida más pura en la grandeza y verdad de las cosas. En la realización de esta tendencia, todo elemento anímico es abandonado, desde luego, como hecho subjetivo de la imagen del mundo exterior, colocando a éste sobre fuerzas y movimientos totalmente mecánicos, y, a su vez, estableciendo la vida humana a semejanza suya; además de esto, en el hombre mismo se produce una separación entre la acción espiritual y la existencia anímica, pareciendo ésta un epifenómeno. La realización intensa de esta tendencia hace que el trabajo de las relaciones que le impone la condición humana desarrolle fuerzas y leyes propias, y, por fin, origina del todo lo ideal, y tanto los principios como las ideas adquieren de pronto un poder, antes desconocido; las esferas particulares se hacen independientes tanto del hombre como entre sí; se origina, por fin, un movimiento, de cuya influencia no puede salirse nadie que colabore en el trabajo espiritual; pero cuanto más cuidadosamente recorre este movimiento su camino, más se demuestra que oculta un gran defecto que amenaza con destruirle. Spinoza describe lo personal, con su tendencia a la unidad y sus dimensiones y valores, como una simple opinión humana, para la cual, en el mundo de las cosas, no queda el menor lugar; además, el mundo objetivo, que parecía tener una estabilidad propia, se transforma, para él, en un haz de relaciones particulares o en un proceso dirigido por una necesidad propia. Con ello, la realidad no sólo pierde toda alma, transformándose en un mecanismo intelectual, en un simple tejido de formas, sino que pierde toda lógica formal, empieza a desvanecerse en elementos aislados y con ello a carecer de carácter espiritual. No es un hecho casual que el intelectualismo firme, que tiene su cumbre en Hegel, desembocase, tan pronto en un absoluto naturalismo, como en un subjetivismo vacío.

Estas experiencias obligaron a los hombres a volver a la valoración del mundo personal, pero las transformaciones producidas impedían una vuelta a las antiguas formas, y por eso encontramos a la Humanidad actual condenada al enfrentamiento desequilibrado de las dos formas de vida, enfrentamiento que se extiende hasta las más profundas raíces de la vida; su intranquilidad y su malestar se explican en gran parte por la duda entre aquellos dos mundos fundamentalmente diferentes y entre las dos vías, de las que la una es demasiado pequeña, mientras que la otra carece de alma; la una aprecia al hombre demasiado, la otra le desprecia excesivamente. Esta situación intolerable sólo puede ser solucionada cuando se encuentra un lugar donde los dos movimientos puedan encontrarse y equilibrarse; este lugar no le podemos encontrar en el alma en su estado inmediato: sólo le puede ofrecer una vida superior que contenga una superación de las contradicciones y que, al adquirirla, nos lleve a esta superación; pero, para conseguir una unidad interior y para comunicar una unidad al movimiento, esta vida debe seguir la dirección de la personalidad y liberarnos de la limitación humana; debe ser una interioridad, no impersonal, sino suprapersonal, para que tenga coherencia y pueda originar un contenido. Esta interioridad podría ascender, por medio de la adquisición de lo objetivo, a un yo espiritual universal, venciendo no sólo los objetivos del hombre, sino también sus conceptos. Pero que esta vida, aunque nos cueste trabajo reconocerla actúa realmente sobre nosotros, lo demuestra el movimiento repetidas veces descrito por nosotros, de la solución del simple problema y de la creación de un yo más amplio, como es el que en varias corrientes muestra la vida humana; así, en las relaciones de hombre a hombre, en las creaciones de grandes y pequeñas comunidades y de estables relaciones; así, en el concepto de lo objetivo tanto como en la actividad artística y en la aclaración comprensible de las cosas; continuamente vemos una actividad espiritual que no recibe su unidad del exterior, sino que la trae consigo misma, que contiene una determinada afirmación de la vida, afirmación que se distingue mucho de la preocupación egoísta del yo puntiforme. Pero lo que actúa de este modo, elevando y ennobleciendo de varias maneras, sólo se muestra cuando es concebida como una parte de un movimiento de conjunto, como reflejo de una vida superior, y se robustece notablemente cuando nosotros, por decisión propia, tomamos nuestra posición en esa vida. Sólo así será posible reconocer la necesidad de un doble punto de partida y de una doble dirección del movimiento en el hombre, sin deterioro de la unidad, ya que la vida sólo puede mostrarnos su contenido de verdad cuando los dos lados mantienen su independencia uno con respecto a otro y cada uno actúa sobre el otro como estímulo e impulso; lo objetivo, como eliminación de lo puramente subjetivo y como creación de un carácter universal; lo personal, dando congruencia y avivando la diversidad. Sólo así es posible evitar que la vida caiga, por un lado, en un reino de fría particularidad y de valores simplemente humanos; por otro, en un reino de fría objetividad, sin que se logre una unión de concentración y crecimiento, de calor y grandeza. Pero esto, no por una configuración exterior ni por un compromiso sin dignidad, sino dentro de un mundo de espiritualidad superior y de interioridad independiente; aunque esta interioridad sólo sea lograda aproximadamente por nuestros conceptos, su mejor o peor comprensión no repercute sobre su verdad y realidad. ¿Dudaremos acaso de nuestra propia alma porque sea enormemente difícil entenderla científicamente? Tan cierto es que toda posibilidad de una superación de aquella doble contradicción se apoya en que nuestros sacrificios estén sostenidos por una vida superior y por distintos lados se dirigen a una misma meta. Hay que comprender la profundidad de esta afirmación y calcular sus consecuencias.

Con el enfrentamiento entre lo personal y lo impersonal, se cruza, en la creación de la realidad, el de existencia y acción, de vida sensible y ligada, y vida independiente, de actitud empírica y actitud noológica. Vimos ya que el esfuerzo espiritual humano necesita del esfuerzo conjunto de ambos lados, pero esto no impide el nacimiento de una contradicción, según el trabajo elija uno de estos dos lados como cosa principal y desprecie el otro como categoría de cosa secundaria. Esta oposición no alcanzó su total desarrollo hasta el comienzo de la época moderna; sólo entonces la existencia y la acción se separan con absoluta claridad e incluso con violencia; pero, a la vez, una fuerte tendencia hacia la unidad de la vida brota, y entonces unos declaran a favor de la acción; otros, de la existencia, y, por tanto, el mundo y la vida reciben una configuración distinta. Allí el mundo es concebido como una interioridad movida por actividad propia, frente a lo exterior que es rebajado a la categoría de medio o instrumento o de simple apariencia; aquí, el mundo, concebido según la impresión sensible, como una dimensión otorgada, es considerado como la realidad por excelencia, y toda actividad espiritual es comprendida como su producto; así surge el enfrentamiento entre cultura real y la cultura ideal con sus fines fundamentalmente diferentes y su lucha continua. Esta lucha conmueve al mundo moderno y se extiende a todas las esferas individuales; por un lado, la tendencia a considerar lo espiritual como algo sensible debilitado; por otro, la tendencia contraria a considerar lo sensible como un estado inferior del espíritu; en la doctrina del conocimiento, la lucha entre empirismo y racionalismo; en el terreno de la práctica, la lucha entre el respeto exclusivo del bienestar y la moral absoluta, el individuo sobre la sociedad y la sociedad sobre el individuo. Pero cuando la experiencia histórica puede conjeturar un juicio sobre estas cosas, se demuestra que cada una de estas ideas, si es bastante fuerte para oponerse a la otra, es demasiado débil para conseguir la victoria. Absolutamente clara es la imposibilidad de dar un contenido a la vida y de crear una cultura de la simple existencia con sus ataduras y su simultaneidad, ya que para ello es necesaria una concepción de la vida en un todo y ponernos en condiciones de autoactividad: el que concibe esto como una cosa secundaria, produce forzosamente la cuestión fundamental de la vida, de sus condiciones y de sus relaciones con el ambiente, y con toda la aplicación del actuar, deja el alma vacía y no puede evitar una disminución del hombre y de la sociedad. Lo que aquí se llama cultura es sólo una cultura superficial, es sólo civilización, es decir, una estructuración accidental e histórica de la vida exterior, cuya profunda agitación sólo sirve para disfrazar el vacío interior. Pero tampoco la cultura ideal soluciona el problema. Construir una realidad del hombre rápidamente, configurar toda existencia del mismo y para el mismo, esto sólo puede hacerlo la cultura como una actividad que se basta a sí misma, y el peligro está en que, en lugar de una realidad viva, sólo nos ofrezca un contorno, una sombra, y la esperada cultura ideal se convierta en una simple cultura intelectual. Frecuentemente considera que, con haber reducido el mundo a ideas, le ha convertido ya en un reino de la razón, y esto, fundamentalmente, porque una cultura ideal tienda a buscar el estado interior del hombre como un núcleo sano y el desarrollo seguro; de este modo humilla y desprecia las dudas de la vida espiritual, especialmente la imperfección moral, lo cual se traduce en una frivolidad de la vida.

De aquí se deduce que ninguno de los dos lados puede aceptar al otro ni despreciarle; la vida contiene dos puntos de partida cuya independencia debemos reconocer. Si no deben andar siempre separados, es necesario distinguir profundamente su contenido esencial y la situación en la que nosotros nos encontramos frente a ellos; sólo entonces la unidad de la vida se hace compatible con la posibilidad de agredirla por estos dos puntos distintos. Sólo una vida superior a la contradicción hace posible una relación entre la acción y la existencia que deje a cada una su significado sin separarlas. El hecho universal debe comenzar el movimiento y conducirle señalando los caminos y reflejando los problemas; es más, debe traer a su propio terreno a la existencia, aclarándola de este modo. Pero, al mismo tiempo, la existencia tiene para nosotros, hombres, un derecho y un lenguaje propios, ya que inicia un hecho peculiar, cuya consideración y comprensión nos promete la actividad en su esfuerzo por vencerse a sí misma. Sólo así pueden superarse el uno al otro de los dos elementos; sólo así puede la vida protegerse de una disgregación en el tiempo y seguir abierta a nuevas experiencias. Así tenemos los dos extremos de una cadena, y los podemos unir; pero todo intento en este sentido implica una referencia del uno al otro, una correspondencia; los hombres, inútilmente pediríamos una unión a la vida si ella no nos la ofreciera de su interior. En este sentido no podemos alejarnos de una «armonía preestablecida», si bien en otro sentido que la de Leibniz.

Algunos ejemplos nos mostrarán cómo debe entenderse la configuración de esta cadena. La ley causal surge, evidentemente, de la autoactividad del pensamiento y, en último lugar, de la vida que origina este pensamiento; sólo la unidad creadora que vive en el pensamiento, puede originar el encadenamiento interior, la relación objetiva, la necesidad inevitable, característica del nexo causal. Pero, concebido en sí, el encadenamiento causal es un simple esquema que deja abierta la puerta a diferentes posibilidades y no encuentra camino para su adaptación; es más bien una pregunta que una respuesta. La respuesta sólo puede ofrecerla una investigación más precisa de la existencia, pero sólo cuando ésta es concebida y explicada según el pensamiento; sólo el contacto así logrado de los dos aspectos hace que la causalidad, de simple esquema, pase a absoluta realización, y hace depender, a la vez, la existencia, con toda su riqueza de hechos, al pensamiento.

La religión puede ser otro ejemplo. La idea de una vida suprasensible, idea de la religión, no surge de la existencia ni se puede basar en ella; quien lo intentó dio siempre un paso terrible. La idea de esa vida es necesaria, debe ser como el principio de los principios. Pero cuando significa la negación o desprecio de la existencia le falta la intuición y deja fría al alma; podemos admirar el entusiasmo con el que el místico se entrega a ella, pero no se puede dejar de reconocer que termina en una afirmación sorprendente y vacía. La idea de lo absoluto necesita una elaboración superior que ponga en ella un contenido y la aproxime a nuestra alma; pero esto sólo puede ofrecérselo el contorno humano cuando la vida superior le ilumina, le alumbra, le transforma, convirtiendo el desastre en un mundo. Entonces reconocemos la acción divina del hombre, y, a través del encadenamiento, vemos cómo la idea de Dios se introduce en el alma sin caer en el antropomorfismo. No necesitamos explicar cómo esta necesidad, prefiriendo la vida superior a la existencia, sin despojar a ésta de su carácter independiente, ofrece una personalidad característica a todo trabajo hasta sus últimas divisiones.

Esta situación de hecho no deja de producir errores: los dos lados pueden rebosar mutuamente su autoridad: esto ocurre cuando la religión quita a la vida social su independencia y quiere gobernarla directamente; esto es más que una invasión, es un error, cuando la sociedad considera la religión como un producto propio y como un medio para su bienestar; otro caso es cuando la reflexión filosófica quiere configurar toda la vida por sí misma, rechazando la experiencia; y un error semejante es querer extraer de la vida todo conocimiento por medio de un «naturalismo». Esto es sólo un error fundamental, mientras que aquello es sólo una invasión, ya que la simple existencia no puede dar a la vida independencia ni aspecto espiritual, mientras que el intento de construir un mundo superior sólo conlleva una exageración de nuestras propias capacidades. El error principal de todos los enemigos de la religión y de la metafísica consiste en considerarlas como algo agregado, más allá del mundo, siendo así que, en realidad, ellas configuran lo primordial, lo espiritualmente inmediato.

Indudablemente, esta necesidad nos muestra la vida como algo imperfecto, pero sólo porque medimos la vida según un elevado objetivo, y, por tanto, según un objetivo que no podemos despreciar. Mirada desde este elevado objetivo, la imperfección no significa tanto una debilidad como una virtud del hombre; demuestra que se le ha otorgado una labor sagrada y que, al trabajar en ella, se encuentra en el centro del movimiento del mundo. Siendo esto así, el trabajo más triste nunca nos podrá llevar al cansancio, ni la duda a la incredulidad.

En la creación de la realidad, se cruzan ahora parejas de contradicciones, la dirección personal y la impersonal de la vida, la superioridad del espíritu o de la existencia; la forma impersonal y la personal pueden establecerse tanto de un modo independiente como unidas a la existencia. Así, surgen cuatro corrientes de vida y contornos ideales, la de la religión y la de la cultura inherente, por un lado; la de la vida social y la del trabajo cultural, por otro; es primordial para el logro de una realidad que aquéllas se muestren independientes unas de otras; pero, al mismo tiempo, que sean referidas las unas a las otras y situadas en una comunidad de abundantes efectos, que su contenido de verdad sea examinado y adecuadas con la realidad de aquella vida; también es necesario que la unidad no atraiga la variedad con sus problemas y experiencias, ni la unidad, con su acción lógica y profundizadora, sea atraída por la variedad.

La vida personal del espíritu sólo puede mostrar la realidad superándose por encima de la existencia y dominándola; así surge el mundo superior de la religión, elevando al hombre hacia la divinidad. De aquí que la religión enfrente sus valores a todas las limitaciones de la existencia, y evolucione en violento contraste con ella; así surgen conceptos como lo absoluto, lo eterno, lo perfecto, lo santo; así surge un mundo característico de ideas; así se origina el sentimiento de excelencia; así la vida, dotada de valores absolutos, se revuelve contra el estado natural y le sitúa en profunda conmoción. Este efecto no se limita a puntos particulares, sino que se extiende a la totalidad del ser; el estado natural, y el círculo de la vida que éste conlleva, es considerado ahora como secundario y hasta peligroso, y el centro de la vida es situado en un nuevo mundo, transformado en patria del hombre. De este modo, la religión produce una revolución comparada, con la cual las revoluciones políticas parecen insignificantes. Con esta independencia de la vida se produce una adquisición de sí misma, de la interioridad, y la tentativa se eleva, como camino de la voluntad, a un valor y una fuerza tremenda, y se hace cada vez mayor la posibilidad de reconocer toda la incapacidad e inversión del estado del mundo y, sobre todo, del estado del alma, sin perjudicar por ello la energía de la vida.

Se ve, entonces, cómo la religión da a la vida una enorme fuerza plasmadora y la necesaria profundización. Pero, sin una integración y un equilibrio con otras corrientes de vida, reserva grandes peligros y daños: el desinterés hacia el mundo inmediato, el no preocuparse de sus problemas, el desprecio de toda estructuración objetiva, la superioridad de la subjetividad y del sentimiento de la salvación, y con todo esto, a pesar de su profundidad, una organización de la vida demasiado pequeña y antropomórfica. Para que fuese razonable la revolución que la religión produce en la vida, debería estar basada en el conjunto de ésta y en sus experiencias; si se aleja de éstas, las dudas se acumulan.

Una vida preferentemente diferente decae cuando el espíritu sigue el camino impersonal, y en vez de divinidad pone una razón inherente al mundo, concibiendo ese mundo visible como su evolución. En esta concepción, el mundo encuentra su cohesión dentro de sí mismo y produce su evolución interior por su propia fuerza; cuando la experiencia de esta evolución, de esta dialéctica de la razón, llega a ser el tema principal de la vida, la fuerza espiritual, tal como se muestra fundamentalmente en el pensamiento, se sitúa delante del sentimiento moral; el reconocimiento de una razón que lo hace todo, produce un aumento de la vida, se reconoce a las cosas una naturaleza propia y una capacidad propia. Realmente se logra con esto una unificación del todo, pero es a base del sacrificio del individuo; encontramos, sí, una dura dificultad, pero ésta no llega a la raíz del ser para provocar en él un cambio total; lo único que parece lograrse es despertar las capacidades individuales y provocar una concentración y tensión de éstas. Siendo la vida trasladada al hecho propio, la condición del mundo ya no es secundaria, sino que éste se organiza adecuándose a las exigencias de la razón. Realmente, el hombre remoja aquí su vida, en el todo de una razón universal; pero, al mismo tiempo, adquiere la obligación de traer a libertad y claridad los hechos que, dominados por una oscura necesidad, se producen a su alrededor, dirigiendo así el todo a su absoluta perfección, con lo que recibe una grandeza y dignidad incomparables.

Esta corriente de vida, de índole notablemente impersonal, ha producido efectos definitivos. La seguridad de que el mundo y la vida tienen una profundidad nos impulsa a descubrirla, y al encuentro de un lazo estable entre toda variedad. Más que nunca surge un movimiento de todo a todo, y el contorno de la vida se convierte en un organismo nivelado, en un sistema membrado. Al tomar la dirección del pensamiento, el mundo de lo sensible deja su lugar al mundo espiritual; todo elemento sensible es referido a una idea; la realidad se convierte en un mundo de ideas; los principios, como ideas, reciben un poder que nunca tuvieron. La acción del hombre refleja entonces una fuerza viril y un aliento placentero; al mismo tiempo, se extiende por todas las esferas de la vida, y a cada una, la situación y la importancia que le corresponden. Así surge un sistema de cultura que hace que el hombre desarrolle la acción de sus fuerzas, pero que las concentre al mismo tiempo. Con esto la vida es colocada a una altura de donde no puede descender ya. Pero también esta corriente de vida origina problemas y dudas cuando quiere deducir toda la realidad de sí misma.

Se puede preguntar si el mundo se resume para el hombre en un todo sin contradicción, o si las confusiones no llegan a su fondo último; puede preguntarse también si el movimiento espiritual puede desarrollarse independientemente de las experiencias de la existencia como aquí se cree; cabe preguntarse, sobre todo, si la razón, moviéndose libremente, puede prestar a la vida la adquisición de sí misma, y si esta dotación a la realidad de un carácter racional no es solamente una superestructura lógica, es decir, una simple forma subjetiva de la racionalidad, a la que no corresponde ninguna equivalencia real. El mismo concepto esencial de la razón no huye del peligro de perder su carácter cósmico y ser humillado a una simple propiedad del hombre, perdiendo de este modo la fuerza para crear al mundo; en realidad, los sistemas filosóficos muestran demasiada vacilación entre ambas concepciones, y toda duda actúa de una manera angustiosa cuando el problema se hace depender de uno solo de estos conceptos.

En el terreno de la existencia surge un tipo de vida peculiar, de aspecto personal, por las relaciones de hombre a hombre, una relación social con todas sus nivelaciones. Este contorno de vida en los tiempos modernos se ha ido sacando cada vez más a la influencia de la religión y de la cultura ideal, consiguiendo absoluta independencia y, a la vez, carácter singular. El hombre es aquí retratado al vivo, la clave central del esfuerzo; el fin principal es poner en inquietud todas sus fuerzas, desarrollar todos los lados de su vida, y ofrecerle la mayor felicidad posible. El hombre, en sus distintas relaciones, se convierte aquí en el principal estudio y el principal cuidado; lo exterior a él sólo tiene valor en cuanto le sirve. Todo esto se configurará distintamente según la convivencia humana sea concebida como una libre relación social o como la estable organización de un estado; pero en el fondo cada esfera de vida se establecerá con respecto al beneficio que ofrezca al bienestar humano. Pero el verdadero círculo del hombre implica una enorme riqueza de temas en cuanto se establecen diferentes lazos, se originarán círculos de vida peculiares y establecen relaciones que no siempre son de aspecto sencillo. Además, los tiempos modernos consideran un tema duro e importante, el no desaprovechar ninguna fuerza; hacen movimientos exagerados, cuando todo lo que tiene aspecto humano tiende a una completa colaboración en los bienes y actuaciones de la vida común, y es invitado a ello. Cuanto más se extiende el movimiento, más evidente se hace con cuántas dificultades y con cuántos sufrimientos hay que luchar, cuánta alegría y fuerza se pueden conseguir. Esta vida está siempre en un continuo fluir, porque las relaciones humanas están en constante cambio y plantean siempre nuevos temas; así, el presente vive con sus experiencias, y sus obligaciones ocupan aquí un lugar dominante.

Esta configuración de la vida ya se recomienda al hombre moderno, porque libra al esfuerzo de la confusión del problema del mundo, nos sitúa en el terreno inmediato de la experiencia y nos presenta objetivos cuya importancia es indiscutible, ya que, si todo es inseguro, el hombre, como hombre, y su bienestar quedan como objetivo ineludible. La relación directa de todo esfuerzo con este bienestar da como resultado una concepción firme, una separación de todo lo innecesario, un ennoblecimiento del alma; al mismo tiempo, el hombre se acerca al hombre y se unen en una suerte común. También es una ventaja, y no escasa, que se ofrezcan nuevos horizontes y nuevos puntos de ataque. Pero todo esto no elude los peligros y pérdidas de este nuevo camino de la vida, si se concibe como fin único, y todo lo demás se hace depender de ello, ya que no puede unir al hombre con el hombre ni conducirle sin abandonar su relación con el todo y el valor propio de su vida interior; pero estos dos puntos forman el principal elemento de la creación espiritual, y ésta, entregada a aquella dirección simplemente humana, se entorpece y degenera. Como el hombre no puede hacer menos que elevarse sobre sí mismo, guiando su pensamiento al todo y examinando desde allí su propia conducta, el limitarse a su propio contorno y a su propio bienestar le produce una disminución insoportable.

El valorar todo esfuerzo por el bienestar humano desprestigia también las esferas particulares de vida, dificultando su absoluto desarrollo, siendo todo limitado y difícil por aquel interés; es inevitable un agotamiento, porque sólo un fin en sí puede lograr el sentimiento y vivificar la fuerza. En último lugar, sólo queda un instrumento más o menos grosero, que sobre todos los cuidados e inquietudes de la vida pone su propia conveniencia, por lo que, con toda la ganancia exterior, deja lo interior vacío. Además, este tipo de vida se apoya en un hecho que difícilmente se puede probar: el hecho de una bondad natural del hombre, de su amor al prójimo, de la falta de toda duda interior. El que reconoce las confusiones interiores, no puede satisfacerse con este camino de la vida. Ésta implica que el hombre y la Humanidad poseen un elevado valor, pero no sabe demostrarle por sus propias fuerzas.

Un tipo de vida impersonal desarrolla la existencia, haciéndola depender del trabajo, a la producción de un trabajo cultural; esta concepción sólo ha podido surgir en los nuevos, en los novísimos tiempos, ya que, anteriormente, el trabajo dependía de lo personal, a los objetivos del que trabaja; sólo en los tiempos modernos se ha separado de estos fines, creando relaciones propias, desarrollando fuerzas y leyes interiores, configurando un poder independiente, que domina al hombre y le hace medio e instrumento suyo. Surge entonces una cultura real que no desarrolla, como la cultura ideal, la vida de dentro afuera, sino que se limita a las cosas y que sólo pretende el dominio del ambiente y el señorío del mundo con fines intelectuales, prácticos o técnicos. Aquí todo se apoya en la acción, en la producción práctica; a ella debe subordinarse incondicionalmente la actuación personal. La vida se limita así al estado subjetivo, en íntimo enlace con los objetos, ya que sólo en relación con ellos consigue tensión y fuerza. El objeto fundamental de la vida y de la actividad es emplear la conciencia en el desarrollo de la cultura, lo cual no quiere decir que falten fines éticos; por un lado, toda preferencia subjetiva depende de las exigencias de las cosas; por otro, cuando ocupa su lugar en el todo y relaciona su obra con éste: «Muchos se sucederán en la acción, y la ciencia progresará» (Bacon).

Las producciones de esta corriente de vida para el aumento, consolidación y robustecimiento de la existencia humana son demasiado obvios para necesitar de más demostración, pero también los límites de esta configuración son demasiado notables para que los olvidemos. Al ocuparnos desesperadamente de la acción, el alma es descuidada, y ésta cae en una triste descomposición; además, el desarrollo del trabajo exige un desdoblamiento posterior, y las partes reciben cada vez una más pequeña cantidad de fuerza; así, el hombre, como todo, decae en la misma medida que su trabajo progresa; limitado a una pequeña esfera, rápidamente se transforma en máquina y apenas puede llamarse personalidad. El resultado, más que una verdadera cultura, es una civilización en el sentido de una configuración adecuada del ambiente, un orden ingenioso, un arreglo, un acuerdo, pero, como desesperación de toda esta adecuación, falta un último fin y todo acaba en el vacío. Es necesario preguntar qué fin tiene la vida, si sólo se soluciona en el servicio de una cultura impersonal, que en ningún lado apunta al hombre ni colabora a su mejora interior. ¿A quién aprovecha últimamente el conjunto del movimiento, y para qué sirve toda esta angustia y todo este trabajo? Estos problemas y dudas dejan intacta el significado de la cultura del trabajo, pero rompen necesariamente la fe en su exclusividad; puede ser una catástrofe si no se configura en un todo más amplio.

Así surgen cuatro corrientes de vida de distinta clase. El hecho de que todas las direcciones de la vida se configura con respecto a ellas, demuestra cuánto se diferencian entre sí. Así, el conocer, así también la acción. Como las configuraciones de los hechos principalmente universales desarrollan la vida de dentro afuera, deben también originar el conocer, principalmente del propio movimiento de la vida; lo que ocurre dentro del espíritu pasa aquí a primer lugar y decide completamente sobre el significado y la valoración del ambiente. Tanto aquí como allí hay que ir de los datos de la experiencia a los hechos básicos, desarrollar éstos de su propia necesidad; luego pasar de éstos a aquéllos para aclararlos y resumirlos, y entenderlos como su resultado, pero reconociendo en todo la acción de un mundo espiritual independiente, trasladando al hombre a dicho mundo. El desarrollo religioso de la vida y el inherente se separan en un punto importante. Comoquiera que éste ve en el mundo el puro desarrollo de una vida fundamental, puede concebir ésta inmediatamente y tratar de elaborar su estructura de una vez para siempre, independientemente de los cambios del tiempo. El establecimiento de una actividad primordial, dominadora de toda la producción, pone en contra de la consideración empírica una consideración trascendental, cuyo *a priori* no tiene historia y exige un tratamiento *sub specie aeternitatis.* El tipo religioso de vida se lleva de otra forma. No considera accesibles las últimas razones, ya que sólo a través de la experiencia interior, por alteración y transformación es capaz de entenderlas, porque no ve la vida espiritual en un único plano, sino que la separa en los diferentes estados de una espiritualidad creadora, luchadora y vencedora. Aquí está la razón más profunda de una historia y de una consideración histórica de la Humanidad como del alma. Por lo mismo que la religión señala la producción de nuevas dimensiones en el movimiento de la vida, no puede rebajarse a un simple *a priori.* En todo caso, su *a priori* sería básicamente distinto del que tuviera el idealismo inherente.

Los sistemas de vida en los que prevalece la existencia inmediata ponen por encima del conocimiento la experiencia, el contacto con las cosas, considerando todo desarrollo interior como una ilusión o fantasía. Pero la experiencia se establece para ellos de distintos modos. El tipo de vida social pone por encima la consideración psicológica y pragmática, donde el movimiento de las cosas humanas debe permanecer abierto a todo cambio. A la cultura del trabajo, por el contrario, corresponde un positivismo que intenta mantener aislado todo elemento subjetivo, mientras que reúne todo su cuidado en la comprensión del hecho, comprensión que le debe servir para el dominio del mundo que le rodea. Intenta encontrar reglas empíricas, pero las distingue de las leyes exactas, o, por lo menos, debe hacerlo; impide todo lo que rebasa la pura descripción e intenta ser una explicación.

Todavía más palpable parece la diferencia de las distintas formas de vida en la configuración de la moral, ya que se pueden trazar límites concretos entre la moral religiosa, la racional, la social y la del trabajo; cada una ve en la moral una cosa diferente y busca caminos propios para llegar al fin. La moral religiosa encuentra su argumento en la unión con Dios, en sus formas inferiores, a través de la obediencia; en las superiores, por el amor; y encuentra la fuerza para esta unión en la acción de la Gracia divina; la racional trata de adecuar nuestro deseo a los mandatos de la razón, y, por tanto, confía en nuestra propia actividad; la moral social se fija, sobre todo, en las relaciones con los demás hombres y con la sociedad, y adquiere la forma de altruismo; por tanto, sólo puede encontrar la fuerza motriz en los sentimientos de compasión, de amor, de tolerancia; la moral del trabajo, en cambio, ve la moral, como ya se demostró, en la absoluta entrega a la acción, por lo que sólo confía en el impulso hacia la actividad, que hace olvidar a los hombres su propio egoísmo.

De aquí surgen cuatro corrientes distintas de vida, con un aspecto en común en todas sus divisiones. La labor principal de los tiempos modernos es configurarlas distintamente y reconocer su independencia mutua; esto ha otorgado a la vida mayor riqueza y movimiento; pero, a la vez, la ha puesto en mayor confusión y angustia, ya que las corrientes de vida arrastran al hombre en direcciones bastante diferentes, e incluso opuestas, para poder conciliarse y para que él pueda compartirlas; ninguna de ellas ha conseguido un absoluto predominio. Todo examen más preciso demuestra que ninguna de ellas logra independencia por su propio poder. Los tipos de vida que dan la mayor importancia a la existencia sensible niegan a la vida la adquisición de sí misma e incluso todo contenido; sólo pueden hacerlo en apariencia, relacionándose ocultamente con el hecho espiritual que rechazan esencialmente; las que admiten el hecho espiritual convierten a la vida en un hecho principal, en efecto, pero, por una parte, su fundamentación está expuesta a muchas dudas y ataques, y, por otra, su desprecio de la existencia sensible las expone también al peligro de una exageración de las capacidades humanas y de una creación unilateral de la vida. No queda, entonces, más remedio que la formación de una vida que abarque las distintas corrientes; pero esta vida no surge inmediatamente de nosotros ni nosotros la podemos originar; sólo podemos formar parte de ella cuando actúa sobre nosotros como algo superior y nos asciende a su altura. Pero no tendría verdadera acción unificadora ni provocaría un progreso básico si esta vida no tuviera un origen más lejano que las corrientes señaladas, y si la relación con ella no pudiera ser la relación fundamental de la vida entera, de la que estuviesen dependiendo las demás relaciones; de la experiencia de esta vida en el reino del hombre deben salir aquellas divisiones, y sólo por ella se pueden comprender mutuamente y unirse en un esfuerzo común; este todo debe realizar en ellas un examen, una filtración una transformación. Con esto volvemos a la vida creadora independiente, la cual debe actuar sobre nosotros como fuerza primordial para que la busquemos como un fin y podamos vencer las dificultades que a ella se oponen. Pero aquella acción se produce bajo condiciones de índole humana; éstas conllevan que la tarea se pueda producir desde varios puntos y que, incluso en la unión en un todo, se pueda conservar cierta independencia, tanto enfrente de éste como entre las distintas tendencias, con lo que se desarrollarán las fuerzas características y se aprovecharán sus experiencias. Debemos exponernos de vez en cuando, a las distintas corrientes de vida y seguir tranquilamente sus movimientos, para luego regresar al todo y valorar los resultados parciales por este mismo todo. De aquí un encontrado movimiento dentro de la vida misma, una invitación al intercambio entre expansión y concentración, con lo que se produce éxito en extensión y libertad, pero sin dejar de lado la unidad y la comprensión mutuas. Ahora bien: es necesario tener siempre presente que la vida humana consiste básicamente en tendencias y esfuerzos; estas tendencias serían inestables tanteos, y el supuesto esfuerzo, un orgullo indigno si no estuviéramos sometidos a un movimiento universal, que actúa sobre nosotros conduciéndonos y conteniéndonos. Continuamente se muestra ante nosotros una violenta alternativa: todo progreso de la vida conlleva a una creciente división y distinción, que nos aislaría si no actuase sobre nosotros la tendencia a la unidad, si a toda variedad no se opusiera una vida principal y no tratásemos de relacionar las experiencias de las distintas corrientes de vida con hecho universal y con la experiencia universal, obteniendo así un todo de una incomparable realidad.

Más adelante nos ocuparemos de los efectos de tal relación y de ese esfuerzo hacia una unidad principal por la configuración de la vida. En todo caso, lo cierto es que, sin la acción de esa unidad, nuestra vida no puede salvarse de la separación, y que por nuestro propio esfuerzo no podemos otorgarle aquella unidad.

γ) *La lucha por mantener la descomposición de la Historia*

De nuestras relaciones con el tiempo se desprende ya un cuadro peculiar de la Historia; que no estamos cogidos como con tenazas por el tiempo, sino que le vivimos y le observamos, es lo que hace que podamos ascender por encima de él y que se produzca una Historia de índole verdaderamente humana. No puede caber ninguna duda en que lo que esta Historia consigue a favor de la vida y en contenido de ésta no es obra del simple hombre, sino que es un reflejo de la vida independiente; sobre todo, las crisis históricas nos muestran claramente que el hombre debe oponer a estas transformaciones un ánimo dispuesto, un buscar y un pedir; pero inferir de éste pedir nuevos contenidos de vida, sería igual a satisfacerse con simples condiciones en vez de razones creadoras, y, por tanto, disminuir la tarea. De este modo aparece, como centro de la Historia, un movimiento de conjunto de la vida hacia sí misma, un buscarse a sí misma, una creación de su propio contenido. De aquí surgen nuevos descubrimientos y ningún estado definitivo.

Pero ahora se produce una nueva duda porque el movimiento no sigue una línea única ni una sola dirección, por lo que no se deja rebajar a un simple esquema, como afirma una filosofía de la Naturaleza con su hipótesis de una acumulación progresiva, o una razón dialéctica con su desarrollo hacia el enfrentamiento de los contrarios. Antes, por el contrario, un preciso estudio de la Historia refleja que los horizontes de la vida se extienden en diferentes caminos, y rápidamente llegan a una absoluta oposición; de este modo, la separación se extiende a la vida espiritual, amenazando al hombre con una lamentable inestabilidad. Pero el espíritu creador culmina con la creación de grandes concentraciones vitales que reúnen toda la fuerza de la vida en una experiencia fundamental y en una producción central, dando de este único modo al todo un sello peculiar. En anteriores escritos llamábamos a este sistema de vida, para diferenciarle del sistema puramente intelectualista, sintagma; realmente, su formación implica un continuo trabajo de pensamiento; pero no por ello son un simple producto de éste. Ahora bien, el pensamiento mismo recibe de estos caminos un aspecto que él mismo no habría podido conseguir; así, el conjunto de la vida, superior al pensamiento, es lo que recibe en los sintagmas una inmensa unidad. Estos sintagmas los encontramos en la cultura clásica de los griegos y en el sistema eclesiástico de la Edad Media, en el moderno siglo de las luces con sus dos tipos de intelectualismo y naturalismo. La elaboración de este cuadro de conjunto debe tener también una acción de conjunto en la esfera humana: por una parte, la situación de conjunto origina una tendencia en distintos caminos; por otro lado, aparecerán individuos que desarrollen una fuerza superior al servicio de las cosas para transformarlas, de simples ensayos, a acciones acabadas. Pero también esto se lo deben a un resalte por el movimiento y reflejo posterior de la vida misma; lo humano, con toda su insuficiencia, no es más que condición e instrumento; ofrece sólo la ocasión, es la *causa occasionalis,* por la cual aquella revelación se produce. El Cristianismo, por ejemplo, supone un descenso del instinto cultural, un agotamiento interior de la Humanidad; por esto, la profundización y renovación que conlleva es una consecuencia de aquel agotamiento. ¿No es una reacción contra éste, una liberación del mismo? Ningún arte humano puede dar a la vida su unidad característica, aquella fuerza y realidad que nos hace concebir el objeto de otra forma, verlo de otra manera. Sólo el movimiento de la vida misma puede superar la reflexión dudosa y ofrecer al hombre la conciencia de un reino de la verdad y poner en sus acciones un fin absoluto; sólo así adquieren el hombre y el mundo una coloración individual y un absoluto carácter intuitivo; toda actividad se fortalece al encontrar detrás de sí un todo donde renueva sus fuerzas. Cuanto más claramente comprendemos que la vida espiritual sólo se termina en cuadros de realidad, más apreciaremos los esfuerzos que en este camino nos muestra la Historia.

Pero, cuanto mayor concentración ofrece a la vida esta acción y más se nos muestra como el único instrumento propio de la vida, más desesperante es que la evolución de la Historia refleje no una sola, sino varias de estas concentraciones, ya que, de este modo, las revelaciones de la vida se separan y terminan oponiéndose y contradiciéndose; su propio movimiento parece negar y despreciar lo que un tiempo fue un ideal maravilloso. ¿No se convierte de este modo la verdad en hija de los tiempos, y no se muestra así la Historia como un tejer y destejer, como un oleaje donde el hombre parece destinado a morir? ¿No se apodera del campo el relativismo y el escepticismo al soportar la vida, en sus caminos y valores, estos desplazamientos que amenazan con no terminar nunca? ¿No regresamos, de este modo, desde el reino de la verdad al de la opinión otra vez? Algunas impresiones y experiencias de la actualidad remarcan estas dudas. En esto influye en la formación de una conducta histórica que pone ante nuestros ojos las diferencias y peculiaridades de los tiempos, mientras que en épocas anteriores estas diferencias se separaban en el conjunto; influye, además, la extensión de nuestro círculo etnográfico de visión, que nos hace ver en otras regiones culturales otras concentraciones de vida y otros ideales con absoluta fuerza y efecto, mientras que, en épocas anteriores, el círculo de vida propio era el único justificado, e incluso el único posible.

La diferencia es indudable, y no se debe intentar disimularla, sino tratar de si debemos enfrentarnos a ella y cómo. Este trabajo sería imposible si nos ajustásemos exclusivamente al hombre; ya que si los sistemas de vida sólo fueran una aglomeración de opiniones, deseos y sacrificios humanos según las situaciones variables de los tiempos, el progreso de la Historia no haría más que acumular diferencias, y las dudas y la inseguridad serían cada vez mayores. La Historia sería en este caso una continua ruptura interior de la Humanidad, las necesidades físicas y sociales de la vida serían el único lazo, la cultura espiritual se rendiría poco a poco a la simple civilización. Esta angustiosa dificultad sólo podrá combatirse en la convicción de que sobre aquella variedad de las síntesis hay un todo de la vida que se nos muestra precisamente por ellas, y que éstas no significan tanto la solución definitiva como una tendencia especial; e incluso así contienen un elemento continuo de verdad, que puede dar a lo que pasa exteriormente un valor y un efecto continuo en un mundo del espíritu. La organización de la vida de los griegos convirtió la forma en el valor de los valores, en el concepto principal; pero la Humanidad no se contentó con esto, en ella no encontraba la vida una satisfacción duradera, se encontraron otros rasgos esenciales que dominaron el cuadro de conjunto; si la forma ha llegado a ser una invención de los hombres, ¿no se muestra así como un poder de creación y como un hecho de carácter sobrehumano? Por esto tenemos que elevarnos de los cuadros parciales de unidad a una unidad total; y esto sólo puede ocurrir si en los sintagmas separamos distintamente lo que pertenece al puro tiempo y al simple hombre de aquellas experiencias primarias y continuas de contenido sobrehumano de vida. Este movimiento hacia la unidad es obvio incluso en el terreno de la Historia. Ésta nos muestra que, cuando un nuevo sintagma aparece, necesita para configurarse y robustecerse luchar contra las formas anteriores; pero que, una vez arraigado, trata de llegar a una inteligencia con ellas; pero esto no podría ocurrir sin sufrir antes un aumento e incluso una transformación. Así, el Cristianismo sólo llegó a ser un pensamiento productivo cuando en la cumbre de la Edad Media logró asimilarse el mundo antiguo con su belleza y claridad, depurándose al mismo tiempo de muchas tosquedades iniciales; así, la Edad Moderna, en el siglo de las luces, se opuso, intolerante, tanto a la antigüedad como al Cristianismo; pero en el paso de los siglos siguientes ha buscado una relación cordial con ellos, encontrándola, por un lado, en el humanismo moderno; por otro, en nuevas formas de Cristianismo. Es discutible si esto era una compensación y si cada uno de los lados logra todos sus derechos: en todo caso, el problema es reconocido y se aplican todas las fuerzas a su solución. También demuestra la tendencia a la unidad el hecho de que una síntesis posterior nunca se concibe como una expresión del tiempo, sino como completamente válida y superior a todo lo pasado, aspirando a llenar todas las esferas de la vida; y no se olvide que los sintagmas no son del mismo valor; el orden ético se nos presenta como el centro más profundo del todo; los demás órdenes sólo se establecen en su relación con este lugar, que es el único que da absoluta expresión a lo esencial de la acción y puede hacer frente a las dificultades de la vida.

Pero este reconocimiento de un movimiento de conjunto por la variedad de la síntesis sólo puede actuar productivamente sobre nosotros con el anticipado cumplimiento de determinadas obligaciones; necesita que el trabajo se eleve a un punto de mira sobrehumano y superhistórico; es necesario un cambio en el modo de ver común. Sólo así es posible separar, del contenido espiritual de las síntesis, lo que proviene de la condición humana y liberarlo de los cambios continuos de esta última. Ya vimos que el Cristianismo tenía, por supuesto, por parte del hombre, una situación de inestabilidad y de agotamiento para que éste comprendiera su idea de un absoluto dualismo en la existencia humana y de la plena insuficiencia de la capacidad del hombre; con el paso del tiempo, la situación, y con ella el humor de la Humanidad, han cambiado, y se ha producido una gran confianza en el valor y la dignidad de aquél; pero aquella dualidad se ha ocultado. ¿No surge siempre de nuevo, no acompaña a todas nuestras creaciones espirituales? Puede el hombre despreciar y olvidar estas revelaciones; lo que no puede es separarse de la vida: una vez que ésta empieza, le acompaña siempre. Por esto es necesario que, situados en un punto de vista sobrehumano, admiremos y honremos el contenido espiritual de las síntesis, y, al mismo tiempo, lo que históricamente aparece como secundario o sucesivo, sea elevado a simultaneidad, considerándolo *sub specie aeternitatis,* y sea comprendido en su acción de conjunto. Es necesario no olvidar que el hombre, cuando colabora en la vida espiritual, debe encontrar su lugar no en el torrente de la Historia, sino sobre éste en un paraje por encima del tiempo. Hay que separar de los cambios de los tiempos una adquisición o patrimonio continuo de la Humanidad como miembro del mundo espiritual; difícilmente podremos obtener esto de las opiniones dudosas de los individuos aislados: es necesario para ello la existencia de una comunidad estable que acepte el argumento eterno, sin el que la vida humana carece e todo apoyo y sentido; el que la Edad Media comprendiese esta idea demasiado estrecha y severamente no es algo que pueda oscurecer ni un momento su necesidad.

Esta forma superhistórica de concebir las cosas debe también lanzar sobre cada época particular un rayo de luz. Cada una de éstas no es tan sólo un punto en el torrente del movimiento, un punto de transición, dependiente de la insignificancia del momento, sino que es también un reflejo de la vida espiritual, que tiende a seguir realizándose; esto es lo que configura su carácter espiritual y no las tendencias del hombre, vacíos, a pesar de toda su sensualidad. Representa un estadio del desarrollo espiritual, al que debe adecuarse todo el que no se contente con servir al momento y quiera contribuir algo permanente. Las dudas y tanteos de una época como la que atravesamos tampoco conllevan la carencia absoluta de asistencia, sino que anuncian nuevos elementos de vida que surgen, nuevos horizontes que se abren, nuevas experiencias hechas y que las necesidades que todo esto conlleva no pueden satisfacerse dentro de los moldes anteriores. Para este estado de cosas se necesita una nueva síntesis, una nueva revelación que, al producir una transformación de conjunto, recopile el contenido de verdad de las síntesis anteriores; de la posibilidad de esta síntesis depende toda la fe en el futuro espiritual del género humano.

Esta síntesis no se puede preparar superficialmente, pero sí podemos preparar el camino desterrando ilusiones, creando contornos, señalando nuevos caminos. Más adelante explicaremos cómo puede ocurrir esto, dada la actual situación; en todo caso, la vida superior nos demuestra ya aquí su realidad no sólo reuniendo y apoyando las fuerzas del hombre, sino abriendo una a una nuevas ideas, proponiendo nuevos problemas, despertando nuevas fuerzas, con el fin de que el movimiento de la vida se eleve. La prueba de la verdad de la vida sólo nos la puede dar la vida misma con sus productos.

3. La superación del dualismo entre el hombre y el mundo a través del trabajo histórico

OBSERVACIONES PREVIAS

Ya en la introducción nos hemos ocupado de la Historia, pero con otro fin y en otro sentido. Entonces era necesario lograr un punto de mira propio, y para ello parecía necesario un examen de las respuestas que la filosofía ofreciese, en sus distintas épocas, al problema central de nuestra investigación; y vimos que se había producido un movimiento de dentro afuera, pero que no se había llegado a una conclusión definitiva. Ahora hemos conseguido situarnos en un punto desde donde podemos ver lo que la Historia ha proporcionado a la Humanidad en este tema y los hechos positivos que han cegado la distancia entre hombre y mundo; lo cual debe, al mismo tiempo, explicarnos en qué consiste aquella vida, qué es lo que nos ofrece, qué posición y qué misión otorga al hombre. Esta consideración nos traslada del torrente del tiempo a un orden supratemporal; pues a este orden pertenece la ley de la vida creadora de realidad; su incorporación al hombre ofrece a ésta un valor de eternidad, permitiéndole lograr una prenda continua para la vida y el esfuerzo, un apoyo firme y actuando sobre él como un poder, de cuyo influjo se puede sustraer el individuo, pero no el todo.

Una excursión a través del trabajo histórico nos mostrará lo que ocurre en esta dirección tomada sobre el valor y sentido de nuestra vida; se nos hará evidente que, allí donde se crea verdadera realidad, la contradicción de hombre y mundo es superada de alguna manera y aquél es situado en nuevas condiciones, creándose para él nuevos fines y ofreciéndole nuevas fuerzas; se nos mostrará dónde y cómo nace una acción de existencia y dónde se hace la vida independiente. Para que esto ocurra, la vida debe encontrar un apoyo más allá del hombre, y éste debe desarrollar, frente a la Naturaleza, un nuevo orden de relaciones; relaciones no de punto a punto, sino del individuo al todo y, finalmente, del todo a sí mismo; lo que conlleva este giro y transformación de realidad no podría manifestar su dominio de otro modo que atrayéndose el ámbito total de la vida, con lo que la libera de toda indeterminación, cambiando la separación en fuerte unidad, dando sentido a lo que no lo tiene, y originando de este modo un orden y una concentración de la vida; en resumen, un sistema de vida. La verdad de esta ordenación de la vida no pende de los débiles hilos de una deducción lógica, sino de la demostración del espíritu y de la fuerza. Este nuevo aspecto de la vida debe afirmarse como un hecho de conjunto, lo que necesita un enorme trabajo del pensar. Pero el terreno donde este nuevo sistema de vida se muestra para nosotros, hombres, es el trabajo histórico; por esto debemos intentar liberarle de la innecesariedad que le afecta y transformarle en una adquisición continua.

Efectivamente, lo que, observado desde el todo de la vida, puede ser considerado tranquilamente, pone al hombre en un movimiento y en una excitación horrible. Y esto porque la acción, con su revelación de la vida, exige otro hombre que el que la existencia nos ofrece. Ya no es la criatura natural con facultades y apetitos espirituales momentáneos que casi no afectan a su esencia; la acción, en cambio, exige un ser espiritual que está atado, sí, a las condiciones naturales y que tiene que valorarse contra ellas, pero que en el fondo está muy por encima de ellas. En esta violencia de la oposición, el paso de uno a otro no puede producirse lentamente, sino a través de una transformación radical. Esta transformación radical cuesta al hombre de la existencia mucho sacrificio. Es necesario que los nuevos órdenes de vida ofrezcan al hombre nuevos fines y le proporcionen nuevas fuerzas. Entonces, lo puramente humano retrocede y el centro del equilibrio de la vida cambia. Pero esto dura poco tiempo; la tensión disminuye, la pequeñez vuelve a aparecer; la distancia entre hombre y mundo empieza a dominar otra vez a la Humanidad; y, finalmente, ésta, de la colaboración con los valores creadores, cae en las penurias de la duda y del egoísmo. Entonces, el mundo retrocede ante el hombre, la vida es disminuida al plano de lo palpable y de la duda reflexiva, y todo esfuerzo parece inútil y perdido. Pero, incluso en estas épocas de escepticismo y negación, la vida creadora no duerme; la negación, considerada primero como prenda de libertad, se hace luego insoportable al hombre; éste no puede considerar como definitivo el desprecio de la vida; surge en él una resistencia que le arrastra por nuevas vías, un deseo de elevarse a nuevas esferas, que le sitúa en condiciones de abrir nuevos horizontes a la vida. De este modo, tanto el sí como el no muestran que en el hombre actúa sobre algo que le hace más fuerte que él mismo. Pero, aunque el movimiento pueda ofrecer alguna afirmación, entre el deseo y el fin hay frecuentemente un largo camino que exige muchos cuidados y dolores, pero esta incapacidad, este recurso a los altos poderes, ¿no dice muy poco en favor del hombre y de su acción? Precisamente aquellos cuidados y dolores demuestran que la vida no deja a un lado al hombre, que no le considera como un simple instrumento o medio, sino que necesita de él para su propio desarrollo, ya que, incluso cuando la vida creadora excede las capacidades del hombre, su acción necesita de nuestra propia decisión y adquisición; por eso nuestros actos entran en la balanza y nos transforman de espectadores pasivos a colaboradores en el progreso del mundo; por eso debemos también estar seguros de que nuestra acción y pasión, yendo más allá de nosotros, tienen un valor en otras esferas.

Nuestras consideraciones, dirigidas, ante todo, a la superación de aquella distancia, no necesitan entrar en todo el campo de este trabajo; les basta con situarse en el punto culminante y, desde allí, extender la mirada. No estudiamos aquí la Historia por la Historia misma, sino como introducción en un presente espiritual. Pero, incluso con esta limitación, surge una filosofía de la Historia, cuyos rasgos principales debemos conocer para encontrar la relación entre los hechos particulares. Estos rasgos principales serán aclarados, indudablemente, más que de ninguna otra forma, a través de una comparación con la historia de la filosofía de Hegel, esa cumbre indiscutible de la historia especulativa de la filosofía. Al igual que para Hegel, la Historia no significa para nosotros un simple pasado muerto, sino el único camino para un presente intemporal; pero no creemos por esto haber llegado a una situación definitiva, sino que este presente depende del flujo de la Historia, y, por tanto, está abierto al futuro. Tampoco nosotros buscamos la clave de la Historia en las opiniones y deseos humanos, ni su fin en el beneficio humano; no en el pensamiento libre y en la conciencia creciente del espíritu, sino en la adquisición y el progreso de la vida creadora de realidades, y su beneficio en el desarrollo de esta configuración independiente; a ésta debe servir el pensamiento. Nosotros creemos que lo universal no es la simple generalización abstracta, sino la expresión de un todo, el desarrollo de una unidad de vida independiente; incluso en nuestro mismo círculo de vida, la idea universal puede vencer la vida media, la indecisión, entre ser y no ser, sólo en cuanto consigue una corporeidad palpable en las personalidades que producen la unidad de vida; sólo como medio y ayuda de una autoconservación espiritual, adquiere el universal carácter y fuerza de convicción. ¿Qué hubiera sido del movimiento religioso de principios de la Edad Moderna sin personalidades como Lutero, Zuinglio y Calvino? ¿No fueron ellos los que comunicaron su personalidad al movimiento, marcando así sus caminos y transmitiéndole la fuerza necesaria? Este reconocimiento del elemento personal en la Historia prohíbe toda construcción dialéctica, y la hace parecer una sombra vacía, una simple superficie sin profundidad. Contiene, a la vez, una confesión de positivismo, pero un positivismo no empírico, sino noológico, que no tiene sus raíces en la Naturaleza, sino en el movimiento inherente de la vida. Sólo este positivismo puede calmar el deseo de una vida pura y completa, de un contenido esencial de la vida.

Hegel asignaba un valor especial a la negación; es el apoyo de su procedimiento dialéctico, cuando la negación hace siempre referencia a la afirmación; no es nunca una negación absoluta, sino una negación determinada; sólo así puede continuar el movimiento, sólo así depende siempre de una afirmación. Ahora bien: la oposición significa mucho también para el movimiento de la vida creadora; cuando la Humanidad ha sufrido los límites de una especial forma de vida, clara y dolorosamente, se inclinará a la modalidad contraria y preparará su vuelta. Pero estas oposiciones en la vida son esencialmente distintas de las oposiciones meramente dialécticas o lógicas. La oposición no se mantiene en nosotros, hombres, dentro del espíritu, sino que va más allá de la vida, la cual le hace crear de nuevo otra espiritualidad; esto es lo que crea una tensión especial a la vida y la desarrolla; a saber: que no luchamos sólo por la concepción inmediata, sino por la totalidad de una vida independiente, y que estas dos cosas están a menudo irremediablemente unidas. Esto nos ofrece un cuadro de la Historia bastante diferente del de Hegel, menos cerrado, más activo y más rico en contenido, donde el elemento ético tiene mucha mayor importancia. Lo ético significa algo más que una transformación de los individuos al todo, más que una voluntaria introducción con el proceso universal, con lo cual quedaría rebajado a la categoría de fenómeno secundario. Forma parte, por el contrario, de la médula de la vida, ya que ésta llega a ser una continua autocreación y autoafirmación; por tanto, exige constantemente el mantenimiento de una unidad contra toda separación, la forma personal de toda acción. La moral necesita un hecho que se extienda por todo el ámbito de la vida. Por esto, lo ético no consiste principalmente en la relación del hombre con la vida, sino en la relación de la vida consigo misma; sólo de allí pasa al hombre y hace que éste pueda originar algo esencialmente nuevo. Por tanto, frente a un sistema intelectual de fuerzas se eleva un sistema ético de contenidos.

El problema de separar lo subrehumano y eterno de la Historia, nos parece ahora más difícil e inquietante. No sólo es que el hombre vuelva a descender de la altura que aparentemente había alcanzado, sino que aquello mismo que le parecía mejor y más venerable vuelve a convertirse en duda. Esto nos demuestra que no es suficiente una reflexión abstracta, sino que sólo en la experiencia de la vida debemos encontrar el hilo conductor; tenemos que lanzarnos a ella y formar parte de sus dolores e inquietudes. Pero estos mismos dolores e inquietudes nos unen más estrechamente con el deber, le hacen más nuestro, hasta el punto de que, al luchar por él, luchamos por nuestra propia conservación, esto nos proporciona una seguridad ante cualquier duda, y en cualquier cambio, una continuidad.

La tendencia que exige en todos estos esfuerzos a vencer la dualidad entre el hombre y el mundo, deja su huella en todos los principales caminos de la vida y nos hace sentir obligaciones que no podemos evitar, pero frente a las que la situación inmediata vuelve atrás. Tendemos a un conocimiento inmediato de las cosas; pero ¿cómo sería ésto posible si una enorme distancia aleja de nosotros el mundo poniéndole fuera de nuestro alcance? Separados del mundo continuamos también extraños a nosotros mismos; nuestro conocimiento casi no pasa de unas cuantas impresiones oscuras, mejor o peor ordenadas, lo cual sólo puede agradar a las naturalezas superficiales. Tendemos a una unión interior, a una mutua revelación de nuestras almas, a una pura simpatía y a un puro amor que no sea simple fantasía; pero ¿en qué queda todo esto sino en absoluta imaginación si no hay un puente que una a los diferentes individuos, si somos islotes separados en un mar infinito? Comprendemos claramente y sentimos profundamente el vacío y la inutilidad de todo deseo humano en sí mismo —las experiencias del momento nos los hacen sentir con especial intensidad—; pero toda alabanza de nuestra grandeza y nobleza es insuficiente para librarnos de ellos y para ofrecernos un punto de apoyo contra ellos. También aquí llegamos al dilema de, o terminar con la distancia que nos separa del mundo por medio de una superación del hombre, o dar por perdido todo lo que a nuestra vida puede ofrecer un valor. El trabajo histórico nos muestra posibilidades; ¿no debemos hacer todo lo que sea posible por acercarnos a ellas?

Incluso dejando a un lado una época especial, el presente nos plantea continuamente aquel problema. Hemos concebido e incluso realizado grandes cosas en estos tiempos, pero ningún espíritu objetivo puede negar que nos encontramos en una profunda crisis espiritual. No sólo el tejido de la vida se ha hecho inestable en muchos aspectos; no sólo muchas cosas que antes nos parecían bien seguras dudan, sino que también el conjunto de la vida nos hace dudar de ella; indudablemente, una época muere y nace otra sin que los nuevos caminos sean claros y nos puedan unir en una acción común. Ahora bien, el vértigo se va apoderando de nosotros y nos falta la brújula. Esta situación se caracteriza por un buscar, no por un tener. Pero el que busca necesita, sobre todo, orientación, y ésta, aquí donde el todo y el interior de la vida está en duda, no puede llegar de fuera; nos obliga a profundizar en nosotros mismos, a tratar de poseernos. Esta profundización exige una revisión del trabajo histórico, una busca de valores creadores, para desde ellos comprendernos y comprender los problemas actuales. De este modo nos sentimos, incluso volviendo la mirada hacia atrás, en un presente, en un presente que está por encima del tiempo y que abarca todos los tiempos.

a) El valor y los límites de la concepción de la vida en los antiguos griegos

Dentro de nuestro círculo histórico, la primera tentativa para terminar con la distancia que separa al hombre del mundo fue creada por los antiguos griegos; ya que su vida no se terminaba en una dirección particular, sino que ponía en tensión todas las fuerzas que actúan en la existencia humana y establecía una relación común entre ellas; el universo era la fuente de esta vida, y éste era concebido como un todo apoyado en sí mismo, cerrado y lleno de vida; y como este todo se muestra como perfecta obra de arte, como un magnífico mundo, actúa vivificando, estableciendo, membrando toda la riqueza de materia que se encuentra en él. Así, la relación con el mundo es la relación fundamental de la vida; y se origina en oposición de la conservación individual natural una nueva vida de carácter independiente, que, a la vez, supera el enfrentamiento que domina nuestro trabajo, ya que aquí el hombre no está al lado del mundo como lado de un reino exterior, sino que su alma pertenece también a este reino, en él se crea y por él se impulsa, y a él van dirigidos sus esfuerzos; la duda surge de que la relación está muchas veces poco clara para nosotros, y en ocasiones resulta que la impresión exterior predomina en el lugar donde debería crearse interiormente; el problema, entonces, consiste tan sólo en trasladarse del reino de la apariencia y de la variedad al todo y a la razón viva, y con esta orientación conducir la vida y el esfuerzo. Con esto, el hombre logra bastantes significaciones y posiciones. Es cierto que pertenece al todo y de él no puede despegarse; pero dentro del todo ocupa un lugar primordial no sólo es el valor y la norma de toda creación material, sino que el pensamiento le ofrece la capacidad de abarcar una perspectiva universal y de transformarla en adquisición propia. Éste le eleva sobre todas las demás criaturas, sin separarle de ellas. Así parece que el todo logra en él su verdadera esencia y le depara por esta relación, la más absoluta felicidad. Esta pertenencia del hombre al todo es más supuesta que demostrada. De forma más concreta es representada o explicada, diciendo que la misma armonía que vemos informar al mundo duerme en el interior del hombre y sólo necesita ser despertada; así, la relación de ambos en un esfuerzo común de criaturas semejantes, que se refieren las unas a las otras y se realzan mutuamente, encuentra su cumbre en la intuición espiritual, cuando ésta desprecia toda separación entre pensamiento y ser, entre sujeto y objeto, y guía a la vida inmediatamente de uno a otro. Al mismo tiempo, no existe duda alguna de que la invitación al sacrificio espiritual lleva al hombre a la absoluta verdad; la esencia de las cosas no está encerrada en ellas ni oculta detrás de ellas, sino que la encontramos en un modo de actuar sobre nosotros.

La vida que aquí nace demuestra su buen derecho por el movimiento productivo que introduce en todo el ámbito de nuestra existencia, dando seguridad a nuestras ideas dudosas, descubriendo por cualquier logro nuevos temas y ofreciendo medios para su solución. Pero, indiscutiblemente el camino de nuestra vida concierne al pensamiento, ya que sólo el pensamiento une al hombre con el universo, y de esta unión depende todo el resultado de la vida; así aparece el pensamiento como el núcleo de toda espiritualidad, como aquello que debe dar a la acción misma contenido y dirección. Al mismo tiempo, en cuanto pensamiento cognoscitivo, se establece de un modo característico, cuando es motivo de una seguridad objetiva. De este modo, lo eterno es previo al devenir y el todo es anterior a las partes. Pero más concretamente sigue al rasgo de configuración que estimula a este sistema de vida, ya que siempre se trata del desorden del primer momento y de la primera apariencia de vida para crear un todo membrado y establecer en él el punto de mira. La forma entonces, pasa a ser el concepto principal y el absoluto valor; pero se trata de una forma que no es otra cosa exterior superpuesta, sino que surge interiormente; se trata de la forma como apoyo de la vida. Continuamente hay que hacer un análisis de los elementos del estado primario, pero hay que hacerlo bajo la dirección de un pensamiento eficaz, para establecer así una obra de conjunto, donde cada parte desempeñe su misión y todas se concilien en un todo. Este conjunto armónico se produce en el universo, en el Estado e incluso en el alma de los individuos. La configuración estará basada en el pensamiento, consiguiendo de este modo un carácter peculiar, de tal forma que su esquema será una cosa continua, y su más elevado fin, la realización y perfección de este esquema. No es el arte, simplemente; es un arte plástico-arquitectónico, un arte conducido, sobre todo, al establecimiento de un equilibrio entre el hombre y el objeto que domina aquí al íntimo tejido de la vida. A todo esto participa también el conocer, el cual no será tanto una deducción del hecho como una incorporación, una visión de los detalles en el conjunto, una contemplación del eterno orden del todo; comprender algo será, según esto, fundamentalmente, percibir su lugar y significado en el todo.

Todo esto produce un movimiento de vida de rasgos muy acentuados. No se trata de crear un mundo nuevo ni de cambiar fundamentalmente el mundo antiguo, ya que el hecho vital aparece como intocable, como establecido de una vez para siempre; sólo se trata de llegar a él y adquirirlo. Aunque no esté inmediatamente presente al hombre, aunque sigamos atados al fenómeno exterior y esto nos guíe al error, este error no afecta ya la esencia, el mal es sólo una secuela, no está arraigado. Si también aquí la vida necesita cierta transformación, un regreso del fenómeno al hecho fundamental, esto no exige una completa revolución, ya que el fondo ya está establecido y forma el núcleo de la vida. Por esto, la vida espiritual es un acto de autoprofundización y de autoposesión; hay que fortalecer y transformar en hecho propio lo que en el fondo ya se tiene; hay que «llegar a ser lo que se es» (Píndaro). Esto da también un objeto a la educación. La educación no debe desvanecerse en un deseo indefinido, en una inmensa lejanía; no es su labor crear nuevas fuerzas, sino desarrollar y conducir las que ya existen. De un estado de permanencia debe sacrificarse por llegar a un estado de permanencia activo, y éste debe ser el fin supremo, tanto en el todo como en el Estado, como en las almas individuales; esto produce la inquietud y crea el ideal de la felicidad, «la eudemonía», ideal que rechaza la simple utilidad, y por su contenido se diferencia del bajo placer. Esta concepción de un mundo terminado conlleva que la libertad dependa del Destino, ante el cual también se tienen que inclinar los dioses. Pero aquí el Destino no es un capricho ciego, sino un poder inalcanzable para nosotros, hombres. Siempre queda aquí un punto oscuro que se resiste a toda aclaración. La claridad del antiguo concepto de la vida no proviene de una clara visión de las razones últimas, sino de una separación precisa entre lo explicable y lo inexplicable.

Este inconmovible orden de la vida no deja lugar para una verdadera historia, ni del todo, ni de la Humanidad, ni de los individuos. Los cambios que nos muestra la experiencia son comprendidas, tanto en la Naturaleza como en la vida de los pueblos, como el efecto de un ritmo que se repite con una especie de ascenso y descenso, de eternidad a eternidad, y anuncia en el movimiento mismo la eternidad de los rasgos esenciales.

Si bien a esta vida le faltan muchos de los apoyos e ideas que a nosotros, los modernos, nos parecen indispensables, sin embargo, ya se deja ver, a la más simple ojeada alrededor de las divisiones de la vida, la fuerza aplastante, fija, constructiva de este orden: constantemente la vemos actuar conduciendo y uniendo, tratando de formar claros ámbitos y de dar firme carácter, se destaca la unidad de un todo sobre lo diferente, y se produce una riqueza sin medida, de productividad. Así lo vemos, sobre todo, en la religión. La religión es esencial a esta vida, cuando todo esfuerzo de los individuos conlleva una relación de éstos con el todo y, al mismo tiempo, que reciben su fuerza del todo. Pero lo divino aparece aquí más bien como una fuerza que se introducen el mundo y fortalece y configura la realidad. En esta concepción, la unidad de lo divino es perfectamente conciliable con una diversidad de dioses; un monoteísmo fundamental acepta e incluso exige, cierto politeísmo. Esta clase de religión lleva especialmente a un pacto con el arte plástico; todavía actualmente, una vez olvidados sus conceptos, sus admirables representaciones hablan a nuestra alma. El elemento ético, por el contrario, retrocede detrás del artístico, y la duda entre una concepción personal y otra impersonal no produce ningún choque. Esta religión actúa más configurando y ennobleciendo la vida que abriendo un nuevo reino y cambiando al hombre; es grande en su género, pero su naturaleza es limitada y hermética.

También la moral en esta estructuración de la vida encuentra su lugar seguro y consigue un carácter propio. Es necesario porque produce una transformación del mundo del fenómeno al de la razón, pero no por esto produce un nuevo mundo de sí misma, sino sólo un reconocimiento y una adquisición; pero allí donde las cosas todavía están en flujo, su labor es configurarlas, ordenarlas y someter toda la variedad a una unidad dominante. En esta concepción la virtud central es la justicia que da a cada uno su derecho, que muestra a cada uno su obligación y no admite ninguna transgresión del límite, pero que, en último lugar, considera, tanto al hombre como al mundo, como terminados.

No se puede dudar tampoco aquí de una íntima relación con lo bello. La vida se establece como manifestación de sí misma y encuentra en su actualización la absoluta alegría. Este desarrollo de sí misma y esta consideración de sí misma hace a la vida interiormente independiente. La acción sale de su interior sin consideración a objetivos colocados fuera de la vida. Ésta logra encontrar su absoluta satisfacción en sí misma, despreciando en gran medida toda recompensa ofrecida desde fuera. Al mismo tiempo, llega a ser suficientemente fuerte para resistir todo ataque proveniente de la condición humana. Estos ataques sólo nos apresan cuando el hombre se mueve de una forma pasiva en su ambiente y se somete a las impresiones exteriores y a las circunstancias exteriores; pero esto sólo ocurre cuando las almas se entregan a los sentimientos débiles. Pero el pensamiento varonil se enfrenta victorioso a estos pensamientos y transfiere a las almas aquella actividad que las protege contra toda debilidad. Así se crea el héroe con su grandeza de alma. Realmente, los héroes son raros; los nobles son pocos y los malvados muchos. Pero siempre permanecerá el hecho de que la total valentía es también posible en el círculo humano, y que, por encima de las insuficiencias de este círculo, se eleva la idea de un orden eterno en el universo, orden que la bóveda celeste muestra diariamente ante nuestros ojos. Es suficiente con que volvamos nuestras miradas del hombre al universo y concibamos a éste como un todo para que toda duda e inquietud desaparezca, ya que la observación del eterno cosmos es aquí, no un simple sector de una vida más amplia, sino una vida total, una vida que, en medio de la confusión y necesidad del tiempo, consigue formar parte de la bienaventuranza de la divinidad.

Todo esto conlleva la extracción de nuestra estrechez inicial, el ideal de un alma grande y orgullosa que se eleva sobre su ambiente inmediato y que no por eso se mantiene menos unida al todo. La vida nos muestra, tanto la extensión de su propio reino, como el poder de aumentarle; al concentrarse en sí misma y limitar lo uno con lo otro, fortalece su ámbito y le transforma en un todo armónico, se enorgullece y se eleva. Pero, al limitarse, el hombre adquiere dominio de sí mismo, se construye un edificio propio, y las oposiciones consiguen tensión y se compensan; el hombre entra en una adquisición estable de todo su dominio. ¿Debemos sorprendernos de que, a pesar de las dificultades y sufrimientos, que tampoco faltan en esta configuración de la vida y que ésta no mira con ligereza, nazca de aquí una noble alegría de vivir?

Ahora bien: esta construcción, tan bien configurada en ideas y tan fortalecida por la nobleza de sus formas, y que con su carácter hermético parecía como un sagrario en medio de un mundo de confusión, ¿cómo fue que no pudo fijarse y vencer en la historia?

Según nuestro plan, a nosotros sólo nos concierne examinar si la unión establecida aquí entre el hombre y el mundo es una unión suficiente, y si lo es también el modelo que ofrece para crear la vida.

Dicha unión no era el resultado de un trabajo espiritual, sino de una consideración inocente del mundo; rápidamente demostró que había resuelto precipitadamente lo que sólo por un análisis detallado y por una revolución intensa podía solucionarse. Por lo que al hombre respecta, la vida desarrolla mayor interioridad que la que reconoce aquel orden de vida. En primer lugar, se producen fuertes enfrentamientos con el mundo próximo, que producen profundas agitaciones anímicas y que hacen que la vida se aisle del mundo y se reconcentre en sí misma, que el hombre se estimule por constituir un mundo independiente. Esto da como resultado, primero, una tendencia a la moral, y luego, a la religión, produciéndose una vida interior que hoy continúa, ya que tanto los estoicos como los neoplatónicos son para nosotros hoy más que un simple pasado.

Sin embargo, esta creación de un mundo interior estaba afectada por una profunda contradicción. Aquella revolución creyó poder dejar intactas las bases de la vida antigua, pero, realmente, un ideal de vida que unía todo esfuerzo al mundo actual y único, y pretendía convertirse en una deducción de este mundo, no podía ser suficiente a nuestro creciente deseo de interioridad, más cuando nuestro nuevo ideal de vida había surgido precisamente de las lamentables experiencias que aquél originase, y el todo no parecía ya aquel reino de perfección que imaginó con la ignorancia de estas experiencias. Los grandes pensadores pusieron todo su esfuerzo en enfrentar la impresión primera con una razón del todo, una teodicea, o, mejor, una cosmodicea, pero para ello tuvieron que cambiar el punto de mira, haciéndole retroceder constantemente y despojándole del poder para la situación anímica inmediata, cuyas exigencias son necesarias y valiosas. De este modo, las dudas, de exteriores que eran, se hicieron interiores y produjeron una profunda herida en el corazón del hombre, consiguiendo la idea de responsabilidad moral un poder sospechoso. Así, el mundo se mostraba como desgarrado, como escenario de una lucha terrible; su actualización, su observación no podía formar ya el núcleo de la vida, y el lazo que nos une a él tenía que sentirse como cadena insoportable.

El lugar y el sentido que el antiguo ideal ofrecía a la vida y al sacrificio humano no podía ya agradar, a la vista de estas experiencias y turbaciones. Ya no era suficiente con ser un trozo del universo, sino que el hombre necesitaba un fin propio y establecer una relación espiritual de su alma con la naturaleza última y profunda de la realidad. Y esto nos debía conducir, o a una profunda desesperación, o a nuevos caminos que ofreciesen a la interioridad independencia y significado propio. De este modo se desvaneció la antigua concepción del mundo; y murió para siempre.

Pero no sólo el hombre, sino también el mundo, contradecían la antigua solución. Realmente ésta daba también al mundo cierta objetividad y trataba de ascender al hombre por encima del mundo cuando animaba a éste por medio de aquél, pero la creciente experiencia del trabajo mostró que el mundo no lograba de este modo suficiente independencia para reflejar su esencia. El pensamiento antiguo había introducido en la misma ciencia innumerables valores humanos, aunque debilitados, como, por ejemplo, las ideas de fin, de fuerza, posibilidad y necesidad; había relacionado demasiado íntimamente el sujeto con el objeto, tejiendo una espesa malla de conceptos humanos alrededor del mundo, sin cuya destrucción no era posible una precisa concepción de la Naturaleza. Así, no sólo el hombre retrocedía ante el mundo, sino el mundo ante el hombre, con lo cual se abría una distancia que amenazaba con despojar a la vida de todo sentido y todo valor.

Al abrirse esta distancia quedaba amenazada también el alma de la concepción antigua: la forma, y peligraba su superioridad. La forma debía principalmente su fuerza estimulante y constante a que une inseparablemente y hace que se relacionen mutuamente hombre y mundo, fuerza y objeto. Con esta separación se rompe la acción aplastante de la forma y se alejan los dos elementos, cada uno de los cuales no se basta a sí mismo. Por un lado, en el hombre la forma es un simple instrumento para el adorno y el placer de la vida, el principal instrumento de una cultura sensible; por otro lado, en el mundo la forma sin vida interior, transformándose en valores puramente esquemáticos y ontológicos, como lo demuestra la metafísica artistotélico-escolástica. Ya la relación de Platón a Aristóteles demuestra las dificultades que prepara aquella definición de la forma. Platón, que, considerado desde el punto de vista, no de la simple ciencia, sino de la vida, como el más grande y el más rico, eleva la forma, en virtud de su pureza y su independencia, sobre el mundo de la experiencia. Y no podría hacerlo sin dotarle de un alma y sin nombrarla forma viva y creadora de vida. Es para él una fuerza que se introduce y se eleva por todo el reino de la vida; pero como tal, no puede configurarse por la simple ciencia, sino con ayuda del arte y del mito; exige más que lo que la ciencia puede demostrar. Aristóteles, que científicamente era superior, pero espiritualmente más limitado, considera contradictorio querer separar la forma de la cosa a la que pertenece, por lo que le da absoluta inmanencia, y en su concepto de entelequia la considera como inseparable de la materia. Esto exige una enorme severidad conceptual de la realidad; pero la vida interior del todo desciende, la forma pierde su alma y la acción espiritual amenaza con confundirse con la existencia, y esto se acentuaría si no actuasen todavía algunos influjos platónicos, en el fondo poco relacionados con el pensamiento aristotélico.

Según esto, el problema es el siguiente: la forma, o es una vida profunda, un en sí de la vida, o se rebaja a forma sin alma que necesariamente se convierte en limitada y fría.

Por tanto, el desarrollo posterior de la vida ha roto los límites que la configuración espiritual de la vida estableció, dificultando la absoluta adaptación de aquélla en el cuadro así concebido, pero no por ello ha despreciado esa concepción, ya que lo que no forma el centro de la vida puede ser considerado como elemento necesario, como estímulo permanente, como incorporación de un reino más amplio en todos los tiempos. Es indiscutible la necesidad de una acción encaminada en todas direcciones tal como nace, no de una simple doctrina, sino de la actuación poderosa. Esta acción no sólo forma el supuesto de una cultura unitaria y de una formación integral del hombre, sino que justifica, con su alabanza de la vida entera por un efecto dignificador, una valoración de la actividad incluso sobre el instinto natural; justifica, a la vez, una afirmación de la vida de carácter espiritual, y ofrece el más fuerte impulso; no deja que la vida se desarrolle ridículamente, sino que la configura en estado de propia decisión y la sitúa por encima de toda dificultad. De aquí surge una firme fe en la vida, que ofrece fuerza, frescor y alegría, se despoja de toda compasión enfermiza y toda humillación mezquina. Aunque pueda darse por seguro que la actividad espiritual no se ha elevado suficientemente sobre la existencia y la configuración de la vida ha sido demasiado rápida, sin embargo, nunca podrá olvidarse que se ha llevado a cabo de una forma a la vez poderosa y noble.

Una consideración posterior es la íntima unión que con el mundo logra aquí la vida humana y con la cual consigue un carácter universal. Realmente, el lazo no está suficientemente configurado en su interior, pero ya se ha producido una transformación, lo cual constituye una defensa contra todo esconderse del hombre en la simple humanidad, que ya se hace insoportable y estrecha. Esta separación de la vida del simple hombre, elevándose a un ámbito más amplio y más libre, se produce constantemente a través de los siglos y se verifica productivamente en todas las esferas. Esta ideología cósmica pasó al terreno religioso por Plotino y el neoplatonismo, y allí defendió la religión contra los que la rebajaban a un simple instrumento del beneficio humano; con su traslado de un punto de vista antropocéntrico y teocéntrico, ascendió al hombre a una infinidad interior y le liberó fundamentalmente de la estrechez del yo con sus objetivos egoístas. Algo parecido ocurrió con la cultura. También ella está en continuo peligro de caer en la maldad humana, y, de este modo, confundir su desarrollo normal; de encerrar al hombre en sí mismo y de alejarle de su propio círculo y dejar vacío su interior. En cambio, la antigua concepción de la vida, abriendo ésta al gran todo y relacionándola con toda la riqueza de la realidad, era mejor arma. La liberación que de aquí surge la experimentó, primero, el Renacimiento, y, después, el idealismo clásico alemán; ella fue la que inclinó a un Goethe con tanta fuerza a la antigüedad, y la constituye incluso hoy día en un instrumento indispensable de toda elevada cultura. Entran aquí en juego no sólo intenciones y estímulos individuales, sino un estilo de vida propio, que siempre puede admitir nuevas formas y, con ello, mantener una juventud perpetua.

Esta forma cósmica de la vida es robustecida y estimulada por la absoluta presencia que se atribuye aquí a la forma con sus concreciones. La concepción griega de la vida conlleva el reconocimiento de un hecho universal, que pone, al mismo tiempo, una exigencia eterna. La exigencia de la forma se introduce en la vida entera, especialmente, porque en nosotros la vida sólo es concebida, espiritualmente, en el buscar y el devenir, y porque para su evolución necesita la concepción y la configuración; ésta no origina la vida, pero es un instrumento indispensable, con cuya ayuda solamente se puede crear su profundidad; y así, en la relación esencial de pensamiento y lenguaje. La forma establece además un puente entre el mundo visible y el invisible, y proclama con esto una relación interior de los mundos; se muestra por todas partes en el amplio reino de la Naturaleza desde lo más grande hasta lo más pequeño, y muestra con su carácter misterioso fuerzas que no pueden explicarse por un mecanismo sin alma.

En una palabra, aquí nos rodea por todas partes una gran manifestación de la vida, de la cual no podríamos salirnos sin peligro alguno. Sin esta acción unitiva, compensadora y estabilizadora de la vida, ésta, incluso en sus más maravillosas producciones, no estaría protegida de caer en su totalidad en la barbarie. Esta importancia de la forma no está, de ningún modo, expuesta, por el hecho de que en el progreso del trabajo histórico la forma se haya manifestado más activa, más variable que en la vida griega, ya que, a medida que desde largo tiempo en la historia humana han ocurrido muchas variaciones y cambios, hoy reconocemos en el progreso estructural del mundo grandes alteraciones, hasta llegar a las formaciones orgánicas.

Se mantiene, con todo, el movimiento hacia las formas continuas; en ellas se encuentra la vida; sin ellas, la vida del hombre, así como la vida universal, se perdería en un desastre, y también desaparecería toda posibilidad de admirar y dominar espiritualmente la realidad. Pero siendo la forma tan importante y tan necesaria, la estructuración de la vida, que se eleva a concepto central y que toma forma en poderosas creaciones en todo el ámbito de la vida, debe ser considerada como una conquista definitiva. Frecuentemente concebimos erróneamente la antigüedad, porque la consideramos en sentido opuesto y la vemos como un proceso terminado; olvidamos así fácilmente el poder fortalecedor de la forma, y la poderosa excitación y las violentas luchas que supone su victoria ante una existencia caótica; entonces es muy fácil que aquélla, en lugar de parecernos el reflejo de una nueva dimensión de la vida, nos parezca un esquema rígido, pensado sólo para la configuración de estrictas relaciones; y entonces atribuimos inadecuadamente a la antigüedad aquel arte llamado con razón «académico». Tampoco debemos olvidar que la antigüedad nos ha transmitido no la forma general, sino un tipo de formas que no es el único posible ni siempre necesario, ya que la forma de la antigüedad se dirige principalmente al fundamento necesario para mostrarse con toda su personalidad; supone la limitación, la separación absoluta, un sistema hermético, la absoluta transparencia que prohíbe todo derecho a lo infinito y fluyente, a lo místico, para actuar en nuestra vida; como resultado, busca el total equilibrio entre el hombre y el mundo, entre sujeto y objeto, mientras que existen otros caminos para poder elevar libremente la creación sobre el objeto y configurarla poderosamente para su expresión. Pero al lado de estos caminos demostrará siempre la antigüedad su buen derecho, ofrecerá siempre nuevos impulsos con su ayuda, visión y reflexión, con su concepción de tipos eternos, con su claridad y perfección, protegiéndonos contra lo exagerado y haciéndonos mirar al hecho objetivo. Seamos, entonces, no esclavos, sino amigos de la antigüedad, no la convirtamos en una norma severa, guardemos también frente a ella nuestra libertad; y, sobre todo, analicémosla objetivamente para ver lo que era y no lo que las conclusiones quisieron hacer de ella: así podremos adorarla siempre y acudir a ella para refrescar nuestras fuerzas como en un manantial inagotable.

b) La vida cristiana: su esencia y sus problemas

La concepción cristiana de la vida configura la relación entre el hombre y el mundo en hechos completamente distintos de los de la antigüedad. El Cristianismo surgió en un tiempo en el que el hombre se encontraba completamente desorientado y aislado frente al todo. Era tal la separación que existía entre el alma humana y la condición total de la vida, que la voluntad se sentía inmóvil y no había esperanza de que el hombre superase las dificultades por su propio esfuerzo, ni de poder encaminar la vida en un rumbo seguro por un continuo mejoramiento. Pero con esta experiencia de la incapacidad humana se entreteje luego íntimamente la experiencia contraria de una productiva liberación de toda pobreza y de la posibilidad de una nueva vida que domine especialmente la separación moral y ofrezca al hombre, tan profundamente nervioso, tranquilidad, paz y hasta bienaventuranza. Esta acción sólo puede proceder de un poder que domine todas las dudas del mundo y que sea incondicionalmente superior al mundo; sólo tal divinidad puede sacar al hombre de su pobreza. Y de cualquier forma que esta divinidad se distinguiera básicamente de las divinidades griegas, el Dios cristiano del amor y de la gracia sabía mostrar, sobre todo, un carácter moral y, por tanto, personal, ocupando el amor y el bien un lugar predominante; sólo en una divinidad de tipo personal puede encontrarse la unión espiritual que el Cristianismo anunciaba. Pero esta idea de un amor, que crea el mundo y lo domina, trae consigo una profunda confusión frente a la naturaleza material. ¿Cómo debemos comprender el mal que agita el mundo si éste procede del amor y del bien? Sólo hay un camino para salir de esta oscuridad: el mundo creado por Dios perfecto se separó de Dios en favor de la libertad que le fue dada; cayó en el pecado y se hizo malvado; de aquí, no sólo la separación de Dios, sino la resistencia contra Dios y, como consecuencia, una absoluta transformación de la vida. La culpa que conlleva esta resistencia es demasiado profunda para que pueda desear un perdón inmediato; requiere para su salvación absoluta una reparación adecuada. Pero el hombre se ha rebajado demasiado para poder levantarse por sus propias fuerzas; sólo queda, entonces, una solución: que Dios, superior a toda culpa, se cubra, por piedad, de forma humana, se identifique con la esencia humana sin quitarse su divinidad y, aceptando el más duro esfuerzo, consume una absoluta reparación, limpiando al hombre de toda culpa, y le dirija nuevamente al estado de hijo de Dios, conduciéndole a la supremacía de la vida divina. Esta necesidad se ha hecho realidad para la fe cristiana; así, entonces, el Dios salvador por la Pasión es el centro de la creencia cristiana.

Pero si, con esto, el hombre puede ya levantarse y se muestra ante él un nuevo mundo, no se ha perdido toda resistencia; ahora bien, no sólo el acto de salvación es rechazado muchas veces, sino que el dolor se mantiene en el mundo y, al profundizarse la vida, éste se siente más fuertemente. El mismo creyente está muy lejos de llegar a la perfección; en su alma surgen siempre nuevas dificultades y le inquietan nuevas tentaciones. Así, el mundo que rodea al hombre no sólo es imperfecto, sino que se convierte en un lugar de violentas luchas, donde no se puede encontrar nunca un seguro descanso; de aquí que este mundo no pueda ser la patria del hombre y el núcleo de la vida cristiana le formen la esperanza y el deseo de un mundo mejor: «nosotros no buscamos aquí un lugar de permanencia, buscamos un reino futuro», deseo que no es algo abstracto ni indefinido como el romanticismo le crea, sino que tiene a la vista un objetivo seguro y supone, confiado, el continuo esplendor en la fe y la esperanza. Tampoco debe verse en el mundo actual un lugar de simple lucha, sino el comienzo de un orden de cosas superior, ya que la vida divina no sólo está presente en todas las almas, elevándolas sobre la lucha, sino que, al elevar al hombre sobre los enfrentamientos terrenales, le ayuda a crear el reino de Dios sobre la tierra, bajo la dirección de la Iglesia, que constituye un refugio contra las debilidades y errores del hombre en su actual situación.

No obstante, la vida cristiana se desarrolla en medio de grandes contradicciones y en una tensión continua, creando, evidentemente, un grave contraste con la seguridad y firmeza de la vida griega; las contradicciones que aquélla parecía equilibrar vuelven ahora con agresividad y piden para ser vencidas un temple heroico.

En realidad, en este terreno surge una nueva relación con el mundo. De la existencia se separa notablemente una acción espiritual que se eleva sobre ella; inevitablemente surge aquí una separación entre dos mundos, por el hecho de que la nueva vida no puede desarrollar su fuerza ni alcanzar su pureza sin el apoyo de un poder sobrenatural. El último soporte de la vida no es ya el universo concebido como *cosmos,* sino Dios, unidad espiritual de la vida; su absoluta espiritualidad es aclamada ya en el concepto de creación, que es aquí claro y, a la vez, insustituible: la divinidad no actúa aquí independientemente de una materia creada de antemano; su voluntad ha provocado todas las existencias; la acción no es ya una parte de un mundo preexistente, sino que el universo entero es obra de una voluntad libre. También aquí la vida aspira a la construcción de una realidad universal, pero ya no es la forma la que origina esta realidad, sino la unión del alma con Dios y la colaboración en su vida y en su amor, que es el fin y el valor de todo esfuerzo. Esto exige, con respecto a la extensión de la vida griega, una fuerte concentración; la religión no forma ya una esfera distinta de las demás esferas, sino que es el alma que estimula el todo y que se sobrepone a todas las demás actividades.

Con ello no es la religión simplemente, más que un tipo de religión especial, la que conserva este lugar; es una religión que, no sólo quiere cumplir una ley, sino que, como religión salvadora, provoca una absoluta transformación, un nuevo estado del alma, y quiere crear un hombre nuevo. La salvación no quiere aquí decir, como entre los indostánicos, una liberación de las breves apariencias del mundo y la unión con un ser invariable, sino que es, sobre todo, una liberación del mal, como una transformación positiva de todo el estado del alma; pero luego, la creación de una nueva vida básicamente interior, sacada de la relación entre unidades de vida, entre personalidades. De aquí se sigue una negación fundamental que encierra una poderosa afirmación: la incorporación en un mundo dominado por el amor y lleno de amor, y, por esto mismo, elevado a un estado de felicidad. Cuando se dice que el Cristianismo es una religión salvadora ética, como, por ejemplo, lo dijo Schleiermacher, no se debe olvidar que la Ética supone la metafísica, es decir, que la Ética no sitúa al hombre dentro de un mundo distinto para cumplir su misión, sino que domina el mundo entero y hace que de ella misma surja la realidad. Todo acontecimiento depende aquí de una acción libre: el hecho creador de Dios, el sacrificio voluntario de Dios, su acción salvadora, la llamada a favor de él o contra él, el juicio final, la instauración de un reino de Gracia: siempre un hecho, nunca un proceso, ya sea de carácter natural o espiritual. De aquí se sigue que el enfrentamiento básico en el mundo no es el espiritual y sensible, sino el de bueno y malo. En esta concepción, lo ético no puede solucionarse en hechos individuales, por múltiples y abundantes que sean, sino que en ello se decide la suerte total del alma, la adquisición de una comunidad de vida con Dios, el nacimiento de un nuevo hombre de esta comunidad.

De todo ello se origina una fuerte retracción de la vida, la formación de un nuevo centro de vida, un concepto ético religioso del alma, que, como originado por la acción espiritual, es superior a todas las propiedades naturales, así como a todas las capacidades anímicas especiales, ya que sólo de un concepto ligero y peculiar del alma puede decirse: «¿De qué le sirve al hombre ganar todos los reinos si pierde su alma?» De este modo, vemos, a pesar de todas las oscuridades, en la clara profundidad del alma, frente al que lo que hasta aquí parecía realidad entera se convierte en absoluta exterioridad.

De aquí, se producen grandes cambios en la vida: liberaciones, ascensos de valor, creaciones superiores. Una de estas liberaciones es aquella donde lo espiritual se eleva sobre lo natural como hecho libre, y la Naturaleza, incluso ennoblecida de este modo, es concebida como insuficiente; o cuando el valor de la acción no es puesto ya en su valor exterior y en su éxito exterior, sino en el absoluto rendimiento del alma a Dios, en su absoluto acogimiento a Él; cuando la intención, de simple epifenómeno oscuro, se convierte en una actitud activa del alma, en acción del hombre entero, una liberación se produce también de toda naturaleza y de todo destino no sólo exterior, sino interior; cuando a todo hombre le reconocemos la libertad, y, en fin, una liberación del poder de la muerte cuando el amor divino lleva a los hombres a una vida eterna y les libra de toda vejez por la unión con Dios. Se comprende que Melanchthon dijera: «En último lugar, el Cristianismo es libertad.»

Mano a mano con estas liberaciones se unen profundos ascensos de valor. Y, sobre todo, la de la Humanidad. Como criatura moral, llamada a la colaboración en la vida divina, el hombre ya no es una partícula del universo; con el reino del alma pasa a ser el centro dominante del todo, y decide, con sus acciones, el destino de este todo; el contenido espiritual de la vida humana es aquí, como basado en Dios, establecido contra todas las contradicciones del mundo con absoluta decisión y certeza. Con el valor del género humano aumenta el valor de cada individuo: a todos se extiende el amor divino, y la decisión de cada uno colabora en la perfección del todo; pero esto no exige orgullo ni violencia, ya que todo el poder es aquí un don que supone una tolerancia humilde; toda confianza en el éxito reposa en la conciencia de verse ayudado por el amor y el poder divino. Aumenta también el valor de la vida y de la actuación humana cuando sólo por una gran transformación se hace posible el contenido histórico, tanto para el todo como para los individuos, entonces ¿cómo podría surgir ese contenido si la vida sólo fuese un desarrollo natural o estuviera condenada a un ritmo eterno? La incorporación de Dios en el mundo, de la eternidad en el tiempo, es el más firme fundamento de la historia; pero la historia tiene un significado peculiar para el hombre cuando se extiende a las almas individuales y les ofrece una misión universal, otorgando así a la acción una intensidad desconocida hasta entonces. Así se explica que en el dominio del Cristianismo encontremos muchas más autobiografías que en otros terrenos.

En el tratamiento del dolor encontramos un nuevo poder estructural de la vida. También los griegos consideraban el dolor como un medio de robustecer el alma; pero al hombre no le sirvió este fortalecimiento para ascender a un estado superior, sino para cristalizarse en un estado concebido anteriormente. Lo contrario ocurre en el Cristianismo. El dolor aparece aquí como un medio para separarse del mundo, que, por otra parte, tiene presas a las almas, y, a la vez, como la ruptura de una confianza prohibida y de una preparación del alma para recibir la ayuda divina; actúa, además, fortaleciendo y profundizando las almas por el amor que en ellas brota, siendo así el lazo más fuerte de aquéllas. Recibe una dedicación por el hecho de que Dios lo acepta gracias a su amor infinito, salvando así a la Humanidad de una ruina inevitable. La pasión de Dios y su superación por el mismo Dios es la idea central del Cristianismo y origina una relación de Dios con el mundo, desconocida hasta entonces, ya que un Dios que reinase sobre los destinos humanos en continua impasibilidad se mantendría necesariamente alejado del centro de las almas. Sólo un Dios que conozca y forme parte del dolor puede realmente valernos, como así lo expresan las siguientes palabras:

> Cuando, viéndome angustiado,
> llegas a mi corazón,
> por la virtud de tu mismo dolor
> consuelas mi tribulación.

Todas las dificultades que la teoría de este pensamiento origina, no le pueden quitar su carácter primordial para el Cristianismo; renunciar a él significa renunciar a lo más peculiar del Cristianismo. Pero como el dolor sólo es el camino hacia la victoria, su agresividad no confunde el ánimo y el placer de la vida. De este modo, es posible ennoblecer las fuerzas enemigas, dejarlas actuar profundamente en el alma y, al mismo tiempo, mantener una superioridad segura y placentera sobre ellas.

En íntima relación con esta nueva forma de considerar las cosas está el nuevo concepto de la moral. De cualquier forma que ya no represente básicamente la estructuración de un mundo preexistente, no puede encontrar su punto cumbre en la justicia. Por el contrario, aquí donde hay que construir un nuevo mundo, y el hombre aparece en medio de un flujo continuo, por lo que se muestra como dividido por una dualidad, sólo puede encontrar esperanza y cobijo en el amor, en un amor que no considera al hombre como perfecto y como tal le valora y, por tanto, se inclina a juzgarle violentamente, sino que le ayuda a desarrollarse y, desde la realidad de la vida divina, le ofrece un valor superior a toda cualidad natural. Esta experiencia debe, sobre todo, originar una profunda gratitud hacia Dios, y luego, por su predicación, una actividad incansable y una caridad benévola con respecto al prójimo; como obligación necesaria surge de él la idea del amor al enemigo. Ésta se hace posible porque en el hombre ya no amamos al hombre, sino a Dios. Por medio de este lazo todas las diferencias entre los hombres pierden su firmeza; sobre todos los hombres debe reinar la idea de una identidad de esencia. Y esta idea, que se opone profundamente a la Naturaleza y a la experiencia, logra su derecho por la presencia interior de una vida divina que todo lo penetra.

Todo esto, en conjunto, crea un orden de vida peculiar, un reino de interioridad independiente por una vida personal; pero por una vida que procede de lo alto y eleva al hombre sobre su estado primitivo de naturaleza. Es indudable la distancia e incluso la absoluta oposición de esta vida con la antigua vida griega; en ésta vemos un mundo finito y un simple regreso a su razón, una satisfacción en la propia adquisición; en el Cristianismo, la necesidad de un nuevo mundo y de una transformación de la vida, la mirada continúa fija en aquel mundo, «arriba los corazones»; allí, la mayor firmeza posible y un equilibrio entre las oposiciones; aquí, la ruptura de éstas y el ir y venir del alma entre ellas, entre renuncia y posesión, entre pobreza y riqueza, entre guerra y paz, entre la duda que se agita y la seguridad que salva; la vida de los antiguos reducida al presente, en el Cristianismo, mirando al pasado y al futuro de tal modo que el presente casi se desvanece; allí el esfuerzo extendiéndose por la Naturaleza; aquí, profundizando y enriqueciendo el alma. Estos rasgos principales deben también estar impresos en todas las esferas especiales, estableciéndose éstas con respecto a la idea de que toda variedad sólo presenta a Dios y en ella debemos buscarle, elevándonos sobre la condición natural; así, la ciencia no trata tanto de conocer el mundo como de conocer a Dios en el mundo; así, el arte sólo sirve para el reflejo de su supremacía, y el concepto del hombre, hijo de Dios, que separa a éste de todo otro lazo para introducirle en la comunidad de la nueva vida. Por eso la educación no se refiere tanto a los fines humanos como al reino de Dios.

Todo esto no es una parte a una vida previamente existente, sino la creación de una nueva vida, la construcción de un nuevo mundo, construcción que se produce con respecto a leyes diferentes de las naturales y que, por tanto, no puede ser el resultado de un desarrollo naturalístico, sino que proclama la aparición de un orden más elevado en nuestro mundo, sin ella roto y desamparado. Todo depende aquí de una idea: la de la revelación a la Humanidad de una vida superior, de un amor que nos debe salvar de toda pobreza y culpa y que nos ofrecerá una vida eterna. Se comprende que todo esto haya provocado una profunda revolución en la existencia humana e incluso en la historia del mundo.

Pero, incluso reconociendo todo esto, no se puede negar que el Cristianismo ha tenido siempre que mantener una violenta lucha por su verdad y su derecho. En los tiempos modernos, sobre todo, ha encontrado una creciente resistencia no sólo en la tendencia y los esfuerzos humanos, sino en toda la dirección del movimiento de la vida.

Sobre todo, cada vez se han producido más dudas sobre la verdad del hecho fundamental del Cristianismo; a saber: la comunicación de Dios con el hombre y la consiguiente incorporación del hombre en un mundo de verdadera vida. El Cristianismo está totalmente convencido de que la ciencia, por sí sola, no puede asegurar a las almas de la presencia viva de Dios y de que para ello es necesaria una capacidad especial que una inmediatamente a las almas entre sí. Esta capacidad es la fe; lo que en la antigüedad, y para la unión de hombre y mundo significaba la intuición, ahora lo significa, en las relaciones con Dios, la fe, como superior a todas las pruebas científicas, como regularización y proclamación de una absoluta unidad con Dios. Esta fe no puede provenir de las propias fuerzas humanas, nadie puede proporcionársela al hombre; es sólo un favor y una gracia de Dios que desvanece todas las dudas del hombre y le proporciona la placentera seguridad de la presencia de Dios. En esta actualización del poder sobrenatural se muestra inmediatamente su productividad; sólo lo que aquélla nos enseña de Dios, tiene valor para la religión, cuyo concepto de la divinidad se aleja completamente del de la especulación filosófica. De este modo, desde las alturas de la vida se termina la distancia, y el hombre consigue la seguridad de una verdad sagrada.

Pero ¡qué difícil le ha sido al Cristianismo afirmar esta altura frente a los peligros y tentaciones de la existencia, y qué a menudo ha caído el concepto desde esta altura! La nueva vida, con su mundo, se opone de tal modo a la experiencia inmediata e incluso el contenido inmediato del alma, que siempre hace surgir la duda de si realmente proviene de Dios y de si puede dar una seguridad al hombre. Ha habido muchos como Jacob Böhme, quien decía que mientras miraba hacia adelante mantenía el buen humor, pero que lo perdía cuando miraba hacia atrás. La necesidad, la excitación, la admiración del alma son verdaderas; pero es menos cierto si todo esto es acción de Dios. Así surge la duda, en este terreno, de resultados incomparablemente más horribles que en otro estado cualquiera de la vida; ya que no se trata aquí de una proposición teórica, sino del mantenimiento de la unión con Dios y, por tanto, de la salud del alma. La salvación o la perdición dependen de esta alternativa; recordemos las palabras de Lutero (Tesis 16): «A lo que yo considero, el infierno, el purgatorio y el cielo son como duda, semiduda y seguridad de la salvación.» La duda aparece aquí como algo horrible, como una decadencia del orden divino y un desprecio del amor de Dios, como un abandono de todo lo que puede extraer al hombre de su pobreza. Y, sin embargo, la duda surge siempre de nuevo, y precisamente los grandes espíritus son siempre lanzados desde la altura de la seguridad bienhechora al abismo de la duda. ¿Es una ilusión que se busque ayuda en esta situación?

Esta ayuda es buscada fundamentalmente en los testimonios visibles y palpables de la verdad cristiana, que debían sacar la fe a todo reparo, unas veces en las señas y milagros, y otras en la comunidad de una gran institución, como la Iglesia. Pero, incluso cuando estos auxilios sensibles fuesen innegables, lo que están muy lejos de ser, se mantendría la duda de si pueden demostrar lo que deben demostrar, a saber: la presencia productiva de Dios en el alma humana. La autoactividad remarcada que la vida humana ha conseguido en los tiempos modernos, ha liberalizado al pensar de la impresión sensible, conmoviendo profundamente la fuerza demostrativa de los datos sensibles con respecto a las dudas espirituales. Pero si, para escapar a una base de lo interior por lo exterior, nos dirigimos a la situación anímica inmediata, a sus sentimientos, necesidades y obligaciones como prueba de un orden superior, no salimos de un limitado círculo, sino que quedamos sujetos a él; y es imposible llegar a una verdad sobrenatural por este camino. Así, el hombre moderno va de la comunidad al alma y del alma a la comunidad, sin poder nunca exceder los límites de ambas.

Según esto, la verdad del todo sigue siendo un duro problema y las tendencias modernas le hacen cada vez más difícil, ya que la continua oposición producida entre sujeto y objeto, entre hombre y mundo, prohíbe un rápido ascenso a un estado superior; al mostrar al hombre cuánto hay en él de subjetivo que antes consideraba objetivo, le prohíbe toda rápida y placentera expansión, le obliga a volver siempre sobre sí mismo y a poner en duda su fe.

No menor confusión que el carácter de las pruebas, despierta el contenido de la organización cristiana. Se trata aquí de la formación de un nuevo mundo, frente al cual el antiguo retrocede y queda detrás de nosotros. Pero lo que la poderosa alabanza de los tiempos creadores produjo en su osado vuelo, encontró en las épocas posteriores cada vez mayores oposiciones; lo que había quedado en segundo lugar recobró cada vez más fuerza y amenazó con rebajar el mundo cristiano a la categoría de un mundo fantástico. Cada vez se fue resaltando más el enfrentamiento entre la fe cristiana y la ciencia. Para aquélla, el mundo era una manifestación del poder de la sabiduría y de la bondad de Dios, pero la investigación descubría poco a poco en la propia naturaleza de las cosas una verdad imparcial, imponiéndose la explicación a través de ella. Se nos iba mostrando la profunda longitud del mundo, que escapa a toda firme concentración, indiferente a todos los fines y valores que tan caros nos son a nosotros y a nuestra propia destrucción o salvación. Esto configuró una consideración científica frente a la religiosa e hizo su necesidad objetiva superior a toda valoración personal. La versión religiosa se muestra fácilmente como un manto que el capricho humano extiende sobre el mundo para esconder su maldad irremediable.

Similares confusiones se presentan en el dominio de la acción. Aquí debía dominar exclusivamente el amor; pero, tal como están las cosas humanas, ¿puede la vida salirse de la justicia? En un mundo perdido tenemos que luchar contra la indiferencia, la vaguería y la maldad; tenemos que vencer constantemente a la crueldad en acecho. ¿Será suficiente para ello el amor? Si no es suficiente tenemos que cobijarnos en la justicia y organizar la vida con respecto a ésta; y entonces los valores cristianos quedan abandonados, nuestra conducta cae en una dualidad, y pudiera decirse en una falsedad, cuando el amor y la justicia enfrentan sus valoraciones. No puede negarse que en el conjunto de la vida humana el amor compasivo y la absoluta bondad se valoran sólo como episodios que liman ciertas asperezas, curan ciertas heridas, pero de ningún modo dominan toda la vida. Las dificultades humanas reflejan tanta oscuridad y violencia, un poder tan despiadado en lo limitado y secundario, que, por lo menos a nuestra mirada, se esconde la providencia. Si la limitación de la vida privada nos escondió esto, la guerra nos lo ha mostrado terriblemente. Hegel se burlaba de las maldades de la fe, que sólo piensa en el beneficio particular, pero, ¿pudo su filosofía resolver el misterio? Así, el reino del amor, más que una realidad, parece un deseo humano; aunque el egoísmo del mundo nos parezca terriblemente frío, helar al mismo tiempo la conciencia no origina calor.

Si, entonces, el hecho superior, que antes nos parecía creador de vida, amenaza con hacerse absolutamente subjetivo, la vida humana sufre una terrible agitación, y aparece demasiado pequeña para poder valorar el mundo y la divinidad. Esto es acentuado por el hecho de que la vida moderna, más que la antigua, ha especializado al hombre, enfrentándose a la introducción de su especialidad en el cuadro de la realidad. Desde este punto de vista, el dogma central del Cristianismo, la humanización de Dios y su pasión salvadora, resulta demasiado antropomórfico, y, por tanto, insostenible. El cuadro de un Dios irritable y luego bondadoso, ofreciendo a su hijo en sacrificio, nos parece hoy pertenecer a una etapa superada; no creemos ya en que sea posible recibir las culpas de otro, ni, en general, que una culpa se purgue con castigos. Esto nos parece afrontar la cuestión demasiado exteriormente y fuera del alma del hombre. La profundidad y verdad de la idea de que el verdadero amor se refleja en el sacrificio por el ser amado y que este sacrificio trae un manantial de felicidad, permanece intacta; pero no coincide con la idea de una purgación representativa.

De la discusión de este argumento central surge un movimiento crítico que recorre toda la ideología cristiana; no sólo en esta o aquella teoría, sino en toda su extensión, aparece a una consideración más elevada, y anterior a una distinción más exacta del contenido espiritual y las representaciones y sentimientos humanos, demasiado limitada, pone demasiados deseos y esperanzas en lugar de exigencias objetivas. Con esto duda todo el mundo ideológico con sus valores personales. Pero el hombre, que se creía protegido por el mayor poder, vuelve a cobijarse en sí mismo, de modo que todas las grandezas y valores del nuevo mundo amenazan con descender a la categoría de representaciones humanizadas y su pensamiento se muestra como guiado por simples deseos e imágenes fantásticas. Esto prepara el terreno para una forma de pensar como la que representa Ludwig Feuerbach por evidente y penetrante estilo: la religión entera es sólo una ilusión de necesidades y deseos humanos en el todo, y, por tanto, una fantasía.

Todo esto configura un fuerte movimiento contra el Cristianismo. ¿Por qué debemos seguir, se dice, sujetos a una concepción de la vida, cuyos puntos esenciales son atacables y que están en oposición con todos los hechos de la experiencia? La base que la religión ofrece a la vida es demasiado débil, no se relaciona ya con nuestra concepción del mundo, no es suficiente ya para la vida, sus conceptos son demasiado limitados, hace del simple hombre, del hombre pequeño, el centro de la realidad y desfigura a ésta hasta la caricatura. La verdad y la sinceridad, ¿no exigen despreciarla totalmente como un error que, originado en tiempos de decadencia y confusión, ha pesado ya largo tiempo como una dura bala sobre la Humanidad y que debe desvanecerse en estos tiempos de mayor iluminación de los espíritus y de un resurgir de la alegría de vivir? Esto dicen muchos y esto piensan todavía muchos más.

Y nosotros decimos: ¡Poco a poco, que no es tan claro el tema como parece! En primer lugar, desde luego, se muestran algunos errores. Es verdad que el Cristianismo nació en una época de agotamiento y de debilidad, e incluso hoy conserva imborrables huellas de ello. Pero, por punto general, no se ha rendido a la debilidad, ahora bien, ha tratado de arrojarla, no por simples doctrinas ni por sentimientos, sino por desarrollos y seguridades de la vida que no pueden eludirse. Además, se dice, el Cristianismo ha adaptado el mundo a los deseos humanos. Pero no se muestra la transformación absoluta, la dura superación de sí mismo, la abnegación, en resumen, que ha exigido del hombre; cómo, lejos de hacerle la vida cómoda, sólo le ha prometido después de estos cambios una bondad por la unión con Dios, esencialmente diferente del bienestar egoísta. Aquella condena absoluta ignora la esencia de la concepción cristiana. Esta consiste en la configuración de una nueva vida, pero, a la vez, de un nuevo mundo y de una realidad completamente activa, ya que aquella vida, como creadora, admite en sí una realidad de esta especie y no es obra de los seres individuales. Este mundo tiene en sí mismo, como dimensión primaria, su eficiencia y su verdad; no trae su soporte de fuera, no se demuestra por consideraciones superiores, sino que, como todo lo primario, sólo se prueba como hecho. Efectivamente, surge una gran duda sobre que este mundo que asciende al hombre sobre sí mismo es, por un lado, superior a él, pero, por otro lado, para llegar a ser experiencia, debe ser hecho, de alguna manera, palpable. Entra por mucho en esto, que desde el tiempo en que el Cristianismo encontró su configuración histórica hasta ahora, se han producido cambios en la vida, cambios, no sólo en el concepto del mundo, sino en el estado de los espíritus y que, por tanto, se ha producido una fuerte tensión entre la forma histórica del Cristianismo y la transformación de la vida. Que el Cristianismo está en enfrentamiento con el mundo inmediato, es algo que desde el principio comprendió él mismo claramente; pero creyó poder vencer con sus propios medios esta contradicción; actualmente se ha ido elevando poco a poco y de los individuales se ha vuelto al todo; sufrimos ahora una terrible distancia, un conflicto penoso entre lo que mundo y alma ofrecen inmediatamente y lo que encontramos de realidad en lo más profundo del alma. De esta forma se acentúa la lucha, situando a la Humanidad en el dilema de una decisión trascendental, una decisión sobre mundos. Se discute nada menos que la cuestión de saber dónde está el centro de la realidad y qué es lo que nos debe proporcionar los fines y valores definitivos: ¿debe la Humanidad mantener aquel mundo interior a pesar de la violenta oposición del mundo exterior, o tendrá que decidirse por éste y con ello manifestar que su propia vida, la personalidad con todos sus valores, sus fines éticos, su libertad y su amor, son fantasías? Esto sería dar por perdidos todo el sentido y el valor de la vida humana y despreciar la conservación espiritual del hombre y de la Humanidad. Pero esto es una acción demasiado alta. El que se decide por aquella interioridad de superior linaje, tendrá que reconocer la enorme dificultad de una comparación con el resto del mundo, una crisis espiritual que nos impone un trabajo penetrante. Para que el hecho esencial de la nueva vida nos parezca inmediato y gane en poder de persuasión, son necesarios algunas aclaraciones, creaciones y transformaciones fundamentales; a través de ellas el hombre verá caer mucho de lo que ama y le parece necesario; para sustituir estas pérdidas no es suficiente con la simple negación. Pero en todos los peligros y esfuerzos permanece el problema; aquella instauración de un mundo de interioridad independiente, de vida personal, puede ser desconocido por los individuos, pero no puede ser rechazado por la Humanidad; sigue siendo lo más verdadero y lo más importante que nuestra vida conoce de real; por lo mismo, nos hará encontrar un camino para una inteligencia con los demás contenidos de vida. Y esto se va haciendo cada vz más valioso, y no puede mantenerse sin grave peligro en la agresiva inquietud actual, ya que la situación actual carece de una sinceridad interior, une incondicionalmente lo necesario y lo problemático, e incluso lo rechazado, nos obliga a afirmar y a negar a la vez, en los problemas más importantes; inmoviliza toda fuerza y todo placer en la vida. Y, por muy imperfecto que nuestro tiempo parezca, ya la grandeza misma del problema da a su esfuerzo un valor, y cuando la cuestión afecta de tal forma al interior de la vida ya se encontrarán las fuerzas necesarias para resolverla; el hombre y el mundo deben también encontrarse aquí.

c) La dirección de la vida moderna

La tendencia de reunir el movimiento de la vida moderna en el problema del mundo es especialmente dura; y no sólo porque el movimiento nos rodea y casi no permite una visión de conjunto; no sólo porque los antiguos tipos de vida irrumpen muchas veces en su propio terreno y con él se cruzan, sino, sobre todo, porque el tiempo moderno no forma un todo simple, sino que contiene diferentes capas que no se consolidan. La Edad Moderna empieza con un movimiento de gran amplitud que crea de este modo un terreno característico, pero luego sufre una profundización y logra, en el siglo de las luces, una sistematización cerrada de la vida, una estable relación de ésta con el mundo. Pero esta profundización no es permanente; se produce un movimiento contra ella, aunque sin ofrecerse un nuevo tipo de vida que la venza. De este modo se produce un desequilibrio y siente sobre sí muchos poderes contra los cuales reacciona; de aquí que dude entre una concepción más amplia y otra más rígida.

La época moderna consigue un primer carácter al romper el fuerte lazo que la fe cristiana había formado. En la Edad Media había mucha fuerza esparcida, pero toda la fuerza estaba al servicio de un único fin cuyo derecho exclusivo podía ser puesto en duda; y esto ocurrió realmente; un sentimiento nuevo de la vida, que iba aumentando, encontraba el cuadro de la vida medieval demasiado limitado, los movimientos individuales se extraían de la unidad, se aventuraban por nuevos caminos y deseaban desarrollar un espíritu nuevo. De este modo, frente al sistema medieval, se pone un sistema de libertad que parece superior. En todas las direcciones surge una vida independiente; los individuos, los pueblos en sus manifestaciones individuales, las diferentes esferas como derecho y moral, arte y ciencia, se independizan; en todas partes se produce una liberación que rompe antiguas cadenas. Esto ofrece de sí mismo una enorme producción de la vida, una publicidad de todas las impresiones y exaltaciones, un triunfo del universalismo. Al desarrollo de la independencia corresponde otro de la originalidad y proximidad de la vida. Y esto aparece, no tanto como un favor de Dios, sino como un proceso natural de fuerzas. Colabora a que la vida se aisle más en su actualidad, en el presente y, a la vez, aumenta la importancia del mundo; el hombre, más que elevarse sobre sí mismo, se configura en sí mismo y se siente más poseído de su riqueza. Las sombras del atardecer parecen desvanecerse y nacer un nuevo día, cuya luz ilumina también el pasado. Es comprensible que esta vida se sienta orgullosa de sí misma; «los espíritus despiertan; es un placer vivir» (Hutten).

Esta evolución, al mismo tiempo que ofrece a las cosas una personalidad más propia, rompe también más las oposiciones. Y esto es más aplicable también a nuestra fundamental oposición entre hombre y mundo. La concepción de la vida del Cristianismo medieval había unido íntimamente los dos términos y hacía pasar continuamente el uno al otro; ahora, en cambio, se produce una separación y un desarrollo de las características de cada uno. El mundo se eleva independientemente frente al hombre y le muestra nuevas riquezas. Esto hace que nuestras miradas se dirijan a lo lejos, a un horizonte libre y amplio; nos prohíbe que nos confiemos en nuestro ámbito cruelmente humano. Pero, por otro lado, también el hombre evoluciona, se valora más y encuentra más cosas dentro de sí; se configura en su esencia y logra afrontar el mundo con fuerzas espirituales. Pero esta variedad no separa bruscamente el hombre del mundo, ambos continúan lo bastante cerca para mantener un comercio productivo y apoyarse mutuamente; el hombre se desarrolla ante el mundo, y éste ofrece a sus fuerzas enriquecidas nuevos tesoros. Así, hombre y mundo, no sólo parecen relacionarse exteriormente, sino formar un todo. El antiguo concepto del microcosmos consigue mayor extensión y poder, toda la plenitud de la realidad parece puesta en el hombre, de tal forma que al desarrollarse éste, cree conquistar el mundo; esto le colma de un fuerte deseo hacia la unión con el mundo y despierta en él un amor «heroico» hacia el todo que expulsa las inquietudes mezquinas.

Con todo esto, la vida aumenta en importancia; por duros que sean sus problemas, su configuración es indudable. Se convierte en un productivo terreno para las individualidades creadoras y ambiciosas; ante nuestros ojos se muestran en ilimitada variedad. Pero, en toda su diversidad, esta vida opuesta a la antigua presenta rasgos comunes. En primer lugar, se extingue aquí una notable reacción contra el tipo de vida religioso tradicional. Permanece la idea de Dios e incluso es indispensable; pero su acción está más bien encauzada a robustecer las fuerzas y a unir al hombre con un tejido universal, que al alivio de la pobreza y la culpa opresoras, y falta el violento «no» que antes formaba un camino insustituible para el triunfo definitivo. La religión, más que dominar la vida, lo que hace es acompañarla y completarla; el teísmo trascendental deja su lugar a un panenteísmo inherente.

Si esta exaltación del mundo contiene una cercanía a la antigüedad, ésta, a su vez, conlleva un cambio en la relación del hombre con el mundo. El hombre antiguo caminaba ante el mundo de una forma contemplativa y le consideraba como un valor anterior y hermético. Para los modernos es más bien un ensayo donde sus fuerzas se desarrollan y que debe ser vencido. Esto hace que consideremos el mundo como un devenir; la idea de progreso gana terreno y lo eterno se rinde al movimiento. La idea de evolución, que coincide con los comienzos de la Edad Moderna (Nicolás de Cusa), se extiende cada vez más y se apodera con poderosa fuerza de las cosas. La posibilidad de un desarrollo infinito viene a ser un signo fundamental de la grandeza del hombre. «El modelo de la eterna sabiduría es poder conocer sin fin. El hombre puede conocer cada vez mejor lo que conoce, amarlo más, y el mundo entero no le basta porque no colma su deseo de conocer» (Nicolás de Cusa).

En todo esto se producen transformaciones que van más allá del momento actual y se extienden por toda la Edad Moderna, y determinan la esencia de su carácter. La vida tiene aquí el poder de tomar en sí misma el punto de partida del universo y situarse en sí misma, ya no recibe su contenido de fuera, sino que le origina de sí. La presencia inmediata de una vida creadora en el hombre es reconocida, con lo cual se produce una transformación que difícilmente se corrige.

Pero toda esta exaltación de la vida no produce todavía una reflexión absoluta y una estructuración integral. El todo contiene varias hipótesis no demostradas y muchos desequilibrios, la idea dominante no está totalmente clara y en ella se ha mezclado mucho antiguo y nuevo. De aquí que los espíritus superiores sufren una insoportable confusión y que sientan, como la más valiosa exigencia, la necesidad de una aclaración como condición fundamental de una formación independiente. Esta aclaración fue realizada en la época que se suele llamar siglo de las luces, por el predominio de este deseo, y trajo consigo una nueva explicación del mundo, una tendencia a unir al hombre con el mundo.

El principal apoyo de la vida es aquí la razón, un valor espiritual, pero impersonal. Esta razón enfrenta un mundo espiritual a la existencia y trata de conciliar ésta en aquél. Contiene, a la vez, un método para la organización de toda variedad; así puede crear una amplia realidad como un reino de la razón. Comprendida de este modo, la razón no es una propiedad o facultad del hombre al lado de otras, sino lo dominante en el hombre, lo que le hace ese hombre, pero que, al mismo tiempo, lo domina todo, transformándolo en un reino de la verdad. Esta razón corresponde, en la creencia religiosa, a la Divinidad; también ella se muestra como poder independiente, pero no acude a las cosas como una revelación superior, sino que actúa en el hombre como su base estable y como fuerza vivificante y constituye su propia esencia; además, no impone una relación personal entre los centros de vida, en amor y fe, sino la transformación del mundo en un tejido de conceptos que organiza toda variedad, marca a cada individuo su lugar y tiene delante siempre la idea del todo. La encarnación espiritual de esta razón es el pensamiento, y realmente el pensamiento que conoce; pero tiene que cubrir una forma especial para producirse, y esto lo hace separándose de la situación anímica del hombre, desarrollando de sí mismo un contenido objetivo y transformándose de este modo en pensamiento creador; de este contenido objetivo se crea una relación progresiva que da una ley que es como fuerza, como poder fundamental, que por su propia energía constituye la realidad. Su labor será, de ahora en adelante, aclarar y terminar el reino sin límites que constituye su autoridad, someterle al poder del hombre que conoce y ofrecérselo como reino propio, lo cual no puede hacer sin enfrentarse con la experiencia y transformarla. De aquí surge una nueva actividad ideal más libre y más atrevida que cualquier otra, una lucha de todo contra todo, una acción aplastante y creadora de facultades propias. El trabajo se divide en reflexión y acción; ante todo, es necesario limpiar el camino y considerar previamente sus etapas; después se analizará el contenido dudoso dividiéndole en sus elementos más simples y se encadenarán éstos en una estructura sucesiva, y, finalmente, se formará un sistema que reúna toda la variedad en un todo, cada una de cuyas partes esté orientada hacia una idea directiva. Toda la innecesariedad de los individuos se rinde aquí a una conducta determinada por la cosa, a un método común. Su carácter analítico y sistemático distingue el pensamiento moderno de toda otra actividad anterior. Al resaltar la necesidad lógica sobre todo instinto sensible, puede comenzar tranquilamente la tarea de romper con un concepto ingenuo del mundo y enfrentar a éste otro nuevo como más auténtico, de modo que desde entonces el hombre vivirá en dos mundos, en un mundo espiritual y en un mundo sensible. Fortalecido de este modo, el pensamiento puede guiar la vida y preparar al hombre una realidad propia; y lo hace llevando a la vida sus propias leyes y configurándola respecto a ellas; lo cual produce, en ciertas regiones, importantes consecuencias.

El pensamiento se mueve dentro de valores no sensibles; ofrece a todo lo que toca estos mismos valores como soporte y concibe todo lo sensible como fenómeno; esto determina un aumento del contenido ideal, y, a la vez, una liberación interior, como la que se produce en el terreno de la religión y en el del derecho. Mientras antiguamente para que un hecho lograse absoluta realidad parecía necesario un factor sensible, ahora, en cambio, basta la propia capacidad de la vida espiritual; lo espiritual domina lo sensible a su capricho. Al mismo tiempo, los principios y las ideas ejercen sobre la vida un poder que nunca produjeron, van delante y limpian el camino, y tienden a establecer sobre ellos toda la realidad; en el paso de la Historia se van incorporando cada vez más profundamente en la existencia y la transforman en un reino ideal, en un reino de razón formal. Como, además, el pensamiento desprecia toda subjetividad y sólo reconoce la necesidad de las cosas, ofrece a todas las esferas donde hace su aparición una estable lógica, y pone todo movimiento en la estructura y la fuerza productiva de la cosa; toda interrupción de sentimientos y fines humanos queda absolutamente prohibida. De aquí surge una liberación de la innecesariedad humana en cada una de las esferas individuales, la aparición y efecto mutuo de grandes masas de pensamiento, un ascenso de la vida en extensión y valor, logrando así un carácter universal.

El pensamiento muestra sus verdades independientes de toda especial situación histórica, las desarrolla por una actividad original y exige para ellas una validez absoluta. Con esto se sitúa decididamente en oposición de la idea que en la Historia ha predominado respecto de la dirección de la vida, así como del poder de la tradición; lo que debe valer como verdad debe estar por encima del tiempo; «las verdades históricas innecesarias no pueden nunca llegar a ser el soporte de las verdades necesarias de la razón» (Lessing). Esto no puede llevarse a la práctica sin enfrentarse a menudo con la estructura de la existencia humana. En ésta hay mucho de irracional e incluso de antirracional mezclado con lo racional; por eso hay que hacer una filtración muy cuidadosa: lo que de la realidad no prueba su derecho ante el tribunal de la razón, lo que no soporta la prueba debe ser rechazado sin contemplaciones, pero lo que de ella sale intacta será aceptado y puesto en acción. Esto da lugar a un examen, un análisis y una clasificación del patrimonio cultural de la Humanidad, su simple existencia no puede mencionar derecho, la racionalidad absoluta de la existencia produce una religión «natural» (es decir, basada en la razón), una moral «natural», un derecho «natural», una pedagogía «natural»; de este modo lo viejo es despreciado; lo tradicional y supersticioso es condenado, y las relaciones humanas, suavizadas.

Así como el pensamiento del siglo de las luces quiso rebajar la realidad a valores universales, también quiso incorporar lo universal como norma de la conducta en la vida. Así, en el hombre, la Humanidad ofrece a cada individuo un valor con el que se puede enfrentar a cualquier otro individuo, y, a la vez, lleva a una igualdad; de aquí la necesidad de rebajar la conducta en el Derecho y el Estado a la forma de universalidad; en su estructura interior se muestra como un silogismo, como la aplicación de una proposición universal al caso particular, creencia que ofrece a la vida social una configuración peculiar. Así como, desde el punto de vista de la razón, lo universal se transforma en un concepto de valor, también el orden lógico del mundo y su legalidad se convierte en el cobijo fundamental de todas las inquietudes y necesidades de la vida.

Esta racionalización ofrece a la vida mayor frescura y certeza, al hombre una conciencia más clara, mayor poder sobre el mundo que le rodea, como también sobre sí mismo. Como nunca, se siente verdadero dueño de las cosas. Mucho de lo que antes era inalcanzable, se hace ahora evidente. La relación de la idea de libertad con la de poder ofrecer a la vida, a despecho de todo positivismo, un suficiente afecto personal.

Esta estructuración de la vida prolonga su acción a las esferas privadas, les otorga un significado y les señala un camino. La ciencia ejerce un poder directivo indiscutible: es un poder de aclaración y de formación *(scientia est potentia)*, como transformación que es del mundo en un reino del Logos; la producción intelectual establece tanto el carácter como la importancia de las esferas individuales. La religión se convierte fundamentalmente en una concepción del mundo, la clave de la racionalidad del todo; es necesaria al pensamiento para asegurarle un carácter universal y para basar la razón humana en una razón universal. La moral, una moral surgida de la propia esencia del hombre y creada por conocimientos claros, es la guía de la vida, y la educación el medio más importante para el perfeccionamiento del hombre, una educación pensada, sobre todo, como un sistema de ideas claras.

También el arte tiende, principalmente, a la claridad y estructuración lógica; amenaza con caer en el doctrinarismo y desempeña sólo un papel auxiliar. La vida social y política está empapada interiormente de esta razón y sometida a sus exigencias, que se muestran como de validez general y superiores al tiempo; por esto, libertad e igualdad deben actuar al conjunto.

Todo esto unido nos da una condición de vida cuya fuerza lógica y el exaltamiento de la capacidad humana que origina, expulsando todas las ideas confusas, han dejado una enorme huella en la historia del género humano. Incluso los que se oponen al siglo de las luces no pueden menos que reconocer sus hechos y valorarlos; supone en los tiempos modernos la adquisición de una posición superior, fundamentalmente por haber creado una nueva realidad, ofreciendo con ello a la Humanidad la conciencia de un lazo firme con el universo.

Pero, a pesar de todo, la vida, en su movimiento ascensional, quiere superar esta realidad.

Los ataques no provienen sólo de la antigua concepción de la vida, sino que el momento actual quiere crear nuevos caminos que, a pesar de toda su oposición con el espíritu del siglo de las luces, están entre sí absolutamente de acuerdo.

Ante todo, Rousseau hace exaltar las oposiciones de carácter sentimental; solicita para la inmediatividad del hecho anímico un perfecto hecho y el reconocimiento de una relación interior con el mundo. El apego que toma esta tendencia en los espíritus lo demuestra la concepción kantiana, que, por un lado, considera nuestras capacidades cognoscitivas sometidas a ciertos supuestos, y, por otro, en la conducta moral ve un mundo independiente y sitúa en él el centro de la vida. Una tendencia artística que trataba de sembrar en el suelo moderno la concepción de los antiguos, y que encuentra su punto culminante en Goethe, conducía a una estrecha relación del hombre con el mundo por medio de un humanismo de deslumbrante desarrollo. El romanticismo, con su regreso al sentimiento de lo infinito y su ideal organización individual de la vida, con la valoración de lo inconsciente como su fuente principal, estaba en total contradicción con el siglo de las luces, y en íntima relación con la romántica estaba la inclinación a lo histórico, que, por amorosa admiración en la variedad de los tiempos, daba a la vida una más amplia fundamentación, situando la intuición por encima de todo esquematismo conceptual, así como al individuo sobre todas las formas generales. Por último, la filosofía especulativa alemana excedió también el siglo de las luces cuando buscó su reino en un espíritu universal y originó toda la realidad con la idea, haciendo de lo grande, lo amplio, lo sobrehumano, su propia valoración. En la cumbre de la filosofía hegeliana, el enfrentamiento de lo racional y lo histórico parece superada: la Historia se traduce en un desarrollo de la razón.

Por todo esto, la vida moderna ha excedido en muchos puntos la actuación del siglo de las luces, pero no por ello ha pasado ésta a la categoría de hecho histórico; incluso no está superada ni extinguida. Contiene muchos rasgos y necesidades, que una vez vividos no pueden desvanecerse; la tratamos muchas veces con desprecio porque consideramos como natural mucho de lo que en realidad le debemos a ella; además, no debemos considerar esta acción en el momento de su decadencia, sino en su impulso primordial. El siglo de las luces, a pesar de todas las dificultades, ejerce todavía hoy un gran poder. De él proceden ciertas formas constitucionales, los gobiernos parlamentarios, el sufragio universal, etc., que hoy consideramos como adquisiciones definitivas e intocables; a su espíritu se debió también que el monismo naturalista, con sus intenciones de ofrecer una concepción del mundo peculiar, esperase de una producción puramente intelectual el desarrollo de la Humanidad, y a este resultado sobre los hombres nos prohíbe tratarle con desprecio.

Pero en el pasivo espiritual del siglo de las luces tenemos que introducir cierta duda, cierta oposición en el concepto fundamental de la razón. Este concepto era el que ofrecía una base a la vida y la unía fuertemente con el mundo. Hubo una evolución en este concepto, generalmente poco apreciada, pero que cambió absolutamente la forma de vida. La razón era, para los representantes del siglo de las luces, un poder universal que se introducía y dominaba toda la realidad. En esta persuasión, Descartes creó toda la autenticidad en el pensamiento humano, en un pensamiento divino y en su veracidad, así como Spinoza relacionó todo el éxito del sacrificio humano con una vida divina inherente a nosotros, y Leibniz concibió la razón universal como valoración del pensamiento humano. A esto corresponde la doctrina de las ideas innatas que actúan como apoyo en la corriente sin regla de las impresiones y originan una ciencia común, haciendo reposar el pensamiento humano en un pensamiento cósmico; así la lógica era transformada en metafísica. El pensamiento inglés, según su empirismo tradicional, prohibió esta fundamentación y se asentó totalmente en la experiencia del individuo; una vez habiendo llegado a las últimas consecuencias de estas premisas, como lo hizo Hume, el pensamiento inicial del siglo de las luces estaba aniquilado y su absolutismo convertido en un relativismo. Pero ¿no era necesario configurar un sistema de vida independiente, excepto si se rompiese el lazo que unía al hombre con el todo, y toda ciencia, en su verdadero sentido, transformada en un simple tejido de representaciones?

El positivismo trató de alejar de su dominio todas las contradicciones, y separó completamente al hombre del todo; pero, para continuar fiel a su pensamiento central, tuvo que limitarse a un simple describir; pero sólo podía hacerlo renunciando a un todo de vida que abarcaba también la acción, y cuando contenía esta nota fija y esta labor excedía aquel límite. Un positivismo que quiere significar un movimiento de cambio y dar una nueva organización a la vida es una contradicción en sí mismo; despreciaba aquel mismo siglo de las luces que necesitó para su propia existencia. Todas las dudas de la vida moderna se deben a este error de los conceptos y valores; la razón es aquí, por un lado, directora y gobernadora; por otro, un instrumentó útil para las necesidades de la vida física y social. Pero, de este modo, la totalidad de la vida camina entre el invencible enfrentamiento del intelectualismo y naturalismo, del racionalismo y empirismo, de los cuales aquél considera el mundo sensible como simple elemento de un mundo ideal, y el otro transforma el mundo ideal en un origen de las fuerzas sensibles; pero ni el intelecto ni la vida natural crean nunca una totalidad de vida, una adquisición de la realidad en sí misma.

Y cuanto más crecían las dudas del conjunto de la vida, más fuertemente se dejaba sentir la necesidad de una configuración del esfuerzo; pero en otro terreno, bajo el enfrentamiento entre la producción del objeto y el esmero por la condición humana, se llegó al contraste entre una cultura del trabajo y una cultura social. En la primera, el especial interés se dedica a someter el mundo próximo a la conciencia y al poder del hombre; surge una cultura científica y técnica que se extiende inmediatamente por todas las manifestaciones de la vida. El trabajo forma, entonces, grandes complejos y otorga a cada uno su lugar especial, creando, a la vez, un especialismo profundo que pone todo su empeño en su obra especial, pero que no se cura del lazo interior del todo ni del estado de las almas. Existe aquí el peligro de concebir al hombre y a toda su vida sólo como un medio y un instrumento del trabajo, y poner la vida en la superficie de contacto con los objetos. Pero este estado de cosas había de enfrentarse violentamente con el hombre, ya que quedaba fuera de los frutos de su duro trabajo; cuanto más se apoderaba la técnica del trabajo con su continua agitación de las relaciones de la vida, creándolas a su semejanza, más apasionada era la reclamación del hombre, que se sentía decepcionado; era más necesaria la revolución socialística que con mayor o menor violencia se introducía en todo el mundo de la cultura; más decididamente se rozaba la idea de convertir al hombre en el fin principal, conduciéndole a una absoluta felicidad. Pero cuando vemos que de este modo la vida moderna se divide interiormente y cuesta un enorme trabajo concebirla en unidad, debemos persuadirnos de que ni la subordinación de los objetos ni la mejora de la condición humana deben conducirnos a un estado que puede agradar a nuestra esencia espiritual; por los dos lados de estas opuestas corrientes llegamos al resultado del vacío interior y decepción. Por mucho que aquella cultura de la producción desarrolle las fuerzas del hombre, con todas sus acciones dignas de admiración, no supone un ascenso del hombre, no le ofrece una relación con el todo ni una colaboración en la actividad creadora ni le hace introducirse alegremente en esferas como religión, filosofía, arte y moral; deja a un lado los problemas de la creación del hombre; produce maravillosos sabios y técnicos, pero hombres medianos; es incapaz de originar poderosos movimientos de conjunto que evidencien al hombre los problemas de su existencia y le den fuerzas y valor para cumplir con sus obligaciones.

Si de la cultura del trabajo pasamos a la cultura social, no encontramos un cuadro más halagador; aquí vemos diversidad de opiniones improbadas e intolerables, que conciernen tanto a la condición moral como a los fines de la vida humana. El socialismo muestra la seguridad de que una nueva organización de la riqueza traerá consigo un perfeccionamiento del género humano, un aumento del sentimiento moral; todos los problemas podrán ser solucionados; a la constante lucha de los pueblos y de los hombres, sucederá una paz eterna; a los que piensan de este modo, les parece que todo mal viene de un estado especial de la sociedad y que su transformación convertirá todos los males en bienes. Es cierto que frecuentemente se ha ignorado la importancia del problema económico como elemento moral y con razón hoy esta cuestión se convierte en una cuestión principal; pero el que crea que todo el mal está ahí, ignora las grandes dudas que origina el enfrentamiento entre dos esferas de la vida en el hombre, el gran dualismo que divide nuestra vida hasta sus últimas raíces y perturba estas dos esferas gravemente porque reducirá la esencia humana al querer elevar al individuo. En el problema de la felicidad parece que al hombre le es suficiente con una vida llena de placeres sensibles y espirituales, una vida más cómoda mejorada por el trabajo. Así puede parecer a los hombres llenos de trabajo y que luchan entre sí por la conservación de la existencia, pero la última solución sólo la encontrará en esto el que olvide que el hombre es, sobre todo, un ser espiritual y que este ser sufre las necesidades de un estado más elevado que las que por aquel camino se pueden alcanzar; al igual que la cultura del trabajo, tampoco la cultural social puede despreciar un contenido de la vida, contenido que no encuentra en la producción; así, para la cultura social, todo bienestar acabaría rápidamente en un vacío interior; y, en último lugar, a la larga éste es más insoportable que todo cansancio y pobreza, que toda lucha y dolor.

Así, los dos caminos en que se divide la cultura moderna guían hacia una separación total del hombre y la vida; no se puede eludir esta terrible crisis, la cual, por cierto, es más perturbadora porque la vida moderna esconde en sí un impulso infinito y una configuración incondicionada de vida; y porque, en muchos aspectos, cuenta en su haber con grandes servicios. Un valor continuo de esta cultura es, por ejemplo, la absoluta dependencia de la naturaleza por medio de la inteligencia y de la imaginación; un valor continuo es también el impulso de mejorar la condición humana a través del estudio de los problemas económicos; ambas cosas han enriquecido extraordinariamente el reino de la vida y el poder del hombre. Pero queda una mala inteligencia entre la periferia y el centro de la vida: aquélla se extiende indefinidamente, éste amenaza con rebajarse por completo; en sí mismo, el hombre se va quedando vacío.

También en este punto esencial ha colaborado mucho el siglo de las luces. Su pensamiento sistematizado y membrado, su capacidad de análisis, tanto del mundo como del alma, su continuo e invencible deseo de perfección, ha elevado la condición general de la vida, ha convertido el trabajo en un poder incalculable que ofrece seguridad a nuestra existencia; puede considerarse, en resumen, como un ascenso del espíritu humano a una absoluta autodeterminación y mayoría de edad. Ya la vida es situada en la propia actividad y apoyada en una razón más allá del tiempo, rompiéndose, por fin, con el poder omnímodo de la tradición histórica y de la autoridad.

Bacon representa un sector especial de la época que analizamos. Siente la necesidad de crear un nuevo estado de vida basado en ideas más frescas y vivas, pero su acción no pasa de un ensayo y en el fondo de su pensamiento —recordemos su teoría de las formas sustanciales— se mantiene unido a la escolástica; trae el programa de una cultura basada en la técnica y le desarrolla de la forma más brillante; pero no produce nada notable, su nombre no va unido a ningún gran descubrimiento. Sólo con sus seguidores comienza el absoluto dominio del espíritu humano sobre la naturaleza.

En conjunto, el concepto de realidad del siglo de las luces resulta demasiado limitado; para el todo el alma se reduce al pensar y al conocer; todo el mundo, en una simultaneidad de pequeños elementos, rodea el fin de la conducta o la organiza a través de la convivencia tal como resulta de los individuos. Aquí no hay nada primario, nada superconsciente, nada simple; en su terreno, todo imprevisto es consecuencia de una ignorancia o error, toda la salvación se espera de las capacidades intelectuales, falta la visión de los conflictos interiores del alma; el pensar enérgico, la tolerancia amistosa, el trabajo consciente de su fin parece solucionarse con el bien; tampoco puede dudarse de la posibilidad de que el conocimiento llegue a su último lugar.

Como consecuencia, hay que reconocer la importancia del siglo de las luces, pero al mismo tiempo hay que señalar sus límites; sólo concibiéndole como parte de un conjunto más amplio, podemos distinguir lo que hay en él de justo e injusto; para ello habrá que hacer una comparación de su carácter peculiar con el conjunto de la vida moderna. Nuestra investigación ha demostrado que, ésta última, muestra ya rasgos muy resaltados, y, por tanto, que se distingue esencialmente de los antiguos sistemas de vida; al sistema tradicional dominante basado en la autoridad, ha opuesto un sistema de libertad, transformando así todas las estimaciones y valores. Allí la vida partía de un todo superior considerado como intocable; a este todo debían incorporarse los elementos individuales y de él tenían que recibir una concepción más completa; ya fuese este todo artístico como al principio, o religioso como fue después, y, aunque la Edad Media los uniese a ambos, la superioridad del todo era indudable. La Edad Moderna, en cambio, enfrenta a este todo con sus elementos y se interesa, especialmente, por su beneficio y por sus derechos. La idea originaria no fue dejar a un lado toda lógica y configurar los elementos individuales en sí mismos; más bien, de lo que se trataba era de robustecer el todo en esos puntos y configurarle respecto a ellos. Rápidamente surgió un movimiento de unión entre la unidad y la pluralidad, que trató de establecer el todo en las partes y desarrollarle de éstas. Recordemos las mónadas de Leibniz. Recordemos la concepción de la personalidad en el apogeo de la cultura clásica alemana. Esto dio de sí un enorme aumento y liberación de la vida, de tal carácter, que la corriente del todo se rompió por los hilos de los elementos individuales sin exceder su cauce.

Aquella crisis de la vida hacia la diversidad estableció un movimiento, una marcha atrás de lo continuo hacia lo variable. Hasta entonces, la idea de lo continuo había ejercido un verdadero poder, configurando el detalle de la organización de la vida. El fin principal del trabajo espiritual parecía resaltar la parte continua de las cosas, encadenando a ésta la conducta humana; tanto la consideración artística como la religiosa del problema coincidían en esta dirección. El surgimiento de un nuevo orden de cosas supone cambios esenciales; el que discuta este hecho no tiene derecho a hablar de una época moderna como esencialmente distinta de las anteriores. En realidad, el mundo recibe ahora una nueva luz y se encuentra ante nuevos problemas por el hecho de que ya no se le considera como un mundo completo, sino como un mundo en devenir, capaz y, a la vez, necesitado de un perfeccionamiento; esto no quiere decir que se rechace todo elemento continuo en las cosas; pero frente a éste otorgamos a la transformación una nueva importancia, considerándola como un factor necesario en la vida, mientras que antes parecía un elemento secundario y perturbador. Con ello, la vida moderna ha aumentado su fondo, librándole a la vez. Punto por punto van aumentando sus actuaciones con plenitud de abundancia; por todas partes encontramos nueva capacidad de desarrollo, posibilidades ilimitadas.

La unión de diversidad y movimiento da como resultado no un conjunto terminado, un sintagma como el que ofreció el siglo de las luces, pero sí algunas configuraciones y direcciones de la vida; y espera gobernar y reunir es un todo las oposiciones que surgen en este terreno. El método es el que produce este resultado; así como mejora al mundo, mejora también al hombre. Como las tendencias modernas han nacido en oposición a las tendencias medievales, también se oponen a la valoración del hombre y del sentimiento de la vida que en aquella edad dominaba. La Edad Media supone una minoría no sólo en religión y en ciencia, sino en temas económicos; la vida moderna trae consigo hombres fuertes que aspiran a elevados objetivos; sólo dotada de tal seguridad puede encomendar a los individuos la dirección de la vida espiritual, política y económica.

Todo esto es profundo y necesario, pero está lleno de problemas que la vida moderna no ha dominado todavía; ahora bien la dominan a ella. Del progreso indefinido surge una terrible duda cuando no hay un poder superior que concentre las fuerzas y les ofrezca elevación y dirección.

La actuación de las fuerzas no es suficiente; la vida amenaza con dividirse en simples puntos y momentos y caer, a pesar de su grandeza, en el vacío, ese hecho amenazador de la vida moderna; cada vez sentimos con más fuerza el brusco golpe de las oposiciones. La diversidad debía caminar al principio cordialmente con una unidad y unirse con ella en un nuevo estado de vida; pero ahora el poder de la diversidad aumenta, y todo lazo interior parece roto; vivimos hoy en mundos separados, cuya distancia coincide con la pluralidad de lenguas; con toda la cantidad de relaciones recíprocas vivimos interiormente cada vez más solos, más reducidos a nosotros mismos.

De este modo se produce una anarquía espiritual, incapaz de originar ideales comunes y de conseguir los impulsos con su poder de creación. Sólo el poder exterior, tal como hoy se ejerce, puede ofrecernos una ilusión de unidad.

Lo mismo ocurre con las relaciones de continuidad y de cambio. El cambio supone algo continuo; hay que mantener un equilibrio entre la continuidad y el cambio. Pero ahora, al debilitarse la vida espiritual, la existencia se rinde desesperadamente al cambio y se convierte en un devenir sin límites. Lo que los tiempos modernos oponen continuamente al flujo del movimiento, es cada vez más discutible y arrastrado por éste. De tal modo, el creciente movimiento de los tiempos modernos no encuentra el menor contrapeso; así está destinado a introducirse con furor básico y a superar toda resistencia. Esto se acentúa por la rápida aceleración de la vida exterior que la época moderna trae consigo como consecuencia de la facilidad de comunicaciones, por el más íntimo contacto de los hombres y por el notable aumento de población. Progresivamente, las formas más agresivas van reemplazando a las más suaves; progresivamente, la vida se va convirtiendo en un continuo cambio, en una renovación, en un comercio con la corriente de las cosas, separándose en pequeños momentos y partes; el presente se nos escapa cada vez más deprisa, dificultándonos cada vez más la asimilación del iniciado flujo de las impresiones y de los acontecimientos, y concentrándose la vida en la periferia. ¿Deberemos sorprendernos de que, en vista de todo esto, el antiguo misticismo vaya consiguiendo una nueva y creciente importancia en la vida moderna, y que las religiones índicas, con su rechazo a los cuidados y confusiones del tiempo, tengan cada vez más seguidores? ¿No significa esto una condena capital de la fiebre moderna? Realmente, esta fiebre de vida esconde más de lo que descubre la superficie de la vida; pero este *más* debe ser aclarado y adquirido; en su forma inmediata no nos puede seguir.

Así nos encontramos en una situación muy poco clara y bajo el poder de una contradicción que rompe la existencia entera. La Edad Moderna surgió de una alegre confianza en la vida; las capacidades espirituales no parecían reconocer límite alguno, no faltaban dudas morales, pero no confundían el conjunto de la vida. Ahora, en cambio, han estallado violentamente, y no sólo en los individuos, sino en los pueblos e incluso en toda la Humanidad; por lo que respecta a nosotros, los hombres nos hemos visto tan pequeños, tan bajos, tan poco sinceros, que toda fe en la Humanidad ha sido anulada, y esperar la salvación de los hombres nos parece edificar en la arena. Por fuerte que se proclame el poder del hombre en su adquisición técnica del mundo próximo, por sorprendente que nos parezca la forma como conquistamos las fuerzas naturales para nuestros fines, encontramos dentro de nosotros límites insalvables, y parece que estamos destinados a la superficie exterior de las cosas y que nuestra alma depende de una oscura naturaleza. A esto se añade el espectáculo de la indiferencia del desarrollo cósmico hacia los intereses del hombre; echamos de menos un orden moral que se eleve sobre el Destino; la realidad parece necesitada de una ruptura; a la lucha por la salvación del alma individual se añade hoy una lucha por la vida espiritual de la Humanidad entera, por la salvación de la Humanidad aparentemente abandonada. Contra estas dudas y peligros, la vida moderna no nos ofrece cobijo, pareciendo que el fruto mismo que quería producir es algo que ella contenía anteriormente.

Bajo estas transformaciones y agitaciones sufre también el problema que constituye el fondo de nuestra investigación: las relaciones del hombre con el mundo. El empeño principal de la vida moderna es superar el paralelismo tradicional del hombre y el mundo y concebir este paralelismo como una concepción antropomórfica; sólo en esta diferenciación parece lograr el hombre su grandeza. La filosofía, la ciencia, el arte, la religión misma, han realizado mucho en este terreno; sobre todo, la cultura alemana encuentra su cima en el descubrimiento de esta relación. Épocas posteriores han perdido de vista esta relación; el problema de la vida, en el positivismo, se ha solucionado con un problema cósmico; el mundo representa para los contemporáneos un misterio oscuro y sin solución; al mismo tiempo, el círculo humano se va reduciendo; es verdad que trata de mejorarse y de conseguir nueva forma, pero esto se refiere exclusivamente a las relaciones políticas y económicas; no trae ningún desarrollo interior de la esencia humana y nos encontramos en situación de abandonar todo lo que el trabajo histórico ha producido de grande y de bueno espiritualmente hablando. ¿Es ésta la última palabra, podemos así combatir la inexplicable confusión que nos rodea? En todo caso, podemos rozar la esperanza de que nos encontremos no en el fin de una antigua, sino en el comienzo de una nueva época.

d) Mirada retrospectiva y nuevos horizontes

Antes de intentar concebir este fin, conviene echar un vistazo al antiguo orden de cosas que hasta aquí nos ha ocupado. Cuando observamos el presente inmediato, dudamos del sentido del movimiento de conjunto. «¿Qué es lo que este movimiento ha producido de positivo? La inseguridad actual, la falta de una común relación del hombre con el mundo, ¿no demuestra que todas nuestras esperanzas han fracasado? La consideración inmediata de la producción histórica confirma esta hipótesis. Ya la inseguridad de nuestras direcciones demuestra que no nos conduce una necesidad valiosa de las cosas; las direcciones se dividen y se oponen incluso en los puntos principales. Sobre todo, se contradicen las concepciones de las relaciones entre hombre y el mundo, tales como, por un lado, la antigua y la moderna concepción de la vida, y por otro lado, el Cristianismo. Aquéllas esperan todo el éxito de la vida de una íntima unión y de un continuo comercio con el mundo; el Cristianismo, en cambio, cree que sólo puede alcanzar la salvación del alma rompiendo con el mundo. Esta creencia, ¿no cambia de centro toda la actividad de la vida? También la valoración y consideración del mundo y, por tanto, la configuración de la vida cambian en una y otra concepción. A los ojos de aquéllas el mundo se muestra como una cosa finita, como un todo perfecto y completo cuya intuición promete una felicidad absoluta; es suficiente con introducirse a la razón de las cosas existentes y ver a los individuos en el todo para salirse de toda dificultad; en cambio, la época concibe al mundo y, al mismo tiempo, al hombre en continuo cambio y lucha; en este terreno debe desarrollar y demostrar su fuerza, someter el estado existente a las exigencias de la razón; la idea de progreso arrastra los ánimos; el movimiento, limitado antiguamente a una esfera inferior, se convierte en estímulo principal de la vida. ¿Dónde encontrará, ante semejantes oposiciones, el sacrificio humano un fin y un apoyo? Este desdoblamiento, ¿no proclama lo imperfecto de la tarea? ¿No ofrece una prueba indirecta de la renuncia a una verdad superior a la esfera humana, lazo de unión de ésta con la realidad?» De aquí la duda con su solicitud a la primera impresión. Pero, por indiscutible que esto sea, la lógica de nuestro trabajo nos ofrece no sólo armas poderosas contra aquélla, sino que nos obliga a despreciarla. Sobre todo, la historia de aquellos tipos de vida nos los muestra, no como simples concepciones del mundo, sino como revelaciones de vida y creaciones de realidad, como hechos de los que es imposible prescindir. Las formas elevadas y nobles del helenismo no son simples teorías presuntuosas, sino que se han conservado con rasgos intactos en la Humanidad. Sus creaciones nos han mostrado algo de lo que ya no podemos prescindir. Además, la profundidad espiritual, la independencia de un mundo interior de vida personal con su seriedad moral, ¿es algo caprichoso o es una realidad poderosa que quizá se oscurezca en algunas épocas, pero que no puede desvanecerse para la vida de la Humanidad y que siempre nos llama hacia sí? También la mayor libertad y extensión que la época moderna ha ofrecido a la vida, su mayor capacidad de elevación, la fuerza profunda y clara del pensamiento, significan conquistas continuas de la vida humana, y todos sus errores no son suficientes para ocultar un eterno contenido de verdad. Si hoy amparamos dudas sobre todo esto, la culpa es nuestra; en estas cuestiones nos hemos empequeñecido, no encontramos la fuerza para elevarnos a una altura donde las nieblas de la agitación diaria no oscurezcan aquel proceso de vida. El desarrollo de nuestro trabajo ha demostrado que la simple existencia nunca nos ofrecerá una relación interior con las cosas ni incluso con nuestra propia alma, ya que excluye nuestro pensamiento a la periferia y no le ofrece acceso a la vida interior del mundo.

Pero también nuestra investigación ha demostrado que es posible una liberación de aquellas ataduras, una revolución en la vida; que un mundo nuevo se abre en nosotros y nos ofrece una nueva realidad. Todas aquellas nuevas perspectivas son la revelación de un mundo espiritual que actúa en el hombre y puede llegar a ser propiedad suya. La misma pluralidad de los diferentes tipos de vida se separa de la existencia y se opone a ella, en todas partes aparece una vida superior al hombre y nuevos puntos de vista; por todas partes la vida en general consigue una organización peculiar y un carácter propio; aunque estos hechos no actúen con fuerza sensible sobre nosotros, no se desvanecen por el hecho de que ciertas épocas tengan cerrados los ojos espirituales: «Si el murciélago no ve de día, ello no es culpa del sol» (proverbio indio). Un hecho de carácter espiritual no puede actuar exteriormente; su comprensión exige una especial aptitud anímica y cierta visión clara del espíritu; la Historia demuestra que todo esto es posible; el que nosotros lo comprendamos hoy es otro problema.

El que hoy nos sintamos inseguros no depende, de ningún modo, solamente de falta de ánimos y de fuerzas, sino que depende, sobre todo, del movimiento de la vida misma, que ha salvado situaciones anteriores, pero que hoy ha llegado a un punto donde se hace necesaria una renovación; renovación, sin embargo, que todavía está en el centro del flujo y que al hombre le muestra más el no que el sí.

Para mayor inseguridad, actúa aquí también el despertar de una conciencia histórica, que nos pone delante de los ojos la pluralidad de las formas particulares, oscureciendo así la continuidad inmediata; vemos más lo que separa que lo que une; por tanto, es necesario un nuevo paso, se exige un enorgullecimiento de nuestra estancia común.

Todo esto exige la obligación de una nueva configuración de la vida; esta nueva configuración deberá ser lo suficientemente universal para comprender los tipos de vida anteriores, y deberá tener suficiente individualidad para ser más que un eclecticismo. Esta configuración superior de vida no se puede demostrar sólo; hay que enseñarla. Veamos cómo.

III

EL ASCENSO A UNA NUEVA VIDA

1. Comparación entre la vida moderna y una vida ascendente

En la actualidad se está produciendo una profunda crisis en lo que se refiere a la organización y solución de la vida actual, mientras que una nueva vida sólo se concibe como una vida ascendente; por lo mismo, no se puede concebir con detalle, sino solamente en su dirección principal. Esta situación se muestra, a primera vista, como perjudicial, pero puede convertirse en un valor si una fuerza espiritual poderosa se apodera de ella, y lo que sólo se ve como devenir se acerca a la meta; lo que se ha realizado sobre este tema decide sobre el valor del momento actual. La primera condición del éxito es, en todo caso, una clara distinción de la forma predominante por el momento y de la forma ascendente; por tanto, ésta será nuestra primera labor. El concepto erróneo de los modernos debemos considerarle como categoría histórica, es decir, debemos ver cómo se ha formado, en oposición especialmente contra el sistema medieval. El mundo moderno tiene como nota peculiar el comienzo de la vida; es la obligación de no encadenar la vida a algo extraño a ella, sino de basarla en ella misma y desarrollarla de sí misma. Este regreso a la vida, este hacerse independiente de la vida, que ya no parte de un mundo dado, sino que parte de sí misma para formar un mundo, es el rasgo más importante de la vida moderna; es imposible remontar esta crisis, y todo lo anterior aparece ya como una etapa superada.

Pero, por necesaria que parezca esta crisis, su concepción más precisa es muy difícil y demostrada; está cubierta de las profundas dudas que acompañan e informan a todos los sacrificios modernos.

Las dudas sobre la vida moderna abarcan dos puntos: su configuración incondicional de la vida y su configuración más concreta de ésta, iniciada en el siglo de las luces y continuada hasta hoy.

Esta configuración incondicional de la vida surgió por primera vez en el Renacimiento contra el ideal limitado de la Edad Media. Parece sobreponerse a toda configuración individual, y alaba la conciencia con una sensación de poder y placeres ilimitados. Pero, cuanto más evidente es esta configuración incondicional, más dudoso es su derecho exclusivo; exige, sobre todo, de la vida un desarrollo y un aumento de fuerzas; no le ofrece un centro seguro y superior, amenaza con solucionarla con simples relaciones; no se da a sí misma un contenido, una adquisición de sí misma, no origina una realidad suficiente; está en continuo peligro o de caer bajo los fines naturales en la simple conservación natural, o de convertirse en un esfuerzo caprichoso y sin base que obedezca a cualquier impresión o excitación, y que, finalmente, no aguante el capricho ilimitado del hombre. Este desinterés por la configuración incondicionada de la vida es disimulada comúnmente por el fin o el objeto especial que se otorga a la actividad; pero cuando falta este fin, la vida se convierte en una carrera angustiada, en un tropezar de punto en punto; sus esfuerzos se pisan mutuamente y queda el esfuerzo sólo como un fin exclusivo. Con notable claridad se ve esto en Nietzsche. Éste desprecia profundamente toda negación y reducción de la vida; la trata como un valor sin límite, la concibe pura y simplemente en sí misma. Pero, de este modo, la convierte en una actividad sin contenido, que con toda su elevada tensión se mantiene siempre atada a la existencia; al mismo tiempo, prohíbe como ilusión y error toda formación de un hecho espiritual, y, por tanto, toda religión y toda metafísica. Se enreda así en una contradicción: la de dar a esta existencia, así condicionada naturalmente, un valor, y un valor incondicional; para ello tiene que basarse en fundamentos difíciles. Disimula el vacío del hecho fundamental a través de una forma artística espectacular; se defiende dividiendo a la Humanidad en una pequeña minoría y una gran mayoría, creando el concepto magnífico del superhombre; finalmente, con la idea de un eterno retorno. Con todo esto ofrece un grandioso y, pudiera decirse, conmovedor ejemplo de la tendencia y deseo hacia una verdadera vida, pero no da a esta vida ningún contenido. Lo que en Nietzsche encontramos como signo individual es algo que informa toda la vida moderna: el poner la actividad libre, es decir, una simple función, en el lugar de una vida auténtica y reflejo de la realidad.

Íntimamente relacionados con este problema están la falta de claridad, la inseguridad, lo erróneo en la posición y valoración del hombre, que muestra la vida moderna. La antigüedad, a pesar de reconocer toda la importancia del hombre, le marcó un límite concreto; lo divino y lo humano se equilibraban; el Cristianismo rebasó este límite y concedió al hombre, por su origen en Dios, un valor ilimitado; pero, por lo demás, le trató como un ser débil y subordinado; a la época moderna le estaba reservado el ascendente en toda su esencia a un valor infinito. Es evidente para nuestros ojos cómo ha robustecido esta consideración la vida, ofreciendo a la actividad humana nuevos objetos y creando una nueva vida. Pero, a la vez, permanece la duda de si esta valoración conviene al hombre actual o sólo al hombre potencial que tiende a la vida del espíritu, es decir, si se refiere al hombre de la existencia o al hombre del espíritu. Las tendencias de la vida moderna discuten sobre este punto. El moderno trabajo espiritual ha reconocido una enorme diferencia entre el hombre inferior y el hombre superior, y ha completado un decisivo ascenso en una dirección especial; así ha ocurrido, sobre todo, con la idea, que debía abrir al hombre un reino de verdades universales y eternas; así con la conducta moral, que le prometía total participación en el reino de la libertad. Pero rápidamente surgió la duda de si era posible que el hombre ascienda rápidamente a este reino prometido; si su vida no le opone grandes resistencias y dificultades, que hacen imposible este rápido ascenso; si no debía preceder una revolución en el hombre, que sólo podría ser producida a través de la acción de una vida absoluta superior. Ésta debía cambiar la perspectiva de conjunto de la vida y originar un nuevo hombre, basando toda iniciativa en el hecho del ascenso a un estado superior, transformando la vida en una continua lucha, en una lucha por la realización de la propia esencia, por la verdad de la vida total. La religión y la ética, unidas íntimamente, formarían entonces la base de la vida; su tono cambiaría fundamentalmente, configurando una continua diferenciación, ya que sólo por medio de la negación y la condición puede la vida realizarse.

Pero cuanto más se agitan los problemas, más violento se hace el enfrentamiento entre el hombre de la existencia y el hombre del espíritu, hasta llegar a un error insoportable; a saber: que el movimiento de la vida moderna otorga cada vez más al simple hombre lo que proviene de una vida creadora.

De aquí surge la divinización del hombre y su optimismo, que, partiendo del siglo de las luces, en el XVIII, llega hasta hoy y se manifiesta fundamentalmente en el socialismo. Al comenzar la vida moderna, la idea de «Razón» imponía un valor cósmico que prometía convertir al hombre en una cosa nueva; y poco a poco la psicología triunfó sobre la metafísica en la vida ordinaria y la razón descendió a una simple propiedad natural del hombre. Pero, a medida que vencían estas ideas, el hombre iba perdiendo toda relación interior con la realidad y se iba quedando aislado en su propia existencia y amoldada a sus impulsos naturales. Como consecuencia, toda valoración tiene por objeto el bienestar natural y social. Pero esto conlleva una contradicción terrible; a saber: que el hombre individual, el hombre vacío, debe originar un mundo, que debe crear él mismo valores, como la verdad y el bien, que no comparte con nadie su actividad. Ante esta concepción, toda la grandeza ofrecida por la vida moderna al hombre se convierte en una terrible pequeñez, y la vida humana pierde su valor y su sentido. Con esto, la vida moderna sufre una emocionante osadía: desciende peculiarmente después de haberse elevado a la cima.

El desarrollo posterior de la vida sufre también esta contradicción. Sobre todo, en la posición del pensamiento aparecen graves problemas. Es un rasgo característico de la vida moderna ofrecer al pensamiento total independencia y separarle, por tanto, por un lado de la existencia sensible y por otro del círculo puramente humano. Esto significaba una liberación de la limitación y de la opresión que antes pesaban sobre la vida. Sólo esto es lo que eleva las ideas y los principios a fuerzas espirituales, haciéndoles que dominen y configuren la vida absoluta. La superación de la duda del hombre y del mundo, por un lado, de lo sensible y de lo no sensible por otro, es uno de los principales éxitos de la vida moderna, y da un paso hacia la libertad. Pero, al mismo tiempo, surge el peligro de convertir la vida en una simple forma. El mundo moderno ha hecho de la forma lógica el principal apoyo de la vida; esto es lo que da al concepto tradicional de valor un sentido concreto y un efecto peculiar. Esta forma lógica, con su dependencia de todo hecho a la ley del pensamiento, es muy distinta de la forma intuitiva, de la figura viva que alababa la antigüedad; pero es común el huir de una creación con contenido, como el que nos ha ocupado muchas veces y nos seguirá ocupando. El pensamiento no llena toda la vida, no le da posesión de sí misma, no lleva a una vida propia, no origina un centro independiente, ni da absolutas fuerzas de vida. Como forma predominante de vida, está siempre en peligro de limitarse a un reconocer como una parte especial de la actividad, y de una cultura espiritual formar una simple cultura intelectual. Ya Descartes introdujo la discutible novedad de considerar el pensamiento que conoce como el único pensamiento; y esta idea culmina en el siglo de las luces: aspiraban a toda una vida y sólo encontraron el pensamiento, una forma de vida. Así sucede con Spinoza, así también con Leibniz. Este último cae en la contradicción de ofrecer independencia a la vida del alma y, al mismo tiempo, no ofrecerle otro contenido que un reflejar, un conocer el mundo exterior. ¿No es esto acusar como lo esencial la interioridad y, al mismo tiempo, destinarla al vacío? También Hegel considera el espíritu y el pensamiento como sinónimos. De todo esto nace una cultura unilateral esencialmente formal, una cultura que da a la idea de libertad un dominio indiscutible, pero la deja sin contenido y, por tanto, sin libertad.

El concepto de libertad es tan profundo como complicado. No olvidemos, sobre todo, su doble sentido. La libertad tiene un lado negativo y otro positivo; por aquél es independencia de lo ajeno; por el segundo, independencia en nuestro propio dominio; según uno u otro de estos dos sentidos predomine, así es la forma y el valor de la libertad en los distintos lugares; en los espíritus creadores predomina la independencia como una consecuencia natural de aquélla; pero a los espíritus menores les basta la independencia, la falta de toda coacción; se orgullecen de su libertad, sin darle ningún contenido. Cuando la vida moderna enfrentó al sistema de vida de la Edad Media un sistema de libertad, contaba ya con aquel concepto más elevado de ésta. En la cumbre de la vida espiritual alemana, especialmente, relacionan siempre con el concepto de libertad un contenido propio; libertad y verdad van siempre relacionadas. Pero este contenido ha sido poco trabajado; en la mayoría de la vida venció fácilmente su concepto negativo, la simple libertad formal, y por eso se encuentran ahora verdad y libertad en un peligroso desacuerdo. La verdad, como transformación de la vida en vida propia absoluta, es inseparable de la libertad; ésta no necesita ser separada de aquélla cuando tiene que originar un contenido. Pero como el contenido es anterior a la forma, la vida ascendente debe ser, sobre todo, un sistema de verdades; sólo así podrá también ser un sistema de libertad y conseguirían ser vencidas las concepciones insuficientes de la libertad. La vida de la verdad exige una profundización decidida hasta la esencia primaria, exige un esfuerzo creador; sólo una verdad concebida de este modo logra un valor incondicional, sólo ella une inseparablemente realidad y valor, esos fundamentos de todo idealismo. Esto es también lo más valioso que en las relaciones humanas el hombre puede ofrecerse a sí mismo. Llevar al hombre a aquel punto donde la vida, frente a todas las limitaciones y errores, logra una verdad incondicionada, y con ésta un valor incondicionado, es el mayor don de la amistad y el amor; el más precioso servicio de la religión es también guiar la vida, a través de todas las deformaciones y errores, a un punto donde surge una creación de esencia como un don del amor y de la gracia, que, a su vez, es la vida del hombre más real. Finalmente, todo puro sacrificio de libertad se basa en la fe, en una verdad absoluta, y lleva consigo una configuración incondicional de la vida. En la vida moderna, por el contrario, predomina la libertad formal, donde faltan la profundidad y la fuerza necesarias.

Pero según se va convirtiendo el pensamiento en un valor formal, va introduciéndose bajo el poder de la existencia y del hombre. Así lo demuestra claramente el paso de la época de las luces. La vida va convirtiéndose en esta época en una actuación del pensamiento, perdiendo así una firme dirección. La educación no podía observarse a través de fuentes originales; todo lo basaba en la habilidad y prudencia del hombre. Así se llegó a la conocida máxima de Helvecio: «La educación lo puede todo.»

Después de esto, en todas partes encontramos dudas que van más allá del marco de la vida moderna y exigían una nueva configuración. Su grandeza fue la ascensión de la vida a absoluta independencia; pero una concepción más profunda reflejó una duda insoportable entre una simple función y una vida independiente; el hombre se abrió a un abismo, pero surgió el peligro de exagerar sus capacidades y rechazar sus relaciones; su manera de abordar el pensamiento fue una gran liberación, pero éste se limitó hasta convertirse en una simple forma; aunque el análisis de las formas de la realidad pudiese crear una aclaración esencial, éste no nos daría un concepto unitario de la realidad, no tendría un carácter de hecho. Últimamente, la vida moderna ofrece una productiva unión entre fuerza y forma; pero esta unión no ofrece a la vida la adquisición de sí misma, la libertad creadora que necesita. Por tanto, es necesario exceder los límites establecidos y buscar nuevos caminos.

2. El regreso al presente

Que la trama histórica no culmina la vida, lo demuestran los tipos de organización que hemos examinado cuando olvidan siempre algo de lo que no pueden prescindir, pero que tampoco pueden fundamentar. La configuración de este motivo, guía del antiguo sistema de vida, supone una vida que se busca y se encuentra en la forma, a la que inspira un estímulo cuyo oscurecimiento o debilitación amenaza con convertir el esfuerzo y la acción en algo inútil; esto lo demuestra con suficiente claridad el paso de la vida antigua con toda la superioridad de su saber y de su poder lógico. Aristóteles queda muy detrás de Platón en profundidad de espíritu, porque se le escapa esa vida creadora; nada explica mejor la transformación del ideal antiguo en formas frías y teóricas que el desconocimiento de la vida, que las domina con sus angustiosos problemas. Lo mismo ocurre con el tipo de vida religioso; tampoco éste consigue su absoluta profundidad, sino por la fuerza y la sustancia de la vida, que le ofrece la unión del alma humana con el espíritu divino; la actualización de un poder supremo y la obediencia de su autoridad no nos protege de la superstición ni de una malévola transformación de la vida; es sabido que el nombre de Dios es invocado, con irónica devoción, para los más graves delitos. Es notable la necesidad de una integración del sistema de desarrollo de fuerzas, ya que si detrás de la fuerza no aparece un vida que con su sacrificio actúe y valore el más profundo deseo y nuestros mayores éxitos no nos protegerán del vacío interior, como lo demuestran las experiencias del presente.

También, en la trama interior, la vida misma, y no sólo el deseo humano, va más allá del orden histórico. Nos transportan a un lugar situado por encima del entendimiento humano, y en el cual nos sentimos seguros de una relación con toda la realidad, pero no consiguen asegurar esta posición contra toda duda. Los antiguos concibieron el cosmos, y de él dedujeron la vida humana; pero no pudieron establecer el derecho de la idea de una construcción artística del mundo, y fundamentalmente la relación inmediata del hombre al todo fue puesta en duda, y la Edad Moderna tuvo que enfrentar, como superior a su concepción, la concepción opuesta; a saber: en vez del movimiento del mundo hacia el hombre, el movimiento del hombre hacia el mundo. La concepción religiosa convirtió la idea de Dios en el principal soporte de la vida, ya que en ella reside el centro predominante de la religión, no en los hombres y en sus necesidades. Pero hoy sabemos, por experiencia diaria, a la cantidad de dudas que está expuesta la idea de Dios y su entronización; para el hombre moderno ya no es una creencia natural; es un difícil problema, y su configuración exige una base precisa. Y ¿cómo llegar a ella sin un regreso a algo primario, que nos lleve necesariamente a ella o que nos la dé a conocer? No ocurre otra cosa con la razón, motivo esencial de la vida moderna, ya que el hecho de que el pensamiento racional esté tan sometido a la duda como la idea de Dios, sólo puede ser oscurecido porque el sentido humano y el cósmico del concepto se cruzan interiormente. Es cierto que aparece un estado superior de la inteligencia, una capacidad superior a la sensibilidad en general, en el alma humana; pero esto no demuestra de ningún modo que esa capacidad guíe al universo, que la razón sea un poder universal, el supremo poder universal. Para afirmar con seguridad esto sería necesario que desaparecieran los vicios, defectos y oposiciones del mundo, y esa rigidez que muestra su realidad. Por eso tenemos que salir fuera del concepto de razón y configurar aquello mismo que suponíamos ser el fundamento. Con ello habrá que asegurar otra posición que todavía está más inseparablemente unida a nuestra existencia espiritual que el orden de vida representado. La situación inmediata no nos la proporciona de ningún modo; sólo elevándonos sobre ella la podemos lograr.

Se impone aquí ahora la afirmación de un tipo de vida que contenga el pensamiento representado por nosotros de una vida creadora en posesión de sí misma y capaz de crear un contenido. A esta idea nos lleva ya el concepto esencial de la vida. Si la vida se distingue de todo lo que está fuera de ella porque en ella hay algo propio, porque se crea un círculo propio por pequeño que sea, contiene una labor y un problema, y es imposible que una vida que se culmina simplemente en relaciones exteriores cree su fondo y su clave. Pero esto es lo que ocurre en el estado de la Naturaleza que se prolonga también al círculo humano, ya que es contradictoria una interioridad que no es para sí misma y que se termina con la autoconservación y con la convivencia; una vida total y verdadera es sólo posible como vida independiente; y que tal independencia recibe dentro del círculo humano cierta realidad, es algo que no ofrece ninguna duda. Pero sólo podemos hablar de una independencia de la vida cuando en ella se distingue la concentración de la expansión y con ellas una gradación, cuando una amplia unidad abarca y comprende una amplia variedad y satisface para su expresión a los distintos puntos individuales. Así sólo es como puede vivirse la unidad extensa. Para poder conseguir esto, la unidad no puede ser un simple punto donde lo diferente se encuentra sin sufrir ninguna transformación, sino que debe ejercer una acción propia, y para ello mostrar un carácter propio. En la orientación hacia la unidad deben interrumpir nuevas fuerzas y suceder notables transformaciones; hay que poner en juego ciertas medidas y valoraciones, y sólo así puede surgir la cuestión de un contenido y un sentido.

A este proceso ideal le corresponde una amplia experiencia del círculo humano. Frecuentemente muestra, en la mayoría de las veces, una continuación de la vida en la división, sin la absoluta posición de nuestra alma hay mucho que se desvanece. Pero valores tales como fe, sentimiento, pensamiento, no tendrían ningún sentido si todo culminara en esta división; no son simplemente un fondo ocioso, ante el cual se representa algo, sino, bien entendido, son potencias de las cuales brota una acción elevadora y concentradora; sólo a través de ellas una acción es acción propia y la actividad llega a ser autoactividad. Con esto logramos un yo que se experimenta, se desarrolla y se perfecciona en el hecho. Precisamente es aquí donde se muestra la configuración continua de nuestra investigación; que la vida, en sus estados superiores, consiste en esperar y volver a unir; en primer lugar la confusión de los estados inferiores deja paso a la separación de facultad y objeto, formando así dos series relativamente independientes; pero la oposición no es el término, ni es suficiente con hacer depender una serie de la otra, ya sea la facultad al objeto, lo que da una configuración objetiva a la vida, o el objeto a la facultad, lo que conduce al subjetivismo. Ahora bien, acudiendo a una actividad absolutamente superior y amplia, los dos lados vuelven a unificarse, reflejándose esto es una mutua elevación y por la creación de un círculo de vida que los abarca a ambos. Sólo esta crisis puede originar un yo auténtico; de la creación primaria surge un mundo que más bien es un mundo de contenido que un mundo interior, para mantener alejada la representación de un exterior opuesto a nosotros; aquí somos situados en un mundo propio de la vida.

De este modo, la vida, como un todo, realiza un movimiento definitivo; no sigue, de ningún modo, una dirección especial, sino que realiza, en todo su ámbito, un ascenso en sí misma, de modo que se puede hablar de una acción vital, frente a las actividades especiales. Sólo de este modo la vida se hace creadora, original, reflejo de la realidad, y consigue al mismo tiempo estabilidad y seguridad. Tampoco es posible, sin esto, lo que se llama un «contenido», ya que sin un yo fundamentador y que se refiera a sí mismo, este concepto es incomprensible; tampoco el concepto de esencia recibe un firme sentido si no significa, no lo que aparece detrás de los hechos individuales, sino lo que está por encima de ellos y los configura, estableciendo entre ellos un lazo. Esencia no es entonces fundamento y punto de partida, sino deber y absoluto fin; no se encuentra detrás de nosotros, sino delante; no la poseemos, la buscamos, y sólo la podremos conseguir por una vida activa que nos ascienda dentro de la universalidad del mundo; por tanto, si hablamos de la creación de esencia, no queremos decir el simple desarrollo de una naturaleza ya existente, sino la génesis de una esencia por un acto continuo de creación, y esto en más amplias relaciones y bajo condiciones especiales.

Así la transformación a un ser en sí de la vida o, mejor, a una autocreación de la vida. Pero el yo no puede significar la singularidad de los puntos individuales que, en realidad, sólo constituyen un yo aparente; si así fuera, se comunicaría a todo el ámbito una modalidad secundaria que le deformaría. El yo que se busca debe ser inherente a la vida y debe realizar la transformación, no desde fuera, sino desde dentro; con ello se saldrá de la limitación e innecesariedad del sujeto y la vida demostrará una independencia, no sólo frente a los individuales, sino frente al hombre en general; concebido de este modo, no será ya origen de lo innecesario, sino algo en lo que todos tomarán parte y que tendrán que reconocer como superior y, a la vez, recibir como un don y una gracia. Toda creación verdadera es al mismo tiempo, una revelación, una introducción en una corriente de la vida superior. Elevación a autoactividad y colaboración en una vida de conjunto, vienen a ser cosas inseparables; sólo su cooperación origina una perfecta realidad.

Todo esto puede parecer, a primera vista, un débil contorno de sombras; pero hombres tomados de la alta cultura alemana como Lutero, Kant y Goethe demuestran que lleva a una vida llena de realidad. Por diferentes que parezcan estos hombres, se ve que en último lugar, colaboraron en una misma obra. Ninguno de ellos concibió la vida como un simple comercio con el ambiente, ni como una simple actividad pasiva con respecto a las impresiones exteriores, ni siquiera como una acción con el exterior, sino que lo que parecía estar situado en el exterior era trasladado al propio interior del alma y luego aumentado hasta constituir un mundo; este círculo de vida no iba más allá de sí mismo, sino que encontraba su fin y su felicidad en su propia perfección. La vida se convierte así en una creación de esencia; ya no tiene detrás un ser oscuro, sino que disfruta de un ser puro y luminoso en cuanto que llega a unidad en sí misma y, a la vez, se configura en valor. Pero el mundo que así se crea se siente y se reconoce como absoluta realidad; como encuentra su fin en sí, no necesita salir de sí mismo, ni su verdad exige fundamentación de fuera, ya que la contiene en su propia actividad creadora original. ¿Qué fue lo que animó a Lutero y le hizo afrontar la lucha gigantesca con espíritu rígido? Una necesidad interior de la vida, que surgía en él, pero una necesidad que, a la vez, por lo mismo que le arrastraba hacia una decisión y hacia una acción propia, le comunicaba una absoluta libertad interior y una superioridad sobre el mundo. En esto consistió la grandeza y continuidad del servicio de Lutero, en transformar la religión, de un lazo puramente exterior, de una relación con un poder situado más allá de la vida, en una vida interiormente presente y que se desarrolla dentro del alma misma. Para Lutero, la idea de Dios no era un poder situado en lo alto, sino cobijado en el alma y que actúa sobre ella, en primer lugar oprimiéndola, después conmoviéndola y, por último, animándola y elevándola. El movimiento se desarrolla aquí dentro del círculo del alma, pero rompe con la limitación de una existencia individual y gana un abismo interior. Como la separación de Dios se manifiesta en forma de desdoblamiento insoportable del propio ser, la superación de este desdoblamiento se convierte en un instinto valioso de conservación y en un fin propio y total. Y estando aquí la relación del alma con Dios, en una seria comparación del hombre y Dios (a diferencia de la mística), es tan íntima que forma nuestra propia vida, el problema está en el establecimiento de la comunidad y la cordialidad de las almas, incluso en el dolor, en la pobreza y en la muerte. Así pudo decirse: «Tener un Dios es tener algo en lo que el corazón confía absolutamente», y también «que nada puede haber más presente y más interior en las criaturas que Dios mismo». De sí pudo decir Lutero: «Pero yo, el doctor Martinus, soy llamado y obligado; yo debía ser doctor sin recompensa, por absoluta obediencia.» De esta necesidad de conservación espiritual surge una realidad firme como la roca; la inmediata proximidad y presencia, la absoluta adquisición de la fuente de toda vida, hace que el lazo no se sienta como una opresión, sino que de él surja la conciencia de una libertad interior. Al asegurarse de este modo la vida en sí misma, y al sentir cada uno de nosotros que somos elevados a un mundo superior por el máximo poder, la vida logra una grandeza interior, una independencia varonil; pero la piedad se saca de toda devoción ciega y técnica y cubre un carácter más valiente, así como una alegría interior.

En evidente relación con todo esto, si bien en otra dirección, van los esfuerzos de Kant. Para éste, el entendimiento, del conocimiento de un mundo, pasó a ser conocimiento de la propia estructura y de la acción propia del espíritu, pero, a la vez, un conocimiento dotado de inmediatividad y seguridad supremas. Lo que hizo Lutero en el terreno de la religión lo hizo Kant en el de la moral: la construcción de un mundo propio dentro de los límites del alma. La moral no es para Kant un medio para el bienestar subjetivo, ni para el bienestar social, ni siquiera para el honor de Dios, sino una plena vivificación de la propia esencia y una completa fidelidad para esta esencia. Al mismo tiempo, es tan estrecha e íntima como pueda imaginarse, pero surge de la propia voluntad y decisión y origina una verdadera libertad. Y concebida de este modo no es una suma de mandamientos particulares, sino creadora de un nuevo mundo, de un mundo de conducta propia. Como colaborador de este mundo, el hombre logra un valor inexplicable, y su vida, como vida libre, un precio incalculable; valores éstos frente a los que no pueden sobrevivir otros. Todo esto es vida propia que se diferencia de todo ser individual, que vale para todo ser espiritual y se muestra como la esencia de toda realidad.

Muy distinto, y, sin embargo, estrechamente relacionado en su íntima esencia, aunque comprendiendo la originalidad con su poder creador y formador de contenido desde otro punto de vista, aparece Goethe. Razón tenía cuando hacía depender su obra de la formación de una libertad interior; «el que conozca mis obras y, en general, mi carácter, deberá reconocer que su resultado es una cierta libertad interior». Pero ¿en qué consiste esta libertad interior, que es primero libertad de creación artística y luego del hombre entero? Pues esencialmente en que Goethe sitúa el mundo entero en su alma y en ella le vive y le robustece; con esto, ni lo interior depende de lo exterior ni a la inversa, ahora bien, el enfrentamiento es vencido, y así pudo decir: «Nada es fuera, nada es dentro, ya que lo que hay dentro está fuera.» El yo gana aquí el mundo sólo cuando se aumenta hasta constituir un mundo. El poeta encontró el lazo íntimo con las cosas, éstas le mostraron su lenguaje; al entregar él su ser más íntimo se le reveló lo más íntimo de las cosas, la absoluta objetividad de éstas.

Así nació aquí la vida en sí misma y no necesitó ninguna acción exterior, encontrando su objeto en ella misma y no en una exigencia procedente de fuera.

Pero lo que estos espíritus directores proclamaron en distintas direcciones, hay que resumirlos y reconocerlo como un todo para ver en ello el origen de una estructuración de la vida peculiar frente a la dotación de forma, profundización del alma y desarrollo de fuerza. Esta estructuración de la vida nos da también una relación especial con el universo y una imagen peculiar del mundo. Así reconocimos en la dotación dc forma una fuerza que se introduce en todo, y en la profundización del alma una interioridad que todo lo domina y lo refleja, y el desarrollo de fuerza, dominando, tanto la vida sensible como la vida espiritual; como consecuencia, la formación de la esencia nos debe aparecer como un valor mundial y como la fuente de un movimiento universal; la unión inmediata del hombre con el todo debe originar una estructura vital característica. Pero para lograr esto debemos ir paso a paso; a primera vista, parece producirse una separación entre el hombre y la adquisición de un terreno superior, pero este terreno forma aquí el hecho esencial de una vida creadora de realidad; esta acción, ejercida inmediatamente como un poder superior y, a la vez, interior, produce un fuerte movimiento, origina fuerzas singulares. De este modo la relación esencial de la vida, la que debe servir de base a todo su desarrollo, no debe ser la relación con el cosmos, ni una Divinidad trascendental, ni la razón universal, sino la relación de la vida creadora con el todo; dentro de esta relación fundamental, aquéllas pueden alcanzar una enorme importancia y mostrarse indispensables para su desarrollo; pero deben manifestarse dentro de aquel ámbito y configurarse respecto a aquel hecho fundamental. El hecho primordial del aparecer y actuar de una vida creadora en nosotros no es un hecho tocable y palpable, pero no necesita un sacrificio de fundamentación para ser demostrado; constituye el supuesto y el soporte de toda tendencia que intente exceder la naturaleza de todo movimiento hacia la espiritualidad de todo deseo, hacia la unidad de la vida. Esta hipótesis puede ser considerada como natural, excluyéndose así del reconocimiento de una transformación, pero esto supone una confusión de ideas y una falta de fuerza vital; donde ésta existe, la hipótesis se convierte en hecho propio y, a la vez, se llega al reconocimiento de la presencia de una vida creadora como hecho esencialmente dominante. Antes de preguntar por la dirección que la vida espiritual toma en nosotros, debemos saber si ésta existe en nosotros, si somos verdaderos centros de vida; pero la respuesta afirmativa depende de si en nosotros actúa una vida superior, y, a la vez, interior, y si conseguimos conquistarla. Otra cuestión es la relación de la vida estimuladora con la estimulada, o más bien, con la vida que empieza a despertar y también en qué longitud despierta. Y ya que, en último lugar, todo se refiere a esta vida estimuladora y ésta se vuelve a encontrar con la vida que estimula, la vida será, al fin y al cabo, un comercio con la vida misma, una relación de todo a todo; y así lo concibieron grandes pensadores cuando vieron en la religión, no tanto una relación del hombre con Dios, como una relación de Dios consigo mismo; por eso decía Goethe: «Dios se encuentra siempre a sí mismo, Dios en los hombres se vuelve a encontrar a sí mismo; por eso nadie debe sentirse humillado ante los grandes.»

Este pensamiento puede adecuarse a la vida creadora, pero hay que tener en cuenta que la acción del todo sobre las partes o su introducción en éstas no se produce con necesidad mecánica, sino que exige que las partes salgan al encuentro del todo, que, en efecto, en último lugar, sólo se puede comprender como acción del todo; pero como tal que (milagro de los milagros) despierta una autoactividad en las partes que las hace actuar automáticamente y participar independientemente. De este modo, la acción de esta vida creadora constituye en mí la base indispensable y el hecho esencial de mi existencia espiritual; yo puedo, sin despreciar toda vida espiritual en mí, dudar si me rodea un cosmos, si sobre mí actúa un Dios situado en un más allá, si el mundo de la experiencia es el mundo de la razón y puedo llegar hasta la más absoluta negación; pero sin destruirme a mí mismo no puedo despreciar la colaboración en aquella vida creadora, ser incorporado a esta vida reflejo de esencia, por mucho que mi conciencia se resista a ello. Aquí se logra, para todo el círculo de la vida y en todas sus divisiones, un éxito en inmediatividad, en simplicidad y en fuerza cuando todo desarrollo preciso es referido al hecho fundamental y es fortalecido y aclarado por éste; también se logra sólo por este camino una armonía entre las diversas corrientes de vida, que unas veces se desarrollan indiferentes las unas a las otras, y otras veces se oponen las unas a las otras.

Con ello, la aparición de una vida creadora en el hombre se muestra como el origen de una nueva estructuración de la vida. Contiene el hecho esencial de una formación interior de la vida, el ascenso a una adquisición del mundo y de un valor eficaz. A la vez, ofrece a la vida una adquisición estable, así, como una medida para todos los hechos; ya que, de ahora en adelante, todo lo que nuestra vida origina cae bajo la contradicción de lo esencial y lo inesencial, de la adquisición o la falta de vida creadora de contenido. Finalmente, todo se reduce a la cuestión de si en nosotros hay una verdadera vida o una vida imaginada, de si se puede o no vencer la contradicción. Ya que, en efecto, hay una contradicción profunda, insoportable, en vivir y otorgar un valor a la vida sin ofrecerle contenido alguno, en acumular acción sobre acción, y, sin embargo, mantenerse en el vacío. En las grandes ciudades modernas no hay tiempo para pensar en esto, pero nosotros lo sentimos y queremos hacerlo notar. No olvidamos ni un momento que la simple actividad no puede ofrecer un contenido a la vida ni solucionar la contradicción; ya que todos los recursos retóricos no son suficientes para cambiar la situación esencialmente y, rebajado a sí mismo, el sujeto amenaza con caer en la falsedad. Es necesario un sacrificio creador que sin nosotros no puede realizarse, pero que no es solamente obra nuestra. Así lo sufrimos en el trabajo que nos oprime y nos somete a sus exigencias, que nos conduce por camino seguro a través de agitadas reflexiones; así lo sufrimos en la creación espiritual cuyo ensayo no es exterior, sino interior; así lo sufrimos, sobre todo, por el hecho de que nuestro esfuerzo no se termina con la producción especializada, sino que nos interesamos por el todo, y de seres naturales necesitados nos convertimos en personalidades con vida propia y podemos superar la contradicción entre libertad y necesidad. De este modo la autoactividad y colaboración en la vida total se diferencian notablemente de un desarrollo de fuerzas.

Nuestra labor ahora es estudiar las consecuencias de todo lo que en este respecto hemos dejado establecido. No basta admirar cualquier creación aislada, sino que hay que reconocer una totalidad, un mundo de creaciones; sólo la presencia de este mundo explica lo que en cada dominio especial aparece creado; todo lo singular es inútil y perdido si en el hombre no actúa un poder creador absoluto basado en sí mismo y superior a él; sólo de éste puede surgir para nosotros una verdad y un valor. El concepto de creación supone el de vida espiritual, dentro de la que se dan distintas posibilidades históricas. Pero estas posibilidades no tienen el mismo valor, ya que sólo la acción creadora da absoluta expresión y realización a la vida espiritual, mientras que las creaciones aisladas no consiguen absoluta perfección e independencia.

El crear no aparece entonces, como una simple función vacía que espera su configuración precisa de la especialidad de su contenido, sino que, como actividad absoluta, es una inmediata creación de realidad; la realización es, a la vez, el punto de partida primario y el supremo fin, toda obra es últimamente obra del todo y se basa en el todo. El mundo no aparece, entonces, como un esquema de formas, sino que tiene que ser activado y fortalecido por una unidad que lo abarque todo; no es una aplicación de estas formas, sino que desarrolla éstas de sí mismas; como todo, constituye una individualidad incomparable que exige un positivismo en la forma de pensar. Pero este positivismo de la acción y de la vida total es esencialmente distinto del positivismo naturalista que sólo conoce el hecho ciego y no consigue llegar a una unidad que fortalezca el todo.

La adquisición de esta universalidad creadora no es posible para el hombre sino a través de una completa revolución, ya que tiene un carácter metafísico y exige una completa introducción en la vida total con su verdad y su libertad. Vistas desde un punto mediocre las acciones y afirmaciones de los grandes espíritus, pueden mostrarse como puntos culminantes extraordinarios solitarios que ofrecen al resto de la vida un insospechado aumento; la universalidad creadora cambia la perspectiva, ya que comienza la mediocridad como media vida y hasta como apariencia de vida, a través de cuya niebla sólo se perciben algunos picos, y que es más adecuada para valorar la distancia entre ser y deber ser que para alcanzar una pura realidad dentro del círculo humano. Pero también en su rareza proclama que en el hombre se esconde algo más profundo; aunque este algo esté dormido, es despertado por la voz del Destino; no puede faltar por completo si la vida debe tener sentido y valor.

En todo caso, se necesita aquí una especial y concreta separación entre un estado que cree tener bastante relación con los medios que le ofrece la naturaleza y la sociedad, y un estado que se lanza al torrente de la vida y colabora en la vida del todo. Hay que diferenciar entre una moral burguesa, que limita sus fines al beneficio de la comunidad, y una ética que considera la vida de conjunto, no la vida general, como una nueva realidad y se la ofrece al hombre para que entre en adquisición de ella; hay que diferenciar entre una actividad científica, que sólo estudia el encadenamiento de los hechos naturales, y un pensamiento metafísico, que lucha con el todo y busca una relación interior con la realidad. No deben ser confundidas estas etapas.

Pero la colaboración en una creación de realidades es para el hombre un fin supremo que sólo puede lograr por medio de grandes angustias y peligros. Justamente, los tiempos modernos han resaltado estas diferencias y oposiciones ya existentes en mayor medida. Existe la separación entre una acción objetiva, que sólo se preocupa por el reino del objeto y quiere trabajar en él de la forma más perfecta posible, y la preocupación por la condición humana, por el bienestar de los hombres; así la cultura actual se divide en vida de trabajo y vida económica; aquélla depende del dominio de la técnica; ésta, del problema social; a ningún observador astuto puede ocultársele que ninguna de las dos formas ofrece a la vida un contenido propio ni una relación interior con la realidad, y que dejan el alma del hombre vacía y solitaria. De esta insoportable separación sólo nos podemos salir por medio de una actividad creadora de realidad. Ya que esta creación de realidad realiza una liberalización, tanto de la simple tensión de fuerzas como de la simple existencia, aumenta la vida sobre las existencias individuales situándonos en completa actividad; por pequeño que sea el ámbito de esta actividad y por muchos que sean sus defectos y lagunas, la dirección hacia la actividad creadora contiene una nueva relación con el mundo; sólo así puede colmarse el abismo entre existencia y vida espiritual; sólo así puede ser vencida la oposición entre objeto y estado por la adquisición de un estado propio. Aquí se ve claramente que desde fuera no nos podemos hacer dueños de una verdadera realidad, la cual sólo puede surgir de una vida creadora por revolución; sólo ésta nos ofrece un valor estable y una individualidad totalmente denunciada. A la vez, la íntima relación entre el problema del conocimiento y el movimiento histórico se hace patente.

A más de esto, el tipo de vida de creación de esencia tiene la labor de configurar la condición de vida, así como de introducir en ésta mayor lógica y movimiento interiores. De excesiva importancia es la configuración de la estructura general cuando aquí no aparecen, como normalmente, puntos o direcciones que buscan, partiendo de lo existente, caminos propios, sino que una especie autocósmica sirve de base a toda vida, tanto general como individual, y, a la vez, las hace formar parte del todo. Esto produce una revolución completa: la vida debe ser elevada al terreno de la actividad creadora para que aparezcan nuevas dimensiones y valores; empieza una nueva labor, que los hombres, por sí solos, sólo pueden terminar parcialmente; y para ello la medida común tiene que transformarse. Al trasladarse, en efecto, el punto de mira al todo, la condición común de las existencias debe resultar insuficiente, es más, debe producirse una separación interior, cuando, por un lado, el todo debe conseguir una vida propia para realizar la verdad; pero por otro la relatividad e imperfección de todo lo individual no ofrece duda. Aquí se trata, en la formación de la esencia, no de un complemento que venga a llenar un estado existente, sino de la superación de una carencia de vida verdadera. Por eso los diferentes modelos o tendencias no nos ofrecen datos concretos, sino simples posibilidades, que sólo por la acción del todo y por una ascensión a estados superiores pueden convertir en verdadera realidad una falsa realidad. Esto trae consigo la ética y todos los temas característicos de la formación de la esencia. Esto introduce en la vida más inquietud, más violencia, más deseos, pero también más verdad: la vida se convierte en un continuo problema, en nuestro ámbito se introduce un nuevo mundo. La lucha entonces por la esencialidad y la verdad de la vida es la lucha más difícil y más importante.

Esta productiva posibilidad la constituye, sobre todo, la capacidad del individuo para formarse una personalidad autónoma y de este modo conducir su vida por la fuerza vital creadora. Además, esta posibilidad se da allí donde en el ámbito humano se crean fuertes organismos, como el Estado, la Nación, la Cultura y, finalmente, la Humanidad; en todas partes surge la cuestión de si sólo es la existencia natural la que se desarrolla o se ha realizado una transformación de la creación de esencia; en el primer caso, aquellos tipos serán sólo acumulaciones momentáneas que fuera de ellas mismas no significan nada y se desvanecen con el paso del tiempo; en el segundo, pueden surgir unidades interiores, puede alcanzarse un progreso en la condición de vida, puede comenzarse un reino de vida por encima del tiempo. Pero, a la vez, se puede formar una estructura de vida donde un todo superior abarque una diversidad, se concrete en los individuos y les ofrezca independencia; así sólo son capaces de crear, dentro del todo, una forma propia y, a la vez, de estimular el todo. A la vez, las diferentes organizaciones históricas de la vida, tal como las muestran los sintagmas, así como la doble corriente de una vida personal y otra impersonal como las que nosotros buscamos, deben ser recogidas por una vida superior y creadora y, a la vez, terminar de crearse a través de la existencia. En cualquier caso, es necesario vencer la simultaneidad, concebir la infinidad en un punto, pero reconocer, a la vez, a cada parte lo que puede significar en el todo. De aquí un esfuerzo continuo hacia un nuevo orden de vida, el ascenso a una creación de esencia que en lo nuevo teje algo primario. El conjunto de nuestra vida se muestra aquí como algo incompleto y contiene, a la vez, muchas más dudas de las que nuestra visión común alcanza; pero gana, a la vez, mucho mayor profundidad y más veracidad que la que contenían los sistemas tradicionales; alcanzamos menos, pero ganamos, en lo menos, más; buscamos, no poseemos, pero nuestra búsqueda no es una esperanza vacía donde el fin no esté sujeto a dudas.

3. La condición característica de la vida humana

Nuestra investigación no podría ocuparse de la vida de la Humanidad sin que se muestre ante nuestros ojos la oposición en la que aquélla se encuentra, a saber: que estamos unidos con una existencia dominada fundamentalmente por leyes naturales y que, al mismo tiempo, dentro del ámbito humano nace y se desarrolla una vida espiritual. Pero como los distintos tipos de vida, según el carácter que a la vida otorgan, conciben de modo distinto esta oposición, así lo hacen también en la creación de esencia y la constitución de contenido.

El sistema de la forma no da a la oposición la suficiente fuerza, ya que une tan estrechamente la naturaleza al espíritu y el espíritu a la naturaleza, que el límite entre ambos se desvanece; el sistema religioso separa en tan elevado grado los dos elementos, que su relación sufre una deteriorización; como el sistema moderno de fuerza exige una unidad completa de la realidad, no puede mantenerse la oposición de ninguna manera; según su mundo ideológico procede del choque de los elementos o del movimiento interior de una vida conjunta, la vida espiritual es derivada simplemente de la existencia, como hace el empirismo, o, a la inversa, siguiendo una dirección teórica, considera la dialéctica del pensamiento como el instrumento creador de toda la realidad; las dos cosas se ha demostrado que son imposibles, y el sistema de la creación de contenido tiene en su favor el carácter de estos tiempos ya que separa precavidamente ambos lados, pero los sitúa en mutua relación productiva dentro de una vida que los abarca. Su creencia de que sólo en la profundización de un yo, y como desarrollo de este yo, puede llegar a ser la vida auténtica vida, tiene que aumentar el abismo entre la enorme exigencia y el estado actual, frente la concepción común; no puede dar a la vida auténtica independencia sin exagerar la distancia de la situación humana, así como su resistencia. La confusión de esencialidad y falta de esencia de una vida auténtica y una vida reflejada se muestra contemplada desde esta situación, como una imperfección. Esta insuficiencia tiene un doble sentido, se resuelve en debilidad espiritual y en un sentimiento de transformación. Por una parte, el hombre, con su pequeñez y su limitación, no puede hacer frente a los problemas que la vida y especialmente la cultura cada vez más complicada le imponen; no puede abarcar la amplitud infinita de las cosas con sus problemas que se mezclan, ni siquiera puede valorar adecuadamente sus propias fuerzas. Ahora bien: la vida le obliga a tomar decisiones de profundas consecuencias a veces, y, por tanto, a introducirse en el proceso de los acontecimientos, lo que le puede conducir a muchos errores. A esto hay que añadir el comercio de los sentimientos, el ascenso de lo bajo e innecesario a fin dominante y especialmente la sustitución de los fines egoístas de bienestar a los imperativos del todo, el enfrentamiento entre el falso y el verdadero yo. Allí principalmente una renuncia intelectual, aquí una renuncia moral; allí una falta de fuerzas, aquí la pérdida de éstas. Los sistemas de cultura han producido la falta de fuerza; las religiones, la corrupción moral, y fácilmente lo uno se convierte en lo otro; en realidad, lo que a la Humanidad entristece es una mutua complicidad entre ambos males. Esto es lo que ha demostrado la guerra mundial, que si bien ha puesto de manifiesto muchas buenas voluntades, han sido guiadas por malos caminos y, aunque ha mostrado energía espiritual, ha sido remitida a fines bajos y egoístas; de aquí la constante impureza y falta de sinceridad moral.

Así como el tipo de formación de esencia exige para su vida creadora la acción unida de la fuerza y el sentimiento e infunde, a la vez, al conjunto de la realidad más alma y calor, el sentimiento de lo insuficiente y lo insoportable de este estado medio se resalta; pero, a la vez, la duda no se muestra ya como un fenómeno interior al hombre, sino como un problema cósmico. Pero el hecho de que en el todo surja tanta vida sin conseguir un yo y con él un contenido, tanta vida vacía y sin sentido, se convierte para aquel tipo de vida en un misterio terrible, y con todo su reconocimiento de la culpa humana en aquel estado de duda y de corrupción, de ningún modo atribuye al hombre sólo la culpa del mal, como suelen hacerlo las religiones. De este modo, constantemente, la forma de vida recomendada al hombre e independiente de su voluntad muestra una gran distancia y hasta una contradicción con las exigencias de una vida independiente. Esta enfrenta a la Naturaleza, con su red de relaciones y su incondicional tendencia a la conservación, un reino de relaciones interiores, y el hombre queda a gran distancia de la Naturaleza y del instinto natural; la vida creadora exige y muestra un orden que va más allá del tiempo, el hombre nace y muere en el tiempo y no sólo el hombre, sino toda la Humanidad; y, al mismo tiempo, depende de su situación casual; aquella vida resalta con su absoluta actividad el enfrentamiento entre sujeto y objeto, el hombre está bajo ella y es muy difícil que la supere. Así, el problema deja de limitarse al hombre y se extiende al todo; si el hecho de existir diferentes estados de vida y de que sea tan lamentable ascender de los inferiores a los superiores, es ya de por sí tan discutible como misterioso, más misterioso todavía es que los inferiores se mantengan de forma que la vida comenzada en los superiores esté al servicio de aquéllos. Pero, por misteriosos que estos hechos sean, no pueden ser oscurecidos ni negados. El tipo de vida de creación de esencia, al reconocer esta dualidad, destruye esencialmente todo racionalismo y optimismo.

Esto no quiere decir que el hombre se entregue a un triste pesimismo, ya sabe también que la vida no se limita a esa separación, que frente a ésta se produce un movimiento, un contraefecto continuo que asciende y guía al hombre. La vida, así se demuestra, se eleva a una actividad creadora, originando frente a la Naturaleza un conjunto de realidad, una realidad que sólo ella merece este nombre. Pero esta realidad se demuestra en la creación de una cultura espiritual auténtica, sólo cuando nos damos cuenta de que en aquello que frecuentemente se denomina cultura, se dan paralelos elementos fundamentalmente distintos: una cultura humana como cultivo del simple bienestar humano y una cultura espiritual como creación de un mundo superior al hombre. La creación de esferas independientes, como ciencia, arte, Estado, etc., demuestra, claramente, que con esta cultura hay creación de elementos nuevos, entonces estas esferas contienen fuerzas y leyes propias que el hombre debe obedecer; actuando dentro del hombre, estas fuerzas y leyes no se limitan a servir al simple hombre, sino que hacen de éste algo más de lo que era. Pero cada esfera individual es sólo una división del todo universal, que, en efecto, no es algo completo, pero que está presente en nosotros como un fin superior e ineludible. Sobre la concepción común, la creación de esencia da un paso notable cuando pone en primer lugar la creación de fuertes concentraciones de vida; éstas ofrecen al conjunto de la cultura un carácter marcado que no se limita sólo a las esferas especiales, sino que actúa sobre la cultura entera, elevándola; este origen de relaciones interiores acusa, en gran medida, la acción de un todo en la vida, de un todo superior a la condición humana y a las capacidades humanas. ¿De dónde, si no, provendría la tendencia de la unidad y la posibilidad de su configuración? En lo que esto da de sí, encontramos revelaciones de la vida total; el que estas revelaciones sean diferentes, no nos puede sorprender si tenemos en cuenta que, en nuestro ámbito, aquella vida sólo toma posesión de sí misma lentamente y que es siempre capaz de un posterior perfeccionamiento; tampoco nos debe sorprender que surjan tendencias diferentes e incluso opuestas, dado que la vida en el fondo, al mostrarse al hombre, puede enseñarle diferentes lados y rasgos sin renunciar a su fin principal. Tampoco debemos olvidar que, como ya vimos, en el estado actual del mundo se advierten profundas confusiones. En los tipos de vida tradicionales se dan posiciones diferentes, posiciones del hombre contra el mundo: el sistema de la cultura, tanto el de la cultura formal como el de la cultura dinámica, se interesan directamente por el mundo y esperan, de su comprensión y dominio, absoluta satisfacción; el sistema religioso, por el contrario, rompe con el mundo y lucha con él desde un mundo superior. Por muy misterioso que parezca, ambas cosas son necesarias para un hombre que se encuentra en un puro devenir: sólo el trabajo en el mundo le ofrece una vida superior a la vida simplemente humana, y sólo en la lucha con el mundo toma posesión de la vida y huye de las terribles dudas que su mundo y su vida contienen. Ya esto otorga a la religión un valor propio, abriéndonos posteriores posibilidades de vida y liberándonos de la inquietante limitación de la existencia inmediata. Recordemos, por ejemplo, el Sermón de la Montaña. La prudente medianía tiene razón al contrastar la imposibilidad de poner en práctica sus principales exigencias. Pero ¿es esta vida media la absoluta realidad y son aquellas exigencias fantasías sólo por el hecho de que la contradicen? ¿No es algo profundo e ineludible que a aquellas dudas e imperfecciones de la vida diaria se oponga un reino de amor y de paz, incorporando así un rayo de luz en la sombra? Realmente, sobrevive un gran conflicto, que hace imposible, por largo tiempo, una solución racional. El mundo de la religión y el de la cultura se nos muestran como polos contrarios que no podemos unir y cuya oposición revela graves dudas en la estructura del universo. Por un lado, la evidencia de una razón formal que se introduce en el mundo y que hace de todo hecho individual el eslabón de una cadena o el cumplimiento de una ley; que mira con desinterés al individuo y le exige constantemente su sacrificio, pero que rige el mundo de un modo maravilloso. Por otra parte, la revelación de un mundo del amor, que anima todos sus miembros y cuida de ellos, haciéndoles colaborar en la infinidad, eternidad y perfección del todo sin abandonar el menor detalle. Aquella razón formal del mundo es impersonal, este poder del amor es personal; ¿quién negará que en la realidad ambos se mezclan? A pesar de ello, debemos intentar acercarlos en nuestros conceptos, limpiando lo personal de todo lo puramente humano, y otorgando a lo impersonal una raíz en el yo; pero, ni incluso de este modo podemos unir totalmente aquellos dos valores; sólo podemos hacer constar que esta unión es una necesidad ineludible, y que, por tanto, los límites de nuestro poder no dicen la última palabra respecto del todo; éste no se divide, aunque entre nuestros conceptos haya un abismo. En último lugar, podrán ser éstas simples imágenes, pero no carecen de valor si conducen a nuestros esfuerzos en una dirección esencial. Y no se olvide, finalmente, que nosotros, hombres, debemos trabajar desde diferentes, lados, y necesitamos aquél para ponernos en movimiento y para dar libertad a todas las fuerzas, y, sobre todo, para dar amplitud y profundidad al movimiento de la vida. Por mucha oscuridad y dudas que nos rodeen, la cosa sobrevalora nuestro capricho, entran en juego otros poderes además del capricho y la intención humanos. En efecto, nada protege a los hombres y a los tiempos de la indiferencia ante su destino y de la desesperación, como la experiencia de enormes problemas, pero, a la vez, también de fuerzas superiores en la condición de su vida.

Pero como aquellas estructuraciones de la vida sirven a una razón de vida superior, cada una de ellas aporta una solución propia en esa vida y un rasgo peculiar esencial. Reconocemos en aquella vida, un poder que configura, que despierta fuerzas, y una relación lógica, pero también un poder universal de amor. En toda bifurcación y en toda oposición hay que establecer los lados contrarios y encauzarlos hacia el ascenso de la vida;

el mundo del crear, con su creación de realidad, ofrece, por lo menos, terreno para una posible comprensión, para una unificación, para un carácter de conjunto. Un problema común es saber lo que aquí se produce de vida esencial en el todo gracias a las anticipaciones individuales. También hay que tener en cuenta que las formaciones individuales y los rasgos de carácter son, para nosotros, seres en perpetuo devenir, hechos y problemas: hechos con respecto a su razón esencial; problemas, en cuanto a su más precisa concepción, ya que esta concepción depende mucho del tiempo, y para actuar sobre el hombre debe responder a la situación general de una época. Pero, con respecto a su razón esencial, aquellos poderes son de naturaleza extratemporal y no dependen de los inconvenientes del tiempo, al contrario, ejercen sobre éste una función filtradora y crítica, separando siempre lo que pertenece al tiempo eterno. Así vivimos, a través del tiempo, una vida intemporal que trabaja sobre nosotros, que tiende a una lógica y que se opone, cada vez con más fuerza, al influjo desordenado de las cosas. Tender a ello y ascender la vida a lo supratemporal, por una dignificación de los productos del tiempo, es el objeto más valorado de la actualidad, ya que su conciencia histórica, despertada al completo conocimiento, no permite una convivencia indiferente de distintos órdenes, ni un error de éstos; así no carece de un fin superior que le asegure un significado peculiar frente a las épocas anteriores y que le prepare un nuevo ascenso. Desde este punto de vista, todo lo anterior puede parecer un pasado

4. Estado espiritual del presente

a) La convivencia de corrientes opuestas

Actualmente encontramos una gran confusión, fundamentalmente, en el lugar que ocupan la religión y la vida económica; son dos fuerzas que actúan en direcciones contrarias: la religión tiene sus raíces en un mundo invisible; la economía depende, en todos sus aspectos, del mundo palpable; la religión recibe su fuerza de la Historia, la economía lo espera todo del futuro; ambas se dirigen a capas sociales distintas y les marcan fines distintos y hasta contrarios; aquélla encuentra gran contradicción, ésta gana, fácil y rápidamente, las almas; esto produce una profunda división en la vida. Esta división debe ser solucionada de algún modo, pero, sobre todo, hay que tener en cuenta los hechos de la experiencia. Examinemos el estado de la religión. En primer lugar, encuentra una gran contradicción en el pensamiento causal e inherente de las ciencias modernas, en sus conceptos universalistas, en su perspicaz crítica histórica; todo ello ha hecho que, mucho de lo que constituye el núcleo de la fe, sea considerado por nosotros como antropomórfico y mitológico.

Más grave es todavía la contradicción que encuentra en el espíritu de la vida moderna. La religión está llena de negaciones y renuncias, incluso en la afirmación misma, mientras que la vida moderna es deseo de vida incondicionada; estas dos direcciones no pueden caminar juntas.

Sobre el lugar de la ciencia y de la vida está la duda en todas y cada una de las verdades que configuran la religión: la falta de un verdadero orden moral, es desinterés del mundo por nuestro destino, las contradicciones dentro de la vida humana, especialmente su duda en los órdenes superior e inferior, y, recientemente también, la triste condición de la vida del pueblo. Todas estas reflexiones y dudas requieren una verdadera expresión. Nos parece estar sujetos a un mundo frío y sin significado, echamos de menos lamentablemente un orden superior que dirija y ennoblezca nuestra vida. Pero el negar la religión no parece solucionar el problema; así como los hombres de la antigüedad eran guiados a la piedad, no por la felicidad, sino por la pobreza, así hoy la Humanidad, acosada por terribles dudas, siente la necesidad de ayuda y salvación; una nueva ola parece conmover toda nuestra vida. Pero este deseo de salvación ¿no supone, sobre todo, la existencia de una razón directora? Toda prueba indirecta, sacada de la irracionalidad del mundo, no es suficiente; no nos muestra lo que buscamos ni nos da lo que necesitamos. En la dirección deseada, sólo nos puede satisfacer la prueba de una vida superior al mundo y de una realidad estabilizadora y realizadora; la idea de que esa vida nos rodea y actúa sobre nosotros ha dirigido toda nuestra investigación; hemos demostrado que, en este punto, no sólo hay que tener en cuenta las opiniones, los caprichos, los fines del hombre, sino valores, temas y estructuras completamente nuevas; nuestra filosofía de la vida se ha sacrificado por poner de manifiesto este carácter sobrehumano de aquella realidad y en unir inmediatamente al hombre con el todo. Pero, mientras en la creación de esencia, con su vida innovadora, reconocemos una nueva etapa, vemos en nuestra existencia una gran separación, es más, un agresivo enfrentamiento entre los dos órdenes, una distancia entre lo que el mundo nos ofrece exteriormente y lo que la vida interior de la Humanidad produce. Es cierto que el mundo visible contiene alguna trascendencia sobre los elementos solitarios, muestra una continua legalidad que se manifiesta en la eterna actuación de formas activas simples, en el encadenamiento causal, en el hecho de la vida y de la plasmación universal; pero nada de esto ofrece un significado a la vida, un mundo de interioridad, un contenido; éste queda alejado mediante una gran distancia, y hasta encontramos una terrible contradicción en el hecho de que el desarrollo de este mundo interior esté unido a un orden invisible, y, a lo que parece, turbado con su destino. Superar esta contradicción y hacer que lo exterior sea llevado al éxito en lo interior es la tarea fundamental de la religión. Pero esto exige una absoluta renovación, no sólo de los conceptos, sino también de la vida, una renovación de la realidad hasta sus últimos elementos. Para hacerlo posible es necesario una fuerza heroica, y, a la vez, una fantasía principesca que consiga ofrecer al hecho una figura palpable, incluso a la luz del atardecer, de la representación humana; pero esta fuerza de voluntad y esta fantasía falta en nuestra época; tendríamos que sufrir fuertes conmociones que nos lanzasen a las últimas profundidades de la vida y nos pusiesen bajo el poder angustioso de una vida total superior. Y, mientras tanto, no salimos de una época de transición, de inseguridad y excitación; deberían aparecer personalidades creadoras, hombres elegidos por Dios, a la forma de los antiguos profetas, como Agustín o Lutero, para completar una renovación y sacar a la Humanidad del intolerable movimiento dudoso entre razón y sinrazón. De ninguna manera debemos entregarnos a aquella situación de desdoblamiento; no debemos esperar cruzados de brazos, a que el cielo produzca un milagro; lo grande necesita también una preparación y nadie puede saber lo que significa el comienzo en la obra. Indudablemente, nuestro tiempo representa, en lo que respecta a este problema, una época de pruebas y de luchas, no de adquisición. En todo caso, hoy se necesitan dos condiciones esenciales; en primer lugar, una total sinceridad en la creencia; esta sinceridad está amenazada por diferentes lados: sobre todo, porque en el Cristianismo hay confundidos dos tipos de Cristianismo: el tradicional y otro nuevo progresivo, los cuales hay que separar distintamente para que cada uno de ellos desarrolle su virtud propia y demuestre el valor de su verdad; está, además, amenazado, porque dentro del nuevo hay un Cristianismo creado metafísicamente y un Cristianismo sin raíces, que van mezclados, lo que, a menudo, da la apariencia de una falsa profundidad; y está amenazando, sobre todo, por la dualidad de una vida subordinada a negaciones y de una vida incondicionalmente afirmativa, que, desde el principio de la Edad Moderna, se prolonga hasta el momento actual y ofrece a la vida un carácter fundamentalmente falso. Para resolver este problema se necesita la ofrenda del ser entero, una decisión solucionada para vencer en la lucha que muestra nuestra vida y enfrentar en ella lo superior contra lo inferior, lo bueno contra lo malo. Nosotros, los hombres, vivimos en la contradicción, estamos en peligro de rendirnos a la duda si no consideramos el fin como acción propia y como argumento de autoconservación espiritual; sólo transformándonos en campeones de la vida espiritual podemos sentir el poder elevador del movimiento mundial y entrar en la corriente de la vida superior; sólo así pueden robustecerse nuestras seguridades para superar las dificultades. Sólo la acción conjunta de la sinceridad de nuestras creencias y de la fuerza primaria de nuestra sensibilidad puede salvarnos de la actual duda y pobreza, y convertir de nuevo a la religión en un manantial de vida. No olvidemos la frase de Schleiermacher, de que «la gran obra de la creación espiritual todavía perdura».

Esta transformación de la vida en un firme combate debe dar al cuadro de conjunto de la realidad una configuración peculiar. Nuestro ámbito, desde este punto de vista, aparece como una parte de una realidad más amplia que contiene una oposición, pero no se termina en ésta sino que la supera; para ello debemos distinguir distintos estados: uno fundamentador, otro luchador, otro vencedor; así el todo logra una historia del estilo más maravilloso, donde la Humanidad también puede colaborar; sólo de este modo consigue una relación interior con el todo de la realidad, y su esfuerzo y trabajo un valor universal.

Así, luchamos, no sólo a nuestro favor, sino también a favor del todo; no sólo admiramos y aceptamos, sino que somos personajes con un papel en el gran drama universal. Al presente le es especialmente necesario, por un lado, beber de la relación con el conjunto superior de la vida para huir de la limitación y del egoísmo humanos, pero, por otra parte, conseguir por medio de sus fuerzas salvarnos de las difíciles dudas de la condición humana. Para ambas cosas, la religión, en su conjunto, debe constituir, tanto una modalidad universal como una expresión peculiar; debe haber en ella un lugar, tanto para un Lutero, como para un Goethe.

La Humanidad se siente hoy turbada por el deseo de encontrar en la religión mayores horizontes y fuerzas, mayor libertad interior y más pureza moral, para de esta forma conseguir una esencia humana más magnífica. Cada vez estamos más seguros de que es necesario dar una nueva estructura a la vida si el hombre debe obtener una colaboración inmediata en la verdad y en el bien. Para ello es positivamente necesario señalar un nuevo camino a nuestros esfuerzos y darles unidad; negativamente, despreciar toda vida vacía y sin soporte, la vida eterna; se impone, sobre todo, que salgamos por una absoluta agitación, del sueño del espíritu, donde estamos sumidos en toda producción superficial. Nuestra vida carece de médula y esta falta no puede ser sustituida por ninguna sutileza.

En dirección totalmente opuesta e inspirada en otros sentimientos concibe la vida la escuela económica; al poner en primer lugar el problema de la conservación física del hombre rebaja a segunda línea el problema del mundo. Pero la vida económica sólo se ha hecho un problema independiente en el paso de los tiempos modernos, logrando a la vez, un dominio continuo sobre la vida e incorporando su espíritu en todas las esferas. Al mismo tiempo ha originado un profundo enfrentamiento: la oposición entre una estructura social individualista frente a otra socialista; esto conlleva una consideración y una valoración esencialmente distintas de las cosas; en primer lugar reinó un optimismo económico, según el cual, por las leyes de la economía solamente, y sin otra ayuda, todo se debería desarrollar natural y racionalmente a través de los elementos; a éste siguió un negro pesimismo, que exigía una revolución completa como único medio de salvación.

El principal motivo de haberse roto el equilibrio tradicional fue la transformación del trabajo en una labor técnica e industrial; esto rompió la antigua relación entre trabajo y personalidad, situó a los trabajadores en enemistad con las clases poseedoras, sembrando los más enfrentados odios; separó también el trabajo y el espíritu y creó un abismo entre sujeto y objeto; la cultura del trabajo, al convertir al hombre sólo en un medio, en un instrumento para el desarrollo de la industria; la cultura social trató de mejorar la situación del hombre, no subordinando al hombre al trabajo, sino el trabajo al hombre. Así surgieron fines y tipos de vida radicalmente opuestos; habiendo, encontrado por otra parte la vida moderna, su principal apoyo en el desarrollo de la fuerza, se sufrió el contrapunto de esta tendencia: se sintió tanto la relación de la fuerza en un objeto dado desde fuera, como en la creciente diferenciación del trabajo, que hacía consistir el beneficio y el placer de la vida de los hombres en una parte cada vez menor de éstos; pero, sobre todo, la división de la Humanidad en grupos, y, finalmente, el gran contraste de los poseedores y los no poseedores.

El exagerado desarrollo del movimiento económico trajo como compañía la creación de un tipo de vida peculiar, de una cultura social y humana. Cada hombre, en su existencia natural y social, el hombre en cuerpo y alma, llegó a convertirse en centro de todo interés; cuanto más se resaltaba esta tendencia, más se exteriorizaban las negaciones contenidas en ella, a saber: de una interpretación espiritual de la vida y de la religión; fueron éstas rechazadas como erróneas y corruptoras, y el problema de la vida fue completamente alejado de la vida del mundo. Y muchos más fines encuentra la vida dentro del ámbito humano, como son la educación intelectual, las relaciones sociales entre los hombres, la configuración de una igualdad entre éstos, la extinción de un pasado muerto, y, sobre todo, la orientación de todo esfuerzo hacia el bienestar económico como base de la vida.

Así, el ámbito humano se concentra, la vida parece tener un valor inmediato, desarrollar todas las fuerzas humanas abundantemente y ofrecerse al hombre para que la disfrute libremente.

Pero surge la duda de si el ámbito humano no contiene dudas y contradicciones que nos impidan acoger sin problemas estos optimismos, sobre todo en lo que se refiere al hombre moderno, que tantas experiencias y angustias ha soportado. El hombre tiene deseo de verdad, no puede lograrla, ni siquiera aspirar a ella sin exceder sus estados subjetivos y crear él mismo su realidad; la conciencia de todo lo cual, le produce que no se contente con aquel estado y le llame a buscar un camino para llegar a la realidad universal. Y no son reflexiones ligeras ni razonamientos complicados los que crean en él esta necesidad, sino una tendencia natural a su esencia; esta esencia no puede despreciar el problema universal. Semejantes confusiones muestra el problema de la felicidad. La cultura social lo esperaba todo de la mejora de las condiciones materiales del hombre; pero, en realidad, a un ser que abarca y valora las cosas no puede bastarle esto, una vida carente de todo contenido terminaría rápidamente en un vacío insoportable, más insoportable que toda pobreza y todo dolor. Y en lo que se refiere al problema de la felicidad, la limitación al propio estado, al bienestar subjetivo, crea una relación que rompe toda libertad interior y suprime la posibilidad de una acción creadora, así como también todo desinterés y todo lazo entre los hombres. Y esto sería quitarle todo sentido a la vida.

De todo ello se deduce que este estado de cultura se encuentra indefenso contra las dudas que el ser humano contiene, tanto en su estructura espiritual como en su conducta moral. La existencia pone pequeños límites al hombre en cualquier lugar; su vida es corta; los bienes de los que dispone, son escasos; sus actuaciones son pequeñas. Pero la vida perdería todo su temple si el hombre aceptase esta limitación; su naturaleza espiritual contiene un ser deseoso del infinito y de dominar lo que para la mirada sensible reside fuera; ésta es la grandeza de la religión, que se levanta perspicazmente sobre estos límites y proclama al hombre una vida absoluta. Este encuentro de lo infinito con lo finito, de lo absoluto con lo relativo, debe configurar la vida espiritual humana de un modo irracional, pero ¡qué pobreza no resulta una vida que excluye de sí esta oposición!

También en lo que se refiere a esta condición moral se da una contradicción irreducible entre las dos culturas. Para considerar la existencia humana como placentera y sentirse a gusto en ella, debe contener hombres con buenas intenciones y eficaces, una fe fuerte en la bondad de la naturaleza humana y hay que inclinarse a atribuir la culpa de todos los males a instituciones tradicionales. Pero ¿hubieran podido ser estas instituciones y, en general, las relaciones humanas tan imperfectas como parecen si el hombre no las hubiera creado adecuándolas a su naturaleza? ¿No se esconde en ellas el hombre con su carácter? Sólo quien valora la vida con bajas medidas y rebaja la esencia humana hasta perdonar toda maldad, puede ignorar que existen profundas oscuridades dentro del ámbito humano.

De esta manera, la limitación humana, tal como la concibe la cultura social reducida a sí misma, pone en gran peligro y hasta destruye toda cultura espiritual auténtica, relaciona todo esfuerzo con los fines malvadamente humanos, olvida que toda cultura exige una revolución en el hombre, una introducción en el hecho universal, una elevación de todo su ser; de aquí surgirá una lucha ineludible entre espíritu y hombre. En el enfrentamiento puede vencer éste, pero sólo abandonando su propia alma. En el movimiento social la consideración económica ha logrado, con razón, una importancia especial, y se comprende que, a veces, ocupe el primer lugar, pero, en último caso, debe volver a ocupar su puesto, sumiso dentro del conjunto de la vida; para prevenir los peligros expuestos, es necesario fortalecer enérgicamente las capacidades espirituales, con el fin de que la vida logre un equilibrio interior, trasladando su centro de gravedad del mundo sensible a un mundo suprasensible; sólo así, de las relaciones con el ambiente se puede pasar a la adquisición de sí mismo. Pero dentro del conjunto de la vida hay que reconocer al movimiento social una importancia indudable; sus esfuerzos por conducir al individuo rápida y poderosamente en su acción, por valorar y robustecer todas las fuerzas, por hacer colaborar a todos en todos los bienes y fines, merecen aprobación y apoyo; es innegable que con él comienza una nueva época en la historia. Pero, si se quiere conseguir todo esto a costa del valor espiritual de la vida humana, es muy fácil que la tierra prometida se convierta en un yermo pedregoso. Si fuera posible llegar a un acuerdo en la lucha actual, los dos polos que hemos reconocido, es decir, la religión y el progreso social, podrían beneficiarse mutuamente. Cuanto más se inclina de un lado la balanza, más urgente es una rectificación hacia el lado contrario, más necesario es fortalecer la vida espiritual e inclinarse hacia la creación de esencia, hacia la creación de una realidad interior. Dentro de las relaciones humanas, es necesario una absoluta dignificación de la existencia a la que estamos unidos; sólo luchando con ella, subordinándola y dominándola, nuestra vida puede conseguir plena fuerza y realidad.

La combinación especial que la vida del espíritu y la existencia inmediata deben tener con nosotros está supeditada esencialmente a la situación histórica y a su influjo. No se pueden eludir en este punto varias dificultades y contradicciones; precisamente muchas ideologías que ofrecen homenaje a la idea de progreso dependen de preocupaciones ajenas hoy superadas, es decir, que retroceden en la fecha de los tiempos. Esto es aplicable, especialmente, al siglo de las luces. Sus concepciones abstractas, intelectualistas, positivas, inhistóricas, predominan tanto en ciertas esferas que parecen más pertenecer al siglo XVIII que al siglo XX, sobre todo, su ideal de educación y formación no tiene ninguna relación con el de nuestros pensadores y poetas clásicos. Esta concepción aborda los grandes problemas y las profundas oposiciones de forma demasiado breve y superficial para poder presidir del insalvable desarrollo espiritual.

A esta imperfección interior se unen las contradicciones propias de este mundo conceptual. El contraste entre una tendencia socialista y otra democrática es especialmente duro. Áquella hace prevalecer la idea del todo y subordina a éste a los individuos; la democracia, en cambio, tal como se ha configurado en el terreno de la experiencia, asigna todo el derecho al individuo, lo que, pensado lógicamente, debe producir un profundo golpe. En lo político y lo económico este golpe se manifiesta en el derecho a la huelga, defendido con tanta pasión; es tan propio de la democracia como opuesto a los principios fundamentales del socialismo; una conciliación entre estas dos tendencias es imposible. Así, el concepto de una democracia social *(Sozial demokratie)* es contradictorio. Pero estas contradicciones lógicas se solucionan en intereses humanos evidentes, pueden, deben, finalmente, hacer rechazar toda concepción posible de un Estado, haciendo imposible un gobierno fuerte.

Un vistazo a la situación actual denuncia un grave enfrentamiento en las condiciones de la vida: la economía, con su trabajo, domina indudablemente todas las relaciones sociales, pero una contemplación más detallada encuentra dudas no resueltas a las que la situación actual no ha dado fin; la religión parece exteriormente despreciada, pero se eleva notablemente de su rechazo y se muestra como indispensable. Sin embargo, la división se mantiene y sólo una reforma del estado actual puede prevenir la disgregación de la vida y crear una vida espiritual auténtica. Veamos los recursos con que la mentalidad actual cuenta para conseguir una compensación y una conciliación entre las oposiciones.

b) Los esfuerzos para conciliar la oposición

Nos hemos ocupado, sobre todo, de las confusiones que la transformación del trabajo en un esfuerzo técnico, industrial y mecánico trajo consigo; cuanto más detalladamente seguimos estas complicaciones, más evidente se hace la imperfección de los caminos que se nos ofrecen; éstos no pueden satisfacer al hombre interior y completo. Las dificultades sufridas tan profundamente en la actualidad no proceden de la mala voluntad o de la torpeza de los hombres, sino que es responsable de ellas la situación histórica; ésta, con su nueva modalidad, ha producido problemas que conmueven el alma entera y la conducen hacia nuevas direcciones. El interés predominante del problema económico no deja lugar a dudas; él ha dado principalmente a nuestro tiempo su carácter distintivo.

El desarrollo de la industria moderna ha puesto a nuestra disposición infinidad de medios auxiliares, forzando a la Naturaleza a someterse al servicio del hombre, ha hecho la existencia más fácil, más amplia, más placentera, ha dado a la vida más fuerza y una tensión constante, formando, con la simultaneidad de inteligencia y destino, una nueva forma de vida. Su acción excede los límites del espacio y del tiempo, ha unido al hombre con su ambiente, convirtiendo al mundo en su propiedad. Pero todos estos admirables efectos tienen un límite que no puede eludirse; el hombre queda reducido a una sola dirección especial y todos sus esfuerzos chocan contra los límites que le impone el ambiente; es verdad que sus fuerzas son puestas en juego y que es sacado de la inercia; pero el alma es olvidada, para ella no queda tiempo en esta apresurada carrera, debe limitarse y doblegarse; del mismo modo que obras magníficas, vemos producirse muchos orígenes mezquinamente humanos, el hombre está amenazado de decadencia.

Realmente, hay que reconocer que en aquella dirección, en la actividad técnica e industrial, está la grandeza del hombre moderno y que de su fondo surgen espíritus creadores no igualados en el resto de las esferas. Pero ¿de qué nos sirve que destaquen algunas personalidades si la mayoría de los hombres están angustiados por un trabajo unilateral? El presente espera a veces compensar esta falta con la acción de las masas, y hay voces que reclaman de la revolución política y social una elevación interior del hombre. Juntamente se muestra muchas veces una maravillosa fe en la bondad e inteligencia del hombre, que sólo necesita un reconocimiento para que todo marche bien.

Así ocurrió en el siglo XVIII, especialmente en la década de la Revolución francesa; entonces se pedía que las fuerzas sujetas rompiesen el yugo de una dura opresión; la experiencia posterior trajo rápidamente la decepción y se empezó a considerar la situación humana de una manera poco romántica. Tampoco falta hoy quien se complazca alabando la grandeza y bondad del hombre; pero esto no corresponde, de ningún modo, a la situación real de la Humanidad, ya que pronto se soluciona con frases vacías o en la lucha de algunos partidos. Nuestra situación es grave y oscura, y, si el trabajo mecánico devora las almas, será difícil e incluso imposible enaltecer al hombre y encontrar en una cultura puramente humana nuestros objetivos más elevados. Para ello se dan muchas confusiones y contradicciones en la naturaleza humana, rebajada a sí misma. En el terreno moral es decisiva la frase de Pascal: *L'homme n'est ni ange ni bête; et le malheur veut que celui qui veut faire l'ange fait la bête.*

Según esto, para superar las dudas del momento debemos volver a los soportes eternos de la naturaleza humana. Nuestra situación sería desesperada si no encontrásemos en esta fuente, fuerzas restauradoras que nos abriesen nuevos horizontes; sólo éstas pueden provocar una reacción contra las dificultades y contradicciones de nuestra existencia, que tanto nos agobian actualmente. Al exceder el hombre, como ser espiritual, la condición animal, se muestra en él una nueva estructura de la vida; que ésta no abarca toda la vida, sino que convive con instintos bajos, es algo que no cambia el hecho de una gran transformación; pero las obligaciones que surgen de aquí sitúan al hombre, con respecto al todo, en otra posición que cualquiera otra existencia puramente natural. Los estados espirituales, con su carácter ético, no pueden proceder del simple individuo, sino que nos abren una colaboración en la vida común; sobre estos estados, los elementos están unidos unos a otros; no se limitan a rozarse en un punto, sino que toda la vida descansa en la presencia dignificadora de aquella vida de conjunto. Ya vimos anteriormente que, por ejemplo, las actividades individuales son esencialmente distintas según pertenezcan a la simple Naturaleza o a una síntesis interior; lo que en el terreno de la existencia sólo se llama amor y compasión, sólo sirve a los instintos naturales y carece de todo valor ético; otra cosa muy diferente es lo que en el ámbito de un mundo espiritual llaman amor y compasión la religión y la filosofía. Aunque el hombre representa una energía espiritual, un centro independiente de vida, está en relación con la vida universal y recibe de ella nuevas fuerzas. Esta relación con el todo se hace todavía más íntima a través de la religión. Ésta supone el hecho de que el mundo exterior a nosotros no es, por su naturaleza, un mundo de razón, sino que contiene profundas dudas fuera y dentro de sí; dudas que van más allá de la capacidad del hombre e incluso de la Humanidad entera; así, se da la única esperanza de vencer la separación interior en la revelación de un poder superior que establece nuevos principios y da forma al conjunto de la vida. De este modo, si en el hombre aparece un nuevo orden, cuya realización encuentra fuertes dificultades, lo cierto es que existe un movimiento para su superación, y el hombre une su esencia espiritual interiormente con la vida del todo; no es un simple punto al lado de un número infinito de puntos.

Pero hay que crear esta relación y apropiarnos de ella; hoy invade a las almas un deseo de huir de la soledad en que las sume su separación del todo; aunque este deseo, la mayoría de las veces, sea poco claro y distinto, significa, evidentemente, una tendencia a elevarse sobre el simple hombre. No es sólo la inteligencia que rompe la limitación del alma, es el conjunto del ser espiritual que percibe horizontes más amplios y tiende hacia el todo; todo lo que al hombre le diferencia interiormente, toda grandeza y dignidad descansa en esta relación. El presente demuestra evidentemente que el rechazo u oscurecimiento de esa relación rebaja al hombre. El transcurso de la Edad Moderna ha ido separando al hombre sucesivamente de los lazos interiores; primero empezó con una reforma de la religión: poco a poco ésta fue cediendo a una razón impersonal, pero superior al hombre; luego, la razón fue rebajándose a lo humano, hasta que, por último, el simple hombre absorbió todas las fuerzas y valores. Pero cuanto más progresa este movimiento y se extiende por la vida, más desciende la condición interior de la vida, y más superficial se hace el hombre, sustituyendo la cantidad por la cualidad; la extensión a la profundidad; lo exterior por lo interior. Un rango peculiar de la actualidad es que nosotros sentimos esta transformación con perfecta claridad; debe terminar esta indiferencia entre hombre y mundo, debe reconocerse en el hombre una fuerza espiritual, un ser creador de esencia, un miembro de una estructura superior, e incluso más cuando la tendencia del hombre al mundo encuentre a su paso un movimiento del mundo al hombre, es decir, que la religión profundice, afirme, transforme la vida humana. La Edad Moderna se enorgullece de la independencia que reconoce al hombre, pero no hay independencia que no se base en la creación de un sentimiento universal y de él parta; sólo un reconocimiento del todo puede salvarnos. Sobre el movimiento del todo al hombre, podemos señalar lo siguiente: nuestro mundo ideal no basa el todo en el hombre; encuentra la fuente de toda espiritualidad y el impulso para toda elevación en el todo; sólo puede llegar aquélla al hombre por medio de un poder superior, y esto no ocurre por un milagro exterior; es una revolución, una revelación en el hombre, que le lleva desde el reino de las relaciones y de las consecuencias naturales a un reino de contenido y de adquisición de sí mismo. Lo divino debe llegar a ser propiedad nuestra y situarnos en una proximidad interior con él. Pero para esto se necesitan varias cosas en la configuración de la religión, ya que hay que buscar la relación legítima de hombre y Dios, de tiempo y eternidad.

La comunicación de la unidad de vida no puede producirse en el hombre sin que, de un modo consciente, se enfrente con la forma tradicional de la religión. Esta forma es hoy, para nosotros, demasiado limitada y antropomórfica; es mitológica. Lo mismo puede decirse de la concepción del mundo que muestra la religión; para nosotros, los modernos, el tiempo y el espacio han alcanzado una extensión ilimitada; las impresiones y representaciones que conlleva el pensamiento antiguo ya no nos agradan; recordemos la bóveda celeste visible, pensemos en la ascensión, que algunos consideran todavía como un dogma indispensable de la fe religiosa; esto puede ser interpretado de una manera simbólica, pero pierde toda su fuerza de convicción. El tiempo donde los hechos se realizaron nos parece también demasiado reducido; antes se hablaba de seis mil años, pero ¡qué pequeño nos parece ahora este número después de habernos acostumbrado con la ciencia natural a contar por millones, y con la etnografía, por cientos de miles! El mismo concepto tradicional de Dios resulta para nosotros demasiado pequeño. El concepto tradicional de Dios le aproximaba demasiado al hombre; no sabía diferenciar entre distancia espiritual y distancia sensible. Es probable que de aquí surgiese una mayor exaltación de la especie humana, pero la representación y la sensación eran colocadas demasiado cerca de esta especie; no puede eludirse un fuerte antropomorfismo, que parecía necesario para ofrecer calor a la religión; este antropomorfismo fue después incorporado y agilizado por valores ontológicos, como unidad, esencia, eternidad.

Pero un análisis más detallado no puede eludir que aquí se encierra un doble concepto de Dios, el ontológico y el ético, y, con éstos, dos clases de religión. La confusión que surge de aquí, sólo puede ser superada por una separación precisa de las formas humanas especiales de vida y de los contenidos de vida espirituales; la forma humana de la vida anímica está relacionada orgánicamente, no puede servir de medida al hecho universal; por tanto, no debe ser trasladada a la divinidad. Pero, independientemente de esto, queda el hecho esencial de la formación de una autoactividad espiritual y del reconocimiento de una voluntad universal creadora; aunque nuestras representaciones e incluso nuestros conceptos sólo puedan comprender esta voluntad creadora por medio de imágenes o metáforas, el hecho esencial de la religión está sobre la división de la actividad anímica; éste es el hecho decisivo y el milagro de los milagros: que la perfección y la infinitud se comunican también al hombre y le convierten en un manantial de vida original, sustentador o representante de la libertad frente al mecanismo del mundo físico. Aquí se eleva un mundo contra otro mundo, un estado inferior contra un estado superior. La vida humana sufre así una poderosa tensión y un objeto, que el poder suprasensible se introduce en lo que se desvanece interiormente sin forzarlo ni confundirlo. La relación entre lo divino y lo humano consigue una especial intimidad por la creencia cristiana de que el sumo poder no sólo considera y ordena exteriormente, sino que él mismo entra en la lucha y llama al hombre a esta lucha; esta colaboración en la lucha universal otorga al hombre un valor inmenso y ofrece a su fe una inconmovible autenticidad.

Sólo aquello que afecta a nuestra vida puede convencernos completamente; en este punto, la experiencia es anterior al concepto. Si antes el hombre, mirado desde el mundo sensible, era considerado como pieza indiferente de un mecanismo inerte, ahora, como personaje de un drama histórico, adquiere un valor incomparable; aquel lazo le transforma de efecto en causa. El hombre no puede permanecer pasivo ante el progreso de las cosas; sin el sacrificio de su propia actividad, la vida religiosa degenera fácilmente en pasividad y cae bajo el influjo de formas inferiores de vida, de la naturaleza sensible. En esta relación, la actividad misma es acto de la voluntad superior; la libertad misma, una expresión de la Gracia. De este modo, aquí el hombre y el mundo van juntos.

De la misma forma podemos combatir también el desdoblamiento que refleja la vida moderna y la llena de hipocresía, la separación entre religión y cultura moderna. El sentimiento fundamental de la vida se divide aquí hasta constituir una contradicción; esto tiene que detener el efecto de la religión sobre el hombre y dificultar una íntima unión con el todo de la vida. La religión, sobre todo la cristiana, comienza un duro combate contra las resistencias de nuestro mundo, sobre todo contra el mal, como poder improductivo de la vida; llega, efectivamente, a una afirmación, exige una negación fundamental de los instintos naturales, recibiendo así un nuevo carácter. El carácter principal de los tiempos modernos, por el contrario, nos inclina a una afirmación absoluta de la vida, que puede tomar formas más rudas o más delicadas, pero que tiene como objetivo principal el desarrollo y exaltación de la fuerza; la época actual está agredida por un deseo insaciable de vida. Esto conlleva conceptos y vías completamente distintos; pero la vida media mezcla estos dos ideales; quisiera separar el ideal cristiano de su perfección religiosa y ética, y, a la vez, ofrecer su homenaje a aquel ideal de fuerza; de aquí una tonalidad media y mixta en la vida, cuyo efecto es debilitar las relaciones del hombre con el resto de la vida; solicitado por estos dos movimientos, no puede ni desarrollar su voluntad ni dar a sus creencias la estabilidad necesaria, y se encuentra enfrente de enormes sorpresas. Sólo cuando llega a vencer esta dualidad puede el alma valorar su profundidad y abrirse camino para la creación espiritual que une al hombre con el mundo inseparablemente. La separación que el positivismo incorpora entre el hombre y el mundo convierte a éste en algo muerto y deja el alma vacía, produciendo la impotencia espiritual.

Pero la unión que necesitamos entre el hombre y el mundo sólo puede producirse cuando la religión coordina la actividad primaria y la configuración histórica de forma distinta a como lo hace la forma tradicional. Busca sus seguridades fundamentales en la historia, y en ellas cree encontrar un sostén irreemplazable; pero el pensamiento crítico no se satisface con esto, encuentra numerosas objeciones, que sólo pueden ser solucionadas por una realidad espiritual primaria superior a toda fundamentación histórica, y que únicamente puede aclarar toda duda. Esto no quiere decir que lo histórico, cuando se refiere a las personalidades y a las instituciones, no tenga un gran valor, un valor necesario; pero para nosotros debe estar en segundo lugar, para ganar al hombre entero e introducir la estructura de la época actual. La religión debe ser básica, universal, activa, en el mejor sentido de la palabra, para solucionar los problemas que le presenta, no el estado de los ánimos en un momento dado, sino la situación histórica universal. Debe crearse aquí, y hay que seguirle, un camino entre ilustración e historicismo. La importancia que esto tiene ya se ha explicado en el desarrollo de esta investigación; lo que nos queda por decir contribuirá a aclararla.

c) Resumen

Al llegar al final de esta investigación debemos resumir brevemente y trazar un cuadro conjunto; hay un drama histórico que se manifiesta en el desarrollo de la vida. El pensamiento moderno muestra el mundo como un lugar de continuo devenir, en absoluta oposición en esto con el pensamiento antiguo, que partía de la eternidad del ser; nosotros, los modernos, por el contrario, encontramos el mundo en constante movimiento; el movimiento se introduce, como fenómeno fundamental, primero la naturaleza, desde sus grandes modelos hasta sus obras más pequeñas; el movimiento constituye también los fenómenos espirituales; la historia tampoco conoce el descanso. Pero no por esto es el mundo un confuso desastre, no está sumido en un movimiento sin freno. En la Naturaleza reconocemos un fondo superior a todo cambio y, a la vez, formas de acción invariables, a las que llamamos leyes de la naturaleza. En el terreno espiritual reconocemos igualmente una tendencia a dominar el continuo cambio; también el pensamiento y la acción tienen formas estables; también en el hecho universal admitimos como supuesto indudable algo que se mantiene y marca al esfuerzo humano líneas rectas. Pero si nosotros reconocemos su firme apoyo a la vida universal, dentro de la estructura esencial aparece un movimiento que progresa. En primer lugar, un primer nivel lo forman las relaciones de naturaleza y vida espiritual; la naturaleza nos muestra la vida sujeta a la materia; en la espiritualidad se eleva a la autoactividad, y a la simultaneidad de los elementos en el espacio sigue un movimiento de síntesis, una transformación hacia un mundo interior. El ascenso se produce en el hombre sólo en puntos aislados, los cuales no exceden en lo esencial las producciones de la naturaleza; pero, poco a poco, se acentúa la tendencia hacia una firme unión; el hombre consigue oponer al estado de naturaleza el estado de cultura. Existencia y vida espiritual se separan como dos estados distintos de la vida; en el dominio de la experiencia, la vida espiritual parece suponer la existencia como su base, y sólo configurándose en ésta cree ascender a estados superiores.

Pero la vida espiritual no se desarrolla en un plano y de una sola vez, sino que tropieza con duros obstáculos, cuya superación constituye un motivo histórico; reconocimos ya los estados de una espiritualidad fundamentadora, luchadora y vencedora, y esta gradación da a la vida la estructura de un gran drama, donde se puede hablar de una acción y una reacción. La espiritualidad fundamentadora tiende a liberar la vida de sus ataduras y a constituir un reino independiente bajo la dirección del pensamiento, que se traduce en ciencia, arte, educación, Estado y derecho; el estado de autoactividad ofrece a la vida nuevos contenidos, nuevos valores y nuevos argumentos. Estos contenidos son superiores al individuo; muestran la acción de una vida de conjunto; ofrecen a la vida una nueva trama, que no sólo se dispone punto por punto, sino que hace que la acción del individuo se convierta en acción común, extrayéndola de la limitación e indigencia del ser puntiforme. De este modo se forma una comunidad de vida, y los conceptos de valor, tales como bien y verdad, no son ya temas privados, sino que se convierten en fuerzas imperativas del todo. Por este motivo, la vida excede eminentemente el estado de naturaleza, a pesar de mantener una íntima relación con este estado.

Pero ahora debemos ocuparnos del hecho de que esta ascensión tropieza con duras dificultades que ponen en peligro todo progreso. Hay dos puntos esenciales que demuestran aquella resistencia: 1.° la indiferencia de la naturaleza hacia el hecho espiritual; 2.° la insuficiencia e incluso la corrupción del hombre frente a los temas espirituales.

La naturaleza sigue su camino sin preocuparse por el destino del ser espiritual; no conoce el bien y el mal; no conoce el reino de los valores; esta indiferencia no sólo afecta profundamente al individuo, sino que las mismas formas de la naturaleza se prolongan al terreno espiritual y allí originan enormes dudas. La naturaleza otorga al ser un breve espacio de vida; el ser espiritual querría vencer el tiempo y lograr la verdad eterna *(sub specie aeternitatis);* su limitación al momento actual es para él una angustia; la naturaleza sólo conoce la tendencia a la conservación de los individuos; el ser espiritual quisiera exceder al simple individuo y buscar su placer en la acción desinteresada a favor del todo, incluso en el sacrificio; sólo esto hace que la Ética y la religión sean posibles. Pero permanece un grave conflicto entre la forma ofrecida por la naturaleza y el contenido espiritual de la vida; no se puede desconocer este grave enfrentamiento.

Así, aparece una separación entre el desarrollo natural y el mundo espiritual. Pero casi más violenta aún, aunque menos evidente, es la disputa entre las disposiciones espirituales y morales y la conducta efectiva del hombre. Las fuerzas espirituales existentes en el hombre se resuelven la mayoría de las veces en sus fundamentos y siguen un camino propio; dudosas, suelen subordinarse al poder del simple hombre, a los fines egoístas del individuo y perjudicar gravemente a los deberes morales. Como, al mismo tiempo, muestran la apariencia de una noble intención, la vida humana queda envenenada por una constante hipocresía. La esperanza de que la Historia y la sociedad cambien básicamente este estado de cosas es inútil; como ya dijimos al principio de este trabajo, la unión de las fuerzas puede dar muchos beneficios; pero a las ventajas van unidos esos inconvenientes, que siempre puede surgir de nuevo la cuestión de si no valdría más una vida sin sociedad y sin historia; de hecho, el hombre continúa unido a la sociedad y a la historia, y comparte todos los daños inherentes a éstas.

Así, el horizonte inmediato de nuestro ámbito aparece sembrado de contradicciones desesperantes. El movimiento espiritual quisiera salvar al hombre de los lazos que le unen a la naturaleza, así como a su propia corrupción; pero sus fuerzas no son suficientes para ello, ya que siempre se detienen ante una nueva dificultad; sin la aparición de un nuevo estado de vida, sin una revolución fundamental, sin una renovación del proceso vital, el movimiento carece de sentido. Incluso todo aquello que el estado de la espiritualidad fundamentadora consigue realizar, se nos muestra, ante aquellas dificultades, no sólo como insuficiente, sino también como inseguro y sin fundamento.

Con esto llegamos al punto del que depende todo el destino del drama de la vida. Debe decidirse la cuestión de si debemos renunciar definitivamente o de si existe un lugar libre de toda duda. La duda en esta materia no se limita a nuestra concepción del mundo, sino que afecta al conocimiento entero de la realidad e incluso a nuestra propia existencia; no puede rechazarse por simples consideraciones teóricas; sólo es superable elevándonos a un nuevo estado de la vida; la vida de autoactividad deberá elevarse a voluntad universal independiente, creadora, salvadora. Sólo esta vida puede ofrecernos el poder y la intención que nos haga vencer las dudas, y, una vez superadas éstas, nos permita lanzarnos a la lucha contra las múltiples contradicciones de la situación actual. La religión encuentra su argumento en liberar el estado superior de las imperfecciones y violencias de los estados inferiores y enfrentar las confusiones del mundo contra un nuevo estado de cosas; ya vimos cómo el Cristianismo ha encontrado un poderoso valor en lo que se refiere a la lucha y a la superación; la lucha no es sólo una desviación de obstáculos, ya que las dificultades no podrían producirse sin crear un nuevo centro de vida formada por un reino interior de valores y fines superiores, un reino de Dios y del espíritu, de naturaleza suprasensible. Esta espiritualidad vencedora se manifiesta, pero, sobre los rasgos particulares, en la intensificación de una interioridad pura de aspecto ético, y trae como consecuencia tanto la creación de una vida personal suprasensible como la formación de una comunidad por encima de los círculos sociales y políticos; también debe configurar formas independientes de vida y oponer su mundo al de la naturaleza, como el primitivo y dominante; todo el efecto de la espiritualidad fundamentadora sólo puede ser una preparación para esto.

Desde este punto de vista, la forma de la realidad y los deberes de la vida humana toman una configuración peculiar, y hay razón para hablar de un drama histórico. Ya vimos que el drama supone una razón profunda, sin la cual el mundo aparecería dividido en trozos sueltos; el drama de la vida debe ser vivido como un todo, exaltado y valorado; como su acción ofrece un riesgo superior, para salir victorioso en él se necesita una unidad supramundanal. Con esto, nuestro mundo aparece no como un todo completo, sino como necesitado de una relación posterior para recibir un sentido y servir a la perfección de la vida; de lo contrario, la vida se desarrollaría en el vacío.

Pero, aunque toda la acción del drama se muestra poco a nuestros ojos, vemos lo suficiente para convencernos de que no vivimos y actuamos inútilmente; ahora bien, se está desarrollando una lucha poderosa, a la cual nosotros también estamos llamados; el empeño se prolonga a toda la Humanidad; cada uno de nosotros, como pensaba Lutero, debe estar convencido de que Dios quiere hacer una gran obra también para él.

No hay duda, entonces, de cuál será nuestra posición en esta lucha. Es incuestionable que, sin la presencia de una nueva fuerza como la religión, todo esfuerzo sería inútil; únicamente basándonos en ella y mirando a ella podemos conseguir la fuerza para colaborar en aquel poderoso movimiento y establecer una capa más profunda de vida frente al reino del trabajo y de la lucha. Claro está que ello nos crea tareas difíciles que se resisten a una solución simple. La religión no puede renunciar y trazar un cuadro del mundo y de la vida independientes y con significado, poniéndolos a la protección de cualquier ataque; pero no lo hará sino apoyándose en los conceptos y medios del hombre; sin esta ayuda no puede captar las almas. Y en esa dirección sólo puede actuar una fuerza espiritual poderosa y una fantasía principesca; unidas éstas, es como podrán utilizar aquellos medios y, a la vez, elevarse sobre ellos; sólo así llega a hacerse posible e incluso necesario lo imposible. Este es uno de los grandes valores de la religión histórica; pero aquí encontramos también profundas confusiones.

Pero si la vida se desarrolla ante nosotros en distintos niveles, éstos no deben ser recorridos rápidamente, sino que deben actuar contemporáneamente para que la vida alcance su completo desarrollo. La espiritualidad fundamentadora no puede rebajarse a la categoría de episodio eventual si debe dar a la vida un inmenso valor y juvenil frescura; la espiritualidad luchadora debe tener presentes el peligro, la excitación e incluso la duda, si debe otorgar una absoluta tensión a la vida; la espiritualidad vencedora no puede separarse del progreso de la vida para que su interioridad no caiga en lo subjetivo y malvadamente humano.

De aquí se deduce que el trabajo y la lucha forman los dos soportes fundamentales de la vida humana, y que sobre aquel ámbito se esconde un orden suprasensible, afirmador y elevador. Pero lo que decimos de la historia de los individuos es aplicable a la de los pueblos y las épocas y, por último, a la de la Humanidad entera. Estamos, según parece, en la exposición del drama.

Nuestra obra tiene, sobre todo, que resolver la tesis principal del desarrollo de la esencia y la acción de la vida espiritual, y luego debe hacer un estudio comparativo del contenido de la vida en sus puntos esenciales, siendo además valoradas las soluciones históricas del problema hasta el momento actual. Para la cuestión histórica se nos muestra como de especial importancia la creación de grandes sistemas de vida que reunieron el movimiento espiritual y ofrecieron a la extensión total de la vida una amplia unidad, determinando así el carácter señalado de cada época; y si bien los detalles están unidos a las personalidades aisladas, el rasgo común de la vida excede estas personalidades y da al individuo, por el común esfuerzo, un firme apoyo. De aquí surgen experiencias históricas espirituales y acciones; estos sistemas no son simples fenómenos eventuales, simbolizan direcciones principales continuas de la vida del espíritu, con las cuales la Humanidad debe enfrentarse constantemente. Así, la antigüedad aportó el predominio de la forma viva; el Cristianismo, la actitud moral religiosa de las almas; la Edad Moderna, el desarrollo y la intensificación de la fuerza; cada una de estas configuraciones es una expresión de movimientos generales, que unen al hombre con el todo y nos le muestran como un ser universal; así, la forma, con un poder sorprendente, se introduce en todas las cosas, y la actitud de las almas crea un reino de interioridad que quiere gobernar sobre toda la realidad; la fuerza se extiende por todo el reino de la naturaleza y del espíritu, y por todas partes tenemos que reconocer hechos universales que, a la vez, forman la fuerza impulsora de nuestra propia vida. Estas estructuraciones de la vida están tanto dentro del tiempo como sobre el tiempo; algunas de ellas proceden del pasado; pero su centro le encontramos en el presente inmediato, y son reflejos de verdades extratemporales, de las cuales se mantiene continuamente nuestra actividad creadora. El desarrollo posterior de la vida realiza una crítica de sus producciones cuando establece sus límites; pero el reconocimiento de estos límites puede e incluso debe coincidir con una exaltación procedente del todo; mientras tanto, se realiza la construcción de una realidad que todo lo abarca por el trabajo de la Humanidad. Constantemente hay que reelaborar el contenido de verdad de cada una de estas estructuras o sistemas de vida, así como restaurar los manantiales de su fuerza y transformarlas en propiedad nuestra, limpiándolas, en lo posible, de todo rastro puramente histórico. Las lejanas estructuraciones de la vida mostrarán cierta oposición; el tropezar con sus límites nos impulsa por nuevas vías, donde se mezclan la preparación y la lucha.

A esta concepción artística de la antigüedad siguió la eticorreligiosa del Cristianismo, y a ésta, la cultura moderna con su cultivo de las fuerzas y la autoconciencia del espíritu humano. Hoy se inicia un movimiento hacia el todo, que intenta superar la cultura de las fuerzas y hacerla depender como un simple episodio de una idea mucho más universal. A nuestro entender, vamos impulsados a la formación de un núcleo cuyo contorno hay que configurar para unirle íntimamente al ambiente, de modo que de él surja una absoluta realidad. Este movimiento aparece como un fenómeno cósmico, tanto en la naturaleza como en la vida del espíritu; por todas partes se impone la misión de vencer la simultaneidad primitiva por una acción elevadora; también aquí, al movimiento del mundo responde un movimiento de las almas. De la creación del núcleo ascendemos a la creación de esencia, a una adquisición de contenido propio. Es peculiar de los tiempos actuales, por un lado, el desarrollo del sistema de fuerza; por otro lado, la formación de nuevas vías, que rechazan violentamente la antigua manera; somos medio modernos, medio antiguos. Según esto, diferentes e incluso opuestas corrientes luchan hoy, y es una obligación básica tomar una posición en ellas y contra ellas e introducir en la vida de conjunto una renovación interior que sirva de remedio a los problemas y necesidades del momento.

En esta situación, nuestro pensamiento actual debe sentirse íntimamente relacionado con la concepción eticorreligiosa, ya que ni en la artística ni en la dinámica vemos la cumbre de la vida; la autoactividad y el movimiento ascensional están para nosotros íntimamente unidos, así como originalidad y universalidad, debiendo valorar la ética como expresión de una personalidad primordial, de una unidad superior, de una renovación de la esencia y como el reflejo de un mundo nuevo; pero debemos separarla de las concepciones históricas y locales y comprenderla de un modo eficaz y no sólo puntual. Pero nosotros no basábamos la religión en la Historia, sino en la vida divina omnipresente, dándole una forma universal y activa y haciéndola aceptar en los individuos, pero también sobre los individuos, la lucha contra el mal en todas sus manifestaciones; no nos debemos limitar a lamentarnos del drama de un mundo malo, sino que debemos intentar mejorarle y crear una vida más pura. «Si no luchásemos, vencería el mal.» (Plotino.)

El problema de la vida se encuentra hoy más acentuado: la lucha por la conservación material ha provocado una excitación angustiosa, envenenando a la Humanidad; los cuidados por la existencia económica amenazan con devorar todos los demás intereses; en esta situación angustiosa se olvida muchas veces que también tenemos que mostrar una violenta lucha por nuestra conservación espiritual contra un mundo oscuro; que en la vida media, los poderes espirituales de debilitan y carecen de un fin fuertemente definido. Frente a ese estado de cosas, nuestras investigaciones deben motivarse por completar el abismo entre trabajo y alma. ¡Ojalá, por medio de una acción unida de elevados ideales y grandes personalidades, podamos vencer la terrible crisis de la vida espiritual y económica! Y en esta labor, la filosofía no puede mantenerse a un lado como un espectador mudo.

5. Consecuencias para el problema del conocimiento

a) En qué consiste el rasgo principal del conocer

Nuestro concepto de las relaciones entre el hombre y el mundo está en íntima relación con el problema del conocimiento, por lo que debemos indicar brevemente sus consecuencias para éste. Y, sobre todo, no hay duda que el conocimiento inmediato, es decir, un conocimiento independiente de la ciencia y del saber, esconde en sí una contradicción inconciliable. Ya que este conocimiento inmediato nos muestra un mundo exterior a nosotros, nos gustaría apoderarnos de lo que ofrece y sucede ante nosotros. Pero esta adquisición no cambia de ningún modo, su existencia, sino que ésta debe seguir siendo lo que sería sin esta adquisición. En realidad, los objetos exteriores difícilmente las podríamos aprender sin modificar nuestras capacidades; estas modificaciones no sabemos qué alcance tienen. No comprendemos cómo aquellas cosas, ajenas a nosotros, se pueden unir con nosotros ni cómo pueden servir a nuestros instintos. Pero el deseo del hombre por un absoluto conocimiento demuestra, evidentemente, que se trata de un interés vital.

De este modo, lo que al principio nos parecía ajeno a una consideración más precisa, aparece como perteneciente a nuestro propio ámbito y necesario para su perfección; entonces, este ámbito no es ya para nosotros una magnitud terminada ni cerrada que no plantea ningún problema, sino que se encuentra en devenir, y que no sólo permite, sino que exige una ampliación. En este caso, el conocimiento no es un contacto entre cosas ajenas, sino un enlace de magnitudes que se buscan mutuamente; no consiste en recibir cosas ajenas a nosotros, sino en encontrarnos a nosotros mismos, en perfeccionarnos; en otras palabras, el conocimiento sólo es posible como autoconocimiento; todo lo que está realmente fuera de nosotros permanece desconocido eternamente. Por tanto, el conocimiento sólo es posible cuando la exterioridad del conocimiento inmediato se transforma en una vida común. Si puede hacer esto el hombre, y en qué medida puede hacerlo, es un problema independiente; pero es cierto que, si negamos por completo este poder, negamos todo conocimiento.

Pero, al mismo tiempo, es cierto también que una vida puesta al servicio del conocimiento debe separarse de la concepción general de la vida. Sobre todo, no puede ser un recipiente vacío que se llene con moderación desde fuera, ni como caña dudosa que se rinda a cualquier impresión, sino que debe poseer una naturaleza y un movimiento independientes, debe contener fines y fuerzas, exigencias e imperativos a cuya satisfacción se dedique. Pero esto no sería posible si dependiese de otros valores, si fuese una propiedad condicionada; debe, por el contrario, tener su base en sí misma y crear un todo que abarque en sí toda variedad. Esta independencia exige también una superioridad sobre el hombre, del mismo modo que éste se da inmediatamente. Pues si la vida fuese un simple desarrollo humano, estaría atada a toda la innecesariedad del hombre, no podrían adquirirse los elementos ajenos a ella y transformarlos en posesión suya. Esto solamente lo consigue una vida que forme, frente a todas las vidas individuales, una relación unitaria, un todo independiente; esta vida tendrá presente a todos los individuos aislados, pero nunca podrá ser su origen ni depender de su naturaleza. En esta vida superior, el hombre no es ya un punto que convive con otros puntos, sino que consigue una relación inmediata con el todo, el cual consigue vida propia y, con esto, crea nuevos fines. Pero queda la cuestión de en qué estado es accesible para el hombre esta vida y si no se refleja poco a poco, y quizá por diferentes lados, y a costa de duros enfrentamientos y luchas. De este modo surgen problemas sobre problemas, pero, a la vez, también posibilidades que impiden una negación radical.

Pero una vida como la exige el conocimiento no es puro sueño o fantasía. El progreso de nuestra investigación ha demostrado que aquí no interviene la imaginación, sino que realmente actúa esa vida sobre nosotros y origina movimientos intensos en el ámbito humano. Adquirimos la seguridad de esta vida por la posibilidad de llegar a la posesión de nosotros mismos, a la independencia y a la autoactividad; de este modo se desarrolla una absoluta actividad, que intensifica tanto la acción como la reacción, y puede, por su propio movimiento, alcanzar un reino independiente y, por último, una realidad verdadera. Esta consideración otorga al concepto de vida espiritual más exactitud de la que tiene en el lenguaje común; se forma un nivel de vida anímica más alto, que resalta sobre los inferiores, los cuales sólo constituyen un espacio, donde se encuentra lo diferente sin constituir una relación total. Esto no lo podrían conseguir, por sí solos, los estados inferiores; ahora bien, se produce una absoluta revolución, y todos los valores y fuerzas se configuran de otro modo.

Pero, como ya hemos demostrado, para la producción de esta vida no es suficiente con una excesiva tensión de la fuerza, con una incorporación del mayor movimiento posible en la existencia. Ahora bien, la nueva vida adquiere importancia y valor sólo cuando la autoactividad aporta nuevos contenidos, cuando adquiere caracteres de revelación y el movimiento crea una nueva dimensión. Sólo entonces, la autoactividad puede diferenciarse suficientemente de la simple actividad; la forma del yo se mueve en el aire sin un apoyo firme, y lo mismo ocurre con todos los valores que con él se relacionan, y especialmente la libertad, cuyo elevado valor sería incomprensible si sólo fuese una forma y no la base de una nueva vida. El proceso del movimiento histórico nos convence de que la Humanidad, excediendo la actividad, se eleva a una autoactividad creadora que origina nuevas dimensiones, y que este movimiento constituye el centro del trabajo histórico; nos convence también de que esta revolución y esta conquista no se producen de una vez, sino que las nuevas dimensiones se producen lentamente por medio de numerosas experiencias, decepciones y luchas; si toda la posibilidad y todo el éxito del conocer dependen de esta revolución, el conocimiento no se completará o perfeccionará de una forma rápida, sino que formará parte de las lentitudes históricas.

Todo lo que decimos en este punto es aplicable, en general, al conocimiento: la fundamentación en una vida creadora le situará en su camino propio; un conocimiento que surge de esta clase de vida se distinguirá con rasgos concretos de otras tentativas. Si el conocimiento llega a ser autoconocimiento, todo lo que comprende se convertirá en una vida semejante; el ser inmóvil que se traza enfrente de él se desvanecerá y se convertirá en un devenir, en un trozo de la vida. Querer conocer un ser independiente de la vida parece, desde ahora, no un problema inevitable, sino un problema mal planteado. En efecto, el sacrificio por la obtención de un ser en el terreno de la Historia ha ganado mucho espacio, regulando y estableciendo el trabajo. La tendencia a concebir el ser en cuanto ser procede de los antiguos, y especialmente del platonismo, que divide el mundo en un campo de fenómenos eventuales y en un reino del ser continuo, y pone todo su esfuerzo en llegar al conocimiento de este verdadero ser. El camino así recorrido llevó rápidamente a la idea de que un ser, para ser tal ser, es decir, un ser universal, no necesita estar dotado de ninguna cualidad o propiedad; el hecho de que el pensamiento lógico complete la escala de sus concentraciones en el ser puro llevó al error de considerar este ser como el fundamento de toda realidad. Pero, para conseguir ese ser, el pensamiento había tenido que disipar toda diferencia, y esto no pudo hacerlo sin despreciar toda configuración conceptual y convertirse en contemplación inmediata, sin fundirse, en cuanto es posible, con el ser mismo, convirtiéndose así en un sentimiento indescriptible. Así, al final de este camino está la mística, y, con ella, el peligro de destruir todo conocimiento científico.

Pero si renunciamos a romper el lazo de esta manera y mantenemos la idea de un ser frente a la vida, se crea una distancia inabarcable. Entonces conservamos el concepto de una cosa en sí, existente detrás del fenómeno; esto ya ocurrió en el antiguo escepticismo; de allí pasó a los modernos, primeramente a los franceses, y se ha mantenido en el primer lugar por la autoridad de Kant. Pero en Kant el concepto de cosa en sí es el eslabón de una larga cadena, y sirve tanto para limitar como para completar;

concebido en último lugar, limita todo conocimiento a los sentidos. Si le admitimos, tendremos que configurar nuestras relaciones con la Naturaleza, con el mundo en general, como si no existiese un reino de interioridad, como si el mundo no tuviera contenido. No podemos apropiarnos científicamente de la Naturaleza hasta el punto de convertir sus procesos en vida propia y originarlos o imitarlos por nuestra propia actividad; cuanto más prolonguemos el campo de nuestros conocimientos, más claro veremos que el sentido del todo se cierra para nosotros. A pesar de la contradicción de Goethe y de su concepción del mundo a la antigua, permanece el hecho de que no podemos ver en lo interior, sino que, como desesperación de toda demostración, nos rodea la oscuridad. Pero, a la vez, también es verdad que afrontamos la vida con nuevas dimensiones y nuevos valores, como personalidad, Historia y sociedad, y que el centro de la vida ya no es la incognoscible cosa en sí.

Pero la idea del ser no hubiera influido en la Historia con tanta fuerza, ni atraído a tan ilustres pensadores, si no ocultase un problema inmediato, del cual no puede extraerse tampoco una filosofía de la vida. Exige, en la separación de los procesos individuales, una adquisición superior y lógica de la vida; y ¿cómo podría lograrse ésta sin una gradación interior de un todo amplio y continuo, dotado de vida en todas sus partes? Ello conduce al concepto de un ser; pero no más allá, sino dentro del devenir, y este ser no está formado o terminado delante de nosotros, sino que debe nacer en nosotros y debe sufrir un desarrollo por obra nuestra; es un problema, no un punto de partida ya hecho. Sólo avanzando hacia él, sólo en la creación de esencia, se aclara la vida y consigue posesión de sí misma, y un estado creador de esencia se distingue aquí claramente de otro estado inesencial. Este estado no presupone el ser que después desarrolla, sino que en él surge la cuestión de si la vida se otorga a sí misma un núcleo, convirtiéndose así en auténtica vida autónoma, mientras que del otro modo se desvanecerá. El problema del conocimiento se configura como consecuencia. El conocimiento se dirige siempre a un ámbito de vida; pero este ámbito se manifiesta en primer lugar en estado de dispersión, de esparción y de irracionalidad. En este estado, la vida es algo exterior a sí misma; lo que en ella ocurre está unida a algo extraño y, a la vez, limitado en su libertad; no logra alcanzar un sentido. Pero sobre este estado de exteriorización, la vida empieza a entrar en posesión de sí misma y logra formar un centro de creación de esencia; una vez superada la ruptura, la vida se introduce en sí misma, lo exterior se convierte en interior, se consigue una completa originalidad y el todo consigue un sentido. La historia del espíritu demuestra indudablemente la importancia de este proceso, ya que sus señales principales están allí donde la simple convivencia desarrolla una unidad interior y se consigue, a la vez, una absoluta iluminación. Aquí, las grandes conquistas de la Humanidad, como ampliadoras de su círculo de vida, muestran incomparablemente mayor importancia que todas las conquistas bélicas.

Si, entonces, el conocer depende por este estilo de la concentración de la vida, el trabajo del conocimiento admite así un elemento histórico; su fin es todo lo que en el terreno humano ha producido el hombre de vida creadora, sobre todo de creación de esencia. Esto no relaciona de ningún modo, el conocer las fases variables del proceso de su historia, no le convierte en reflejo de una situación eventual, ya que precisamente lo esencial en el pensamiento que conoce es afirmar frente al hombre el contenido de la vida, enfrentando de este modo a la historia temporal con una historia espiritual que separe de lo pasajero lo continuo, creando así una realidad de mayor contenido. Si el pensamiento va más allá del sujeto pensante y le convierte en un hecho independiente de él y, a la vez, en una contemplación *sub specie aeternitatis,* el hecho de que esta altura sólo se alcance lentamente no convierte al hombre en obediente esclavo del tiempo.

Esta relación del pensamiento con la vida creadora hace ver, tanto la grandeza del pensador como la situación histórica y la acción de la filosofía. Lo que hace majestuoso al genio creador y le da poder sobre las almas es que las engrandece y las concentra, que las libra de la limitación y caracteres humanos, descubriendo en ellas fuentes originales; no son simples registradores, sino que aumentan el capital moral. Esta fuerza de enriquecimiento de la vida es lo que hace bella a la filosofía y la convierte en un factor del movimiento espiritual; éste pierde en profundidad y en alma cuando aquel factor falla; pero la filosofía amenaza con descender al estado de una ciencia sabia y discurrir por caminos inútiles si no recibe un carácter de necesidad, tomado del conjunto de la vida. Ahora bien: asignarle estos caracteres es tarea también de la filosofía.

Un conocimiento que no se perdiese en el mundo próximo, sino que se introdujese en nosotros mismos y que se produjese con nuestra propia actividad, es el único que podría originar una auténtica conducta, una conducta que llamaríamos noológica y la diferenciaríamos cuidadosamente de la psicológica, ya que ésta se desarrolla en una realidad dada, y sólo quisiera valorar lo que sucede en ella, mientras que la noológica considera el mundo como producto de la autoactividad de la vida y se forma de dentro afuera: aquélla empieza con los hechos individuales y trata de darles lógica; ésta empieza con un esquema de conjunto y presencia su evolución; aquélla sólo produce hechos, no da una explicación interior; ésta, sí. Indiquemos ahora a *groso modo* cómo la conducta noológica comunica una forma característica a todo el problema del conocimiento.

Aquella conducta ofrece al deseo de conocer un firme soporte y un seguro punto de partida que está por encima de ciertas oposiciones. En ella, el movimiento no va, como en los tiempos antiguos, del mundo al hombre, ni, como en los modernos, del hombre al mundo, sino hacia una vida sorprendente en el hombre; esta vida sólo se abre para aquel que sabe crear; de este modo, el conocer exige una acción: la acción creadora de realidad. Esta vida, y no el hombre aislado, es la base del conocer; sus experiencias, como sus imperativos, se diferencian claramente de los del hombre. La experiencia interior en el sentido general, por ejemplo, en el terreno religioso, encuentra una desconfianza justificada, ya que esa experiencia, cuando excede el hecho concreto, se puede interpretar de diferentes formas, y varía hasta lo infinito en los distintos individuos. De otro aspecto es la experiencia de la vida, ya que nos sitúa en un plano superior a las situaciones y caprichos individuales, y allí se transforma en conducta propia y se hace transparente. De la misma forma se separan las exigencias de la vida y del hombre. Las necesidades del alma humana dependen del deseo y de la opinión, y no muestran ninguna verdad superior al hombre; las necesidades de la vida, por el contrario, surgen de su movimiento, y en él tienen un firme apoyo. De la vida, es decir, de una vida independiente, por tanto, en estilo noológico, es de donde proviene, tanto el derecho como el sentido de las esferas individuales, como la ética y la religión, el arte y la ciencia. A toda esfera individual antecede la seguridad de la estructura fundamental; pero es necesario analizar lo que cada región produce, tanto para la vida creadora como para el conocimiento de la esencia. El hecho mismo de la vida creadora pone los fundamentos de un mundo singular y ofrece a la vez verdades esenciales para el conocimiento, sin cuya estabilidad se descompondrá y en cuya afirmación lucha por su propia existencia. La vida creadora, ya lo vimos, no es posible como un engendro de los individuos separados, sino como un todo idependiente; por eso otorga al mundo de una configuración que antepone a los puntos individuales la unidad total; mientras que el mundo de la existencia deriva todo su conjunto de los elementos. La vida creadora resalta el enfrentamiento entre fuerza y objeto sin originar una interioridad en posesión de sí misma, que es diferente de la interioridad del sujeto dependiente e imitada, y que supone un valor universal; el mundo de la existencia, por el contrario, forma una red de relaciones que no deja lugar a una auténtica interioridad. Además, exige y demuestra una posesión de sí misma de la vida, una extratemporalidad básicamente distinta de la duración temporal, ya que una relación con el tiempo introducirá en la vida un continuo cambio y destruirá toda posibilidad de una auténtica independencia. Interioridad y extratemporalidad reflejan un mundo más allá del tiempo y del espacio, mientras que la existencia se desarrolla en éstos como formas esenciales dominantes. Por último, el mundo de la vida tiene otra estructura distinta que el mundo de la existencia. En éste, la vida se mueve de punto a punto, y la propia conservación significa aquí sólo una afirmación de los individuos, en relación unos con otros; el mundo de la vida, por el contrario, no podría llegar a ser nuestro si el todo no estuviera o no se pudiera mostrar ante nosotros; de este modo, la relación con el todo es el hecho fundamental de la vida; en lugar de desarrollarse aquí en superficie, la vida se desarrolla aquí en profundidad y la autoconservación adquiere el sentido de un establecimiento en el todo, de una pertenencia al todo; sólo así puede comprenderse que, tanto en el terreno moral como en el religioso, los cuidados por el estado del alma desempeñen un papel esencial, y la conservación natural pase a ser cosa secundaria.

Conteniendo así la vida creadora el esquema de un mundo completamente independiente del mundo de la existencia, está completamente fuera de duda que el hecho de la vida no necesita una confirmación por el mundo de la existencia de ningún modo, ya que lleva en sí mismo su verdad y su derecho, y de aquí también que no pueda ser afectado por las contradicciones de la experiencia.

Esto es aplicable también al hombre: las leyes del pensar siguen siendo válidas, aunque el hombre piense irracionalmente; la moral conserva su derecho, aunque el hombre observe una conducta inmoral; la esfera humana, en general, aparece, vista de este modo, como un reino particular que no tiene que juzgar, sino ser juzgado. La absoluta independencia que pedía Platón para el pensamiento y Kant para la conducta moral encuentra sólo un argumento firme en aquella posesión de sí misma de la vida. El principio fundamental, del cual depende todo conocer, es que esa vida existe en nosotros y en nosotros manifiesta su poder.

Esta vida precisamente es la que otorga al hombre la única posibilidad de romper su primitiva limitación y ascender a los conceptos universales. Ya que como la vida creadora, no sólo como efecto es accesible al hombre, sino que le eleva a las causas y le hace colaborar con ellas, participa en el proceso cósmico, creando una vida que es el soporte de toda realidad; la profundidad de las cosas ya no es un misterio para él; los poderes creadores ya no son para él ajenos; además nuestro cuadro representativo no puede prohibir la formación de los valores humanos; por tanto, nuestras concepciones ya no son las razones últimas. Pero el trabajo del pensamiento no queda unido a aquél; puede introducirse en las resistencias y derrotarlas. De este modo, aquella imperfección de nuestras concepciones no puede destruir la verdad del contenido del pensamiento cuando representa los rasgos esenciales de la vida creadora.

Entonces adquiere un lugar principal la cuestión de en qué medida puede colaborar el hombre en una vida creadora, y aquí se decide también el problema de los límites del pensamiento humano. Realmente, éste encuentra límites en distintas direcciones; por ejemplo, nunca podremos sentir interiormente la Naturaleza. Pero el alcance del pensamiento en otras direcciones y en la totalidad de su esfuerzo, no es cosa que puede decidirse definitivamente en un momento dado; un desarrollo posterior de la vida conseguiría darnos posibilidades, antes inconcebibles. Nicolás de Cusa, gran admirador y conocedor de la matemática, declaraba en el siglo XV que el conocimiento de las leyes naturales matemáticas le estaba limitado al hombre para siempre, y en el XVII demostró Keplero, por su descubrimiento de las tres leyes, la posibilidad de aquello que se tenía por imposible. Este movimiento mismo se extiende sobre los puntos particulares por las principales direcciones de la vida. La verdad del Cristianismo estaba muy lejos del espíritu de la antigüedad. Además, la Edad Media no pudo sospechar lo que producirían los tiempos modernos de movimiento interior ni en robustecimiento de las capacidades humanas; con el ámbito de la vida se ha aumentado también inmensamente el ámbito de visión. Esta manera de pensar debe despreciar una teoría del conocimiento que quisiera alcanzar, antes del desarrollo natural de las cosas, una conclusión definitiva por consideraciones trascendentales. Realmente, se impone una atención previa de lo que significa el conocimiento y en qué manera es posible, pero con esto se crean más cuestiones que respuestas; sin una dirección, el esfuerzo rápidamente se extravía, y sin plantear concretamente los problemas, no puede darse una respuesta precisa; pero la pregunta y la respuesta pueden estar muy separadas y sólo el movimiento y la experiencia de la vida pueden aproximarlas.

Un conocimiento que tan íntimamente depende de la vida tiene también una posición particular dentro de la vida anímica; no puede prescindir de ella con total indiferencia. La exigencia de un pensamiento sin sentimientos, sólo tiene razón de ser cuando se enfrenta a que se tengan en cuenta los fines y sentimientos malvadamente humanos; pero cuando el conocimiento impone un colaborador en una nueva vida, tiene que luchar continuamente y no puede avanzar sin poner a contribución toda el alma, sin un ardor interior que estimule su trabajo. El mismo Spinoza, que se esforzaba por comprender las cosas fríamente y que fue el que trató de una manera más grandiosa los estados del alma por estilo geométrico, ha declarado un sentimiento en el más alto sentido; la pasión sólo puede superarse con otra pasión, no por simples reflexiones. Del mismo modo que debe limpiarse el alma de todo lo malvadamente humano para conocer, no es menos cierto que el pensamiento sólo puede ascender a la creación y, por tanto, al conocimiento cuando tiene detrás de sí el todo de la vida y el alma nos conduce.

b) La condicionalidad del conocimiento humano

Las condiciones especiales, bajo las que se produce en el ámbito humano la aparición de una vida superior, dan una forma más concreta al trabajo del pensamiento. Ya vimos que éste, limitado a sus propias fuerzas, no logra una solución definitiva; el mundo espiritual no llega a formarse completamente sin la ayuda del mundo de la existencia, que, saliendo de los límites de la naturaleza, se extiende por la vida humana. Este mundo contiene numerosos resultados de acción espiritual; pero contiene sólo los resultados, no los principios creadores, y da a aquéllos, bajo las formas de naturaleza, en la simultaneidad y la sucesión lo que les es característico. Esta situación ofrece al trabajo del conocimiento una dirección peculiar; prohíbe algunas tendencias mientras que admite otras. En primer lugar, hace imposible desarrollar todo el contenido del conocimiento de uno de los dos lados; se opone, tanto al empirismo que se remite únicamente a la existencia, como a una reflexión constructiva que quiere originar toda realidad mediante la pura actividad intelectual. El empirismo no llega nunca por sí solo a ningún conocimiento; no puede pasar de una distribución y clasificación de datos ni puede aclarar la realidad. Pero, incluso dentro de estos límites que él mismo se marca, sólo puede lograr este fin, cuando aplica a la simple experiencia lo que él mismo produce con ayuda de la actividad espiritual. Limitar el empirismo a la simple producción de la experiencia equivale a condenarle como doctrina científica; ya que, sin el pensamiento, la experiencia sólo ofrece una confusa acumulación de impresiones que, como mucho, ofrecen ciertas separaciones o cortes. El empirista sólo puede olvidar esto porque confunde el empirismo, la experiencia científica con la ciencia mínima y no imagina el gran salto que hay que dar para pasar de una a otra. El empirismo como teoría de conjunto, despreciada desde la antigüedad, ha vuelto a mezclar el trabajo científico con muchos errores. De él proviene, principalmente, la tendencia, muy extendida, de concebir las condiciones como razones creadoras, y así vemos también que en las ciencias naturales la condición se suele utilizar como sinónimo de acción. La actividad espiritual se desarrolla en el hombre solamente bajo ciertas condiciones corporales, y de aquí se pasa a creer fácilmente que es un simple resultado de éstas; las personalidades creadoras sólo se producen en un determinado ambiente y bajo la acción provocadora del tiempo, y en vista de esto se crea la doctrina del *milieu,* que las declara un simple resultado del tiempo y el ambiente; las religiones sólo nacen y consiguen los ánimos allí donde dominan un profundo sentimiento de debilidad y desvalimiento, y aparecen algunas veces como expresión de esa debilidad, ya que quieren liberar de la misma a la Humanidad. Así el empirismo confunde la investigación científica y desfigura la realidad.

En dirección contraria actúa la tendencia a deducir todo el contenido del conocimiento del pensamiento puro, estableciendo en él toda realidad. A ello conduce la creencia de que el pensamiento puede regresar sobre sí mismo, hacerse objeto de sí mismo y producir, como pensamiento del pensamiento, cierto reino de vida; esto podría sembrar la creencia de que ese proceso origina toda la realidad.

Entonces la impresión de una realidad que se profundiza a sí misma, surge por el hecho de que un mundo de abundante contenido exige siempre un complemento y desarrolla el esquema en sí mismo sin color. Cuando vemos que sistemas como los de Plotino y Hegel logran una indiscutible grandeza y conquistan la Humanidad, es que detrás del pensador hay un inmenso mundo cultural, en Plotino el antiguo y sus varias ramificaciones, en Hegel la antigüedad, el Cristianismo y el neohumanismo a la vez; la mezcla de estas fuerzas en un amplio tejido de ideas, tenía seguramente grandeza, pero no era sólo el pensamiento lo que le ofrecía esta grandeza. Pero los efectos de esta apoteosis del pensamiento entregado a sí mismo exceden, como en el empirismo, los principios de escuela. Y esto, sobre todo, en el sentido de que se esperaba la salvación de la Humanidad del desarrollo de una teoría. Sólo de aquí puede surgir el error de creer que los sistemas tienen una fuerza impulsora que sólo deben, en realidad, a la vida que en ellos se refleja; las ideas sólo pueden conmover y elevar, si encuentran fuerzas poderosas, de ningún modo desarrolla por sí misma una proposición todas sus consecuencias, ni la contradicción puede producir por sí sola inquietud y movimiento. Las consecuencias pueden ser inmediatas y no ser excluidas porque la vida no se interesa en ellas; las contradicciones pueden ser evidentes y mantenerse desadvertidas hasta que la vida vea en ellas un peligro. La historia del mundo no es un esquema lógico; por necesaria que sea la lógica como instrumento de la vida, no es su soporte, ya que servir de ayuda es otra cosa que crear. Los peligros de limitar la vida práctica a valores puramente intelectuales no necesitan explicación; la influencia de Hegel en este sentido no ha sido positiva.

Si, entonces, el trabajo del conocimiento no se sustenta exclusivamente ni de la existencia ni del mundo espiritual, sino que tiene necesidad de estas dos fuentes, es necesario lógicamente separarlas con claridad y no atribuir a la una lo que proceda de la otra. A la vez, las dos tendencias del conocimiento deben mantener su independencia la una de la otra sin separarse totalmente: por un lado, la existencia es el punto de partida y la vida universal el final; por otro, debe proceder un esquema sacado del todo de la vida y, adecuándolo a éste, aclarar la existencia con su experiencia. De aquí surgen dos maneras de tratar el asunto, una filosófica, y otra científica en sentido estricto; sólo mediante esta fundamentación en la vida espiritual logra la filosofía independencia; como pura clasificación y articulación de los hechos de las ciencias individuales, la filosofía no podría producir nada peculiar y no podríamos explicarnos la poderosa influencia que ha ejercido en la Historia. Pero como la vida espiritual no crea una realidad perfecta solamente por sus fuerzas, la filosofía no puede por sí sola trazar el cuadro universal del mundo, ni deducir de sus principios todo el contenido de las ciencias individuales; se podría decir mejor que las ciencias individuales mantienen su independencia y ejercen una crítica sobre la filosofía, la impulsan y le marcan vías propias, cuidando muy especialmente de que la filosofía no caiga en contradicción con ellas. Pero, con todo esto, ellas por sí solas no constituyen una filosofía, ni siquiera nos dan un concepto del mundo; por eso es erróneo hablar de una concepción científico-naturalista del mundo, porque el naturalista, como tal, si no debe convertirse en un filósofo, no tiene en general ninguna concepción del mundo; para llegar a tenerla necesita hacer un razonamiento que se desarrolle a partir del todo.

Esta doble consideración muestra todas las ciencias individuales, determinándose por las distintas relaciones con las que se encuentra el hombre; cuanto más rígida se muestra una de estas esferas y más se resiste a la actividad espiritual, mayor interés ofrece a la consideración filosófica, mayor autoactividad espiritual necesita para su desarrollo, más confiadamente puede proceder aquélla. Por eso la filosofía y las ciencias individuales se conducen mutuamente de otro modo en la Naturaleza, por ejemplo, que en la Religión o en el Derecho. Pero continuamente las dos consideraciones deben separarse lo suficiente y reconocer mutuamente sus derechos; no debe invadir la una el terreno de la otra ni considerarla como secundaria. Esto hizo antiguamente la filosofía y lo quieren hacer ahora, en cambio, las ciencias individuales. Durante mucho tiempo, una psicología teórica no quiso admitir la psicología empírica, mientras que ahora es frecuente mirar con desprecio toda psicología teórica. Lo mismo puede decirse de la filosofía de la Historia y de la ciencia de la Historia. En este como en otros puntos, la filosofía sale perjudicada frecuentemente, porque la inconsistencia de una explicación anterior sirve de excusa para rebajarla o excluirla de lleno; como excusa de que la metafísica de Aristóteles o la de Hegel están anticuadas, se condena toda metafísica, porque la filosofía de la historia de Hegel parece que forzó los hechos, se ve un peligro en toda filosofía de la Historia.

Realmente, no sólo necesitan las ciencias individuales de la filosofía, sino la filosofía de las ciencias individuales. Ya que, sin apoyarse es una consideración del todo, la ciencia se encuentra indefensa ante la inmensa variedad que ofrecen los hechos de la Naturaleza; sin el auxilio de ciertas líneas directivas, sin situar en primer lugar ciertas líneas de hechos y ciertas cuestiones fundamentales, correría el riesgo de no ser más que un conjunto de experiencias. Esto tiene sus raíces en la vida misma, pero para su desarrollo necesita de la filosofía. Claramente nos muestra la experiencia de la historia, que la aparición de nuevas vías de vida condujo la atención del pensamiento y puso en el campo de visión muchas cosas que antes pasaban desapercibidas. Cuando la idea de evolución logró prestigio, se vio movimiento y cambio en cosas en las que antes pasaba desapercibido; desde que la idea social gana valor entre nosotros, nuestra mirada se ha hecho más audaz para descubrir la influencia del factor económico. Puede decirse, entonces, que sólo encuentra el que busca y que los fines directivos de la investigación proceden de la vida misma, y la vida necesita de la filosofía para situarse en el mundo de los conceptos.

Se ve, entonces, que uno de los factores no excluye al otro, sino que los dos se completan. Pero sus relaciones necesitan una aclaración y su determinación más precisa decide sobre la situación de la filosofía y la ciencia.

Cada pensador ha elegido en este tema una vía distinta, la solución más importante es la de Kant. La vida espiritual y la existencia guardan tal relación que aquélla ofrece la forma, y con ella la estructura interior, y la existencia la materia del conocimiento. El punto de partida y la meta las encuentra la investigación en acciones de conjunto, tal y como éstas se muestran en la formación de una experiencia científica y de un mundo moral. La filosofía es el arte de separar estos dos mundos, para después de mostrar sus relaciones, volverlos a unir, otorgando así al conjunto de la realidad un nuevo sentido. De este modo mucho, muchísimo de lo que se considera procedente del exterior, se demuestra luego como producción del mundo espiritual, enriqueciéndose así el patrimonio moral hasta el punto de que su situación dominante no ofrece ninguna duda. Pero como también la existencia es necesaria para la realización de aquellas obras, ya que sólo en ella se desarrollan las fuerzas del espíritu en el hecho del conocer, parece así superado el enfrentamiento entre empirismo y racionalismo, y reconocido el derecho de cada una de las partes contendientes.

Pero, por amplio que sea el todo y por continuos que sean sus resultados, contiene una imagen de la vida y de la realidad que el progreso de nuestra investigación nos prohíbe aceptar. Desde luego, la vida y el mundo no pueden ser comprendidos como un compuesto de forma y materia, ya que ambos juntamente no dan de sí una absoluta realidad. Ya la consideración de la vida antigua nos reveló que los creadores de grandes teorías acerca del mundo, o tenían que completar la forma por una vida interior, o sus concepciones no lograban una vida completa. El mismo Kant se rinde a esta oposición, pero la configura en distintos campos. En la razón pura la forma no puede lograr nada sin la materia; sin relacionarse con ésta parece caer en un completo vacío. Con ello, no sólo sufre su independencia, sino que se produce también una inseguridad sobre el valor y la validez del conocimiento; ¿podrá así pasar de una justificación puramente humana de la realidad y podrá valer como verdad propiamente dicha? La razón práctica, por el contrario, coincide decididamente con el pensamiento platónico, pero sólo parece entenderse con la forma, porque presenta a ésta bajo la figura de un alma fortalecedora, y así hace de ella mucho más de lo que su propia naturaleza contiene.

Realmente, fue un progreso que Kant partiese de la obra de conjunto, otorgando así al conocimiento un fin directivo y un firme apoyo. Pero si es verdad que el hecho inexcusable del conocimiento es una creación de realidad, ¿Kant no consideró esta creación de realidad como demasiado definitiva, dando, como consecuencia, cierta rigidez al conocimiento? Realmente, no hay conocimiento posible sin una sólida estructura de la vida, superior a las variaciones del tiempo, pero ¿no necesita este esquema esencial, a pesar de su continuidad y para su completo desarrollo, la experiencia del trabajo? ¿No habrá que distinguir entre forma sistemática y forma característica, consiguiendo así espacio para un reconocimiento del movimiento histórico? Y ya nos hemos convencido de que este movimiento histórico se introduce profundamente en los principales caminos de la vida. Pero si esto es así, si el conocimiento sólo encuentra en el trabajo histórico su absoluta perfección, una consideración inhistórica sería un simple esquema, y considerando este esquema como un todo completo se haría de él algo definitivo. Demos a la forma el valor que le corresponde, pero cuidémonos bien de concebirla como omnipotente.

Como ya vimos, el concepto esencial de la vida conlleva un problema que no admite una solución apresurada. La vida tiene como objetivo un estado de posesión de sí misma para poder llegar a ser una vida perfecta, pero una posesión, no de puntos separados, lo que sería imposible, sino de toda la realidad; se trata de un devenir, de un desarrollo de la realidad. Esto configura en nosotros dos tendencias: por un lado, un movimiento de concentración, de unidad, de completa exaltación del yo; por otro, un movimiento de expansión, de prolongación en el mundo, de aceptación de la objetividad de las cosas. Con esto el centro de gravedad del esfuerzo humano cae unas veces a un lado y otras a otro, y surgen diferentes caminos e incluso opuestos, los cuales, sin embargo, quedan finalmente relacionadas unos con otros. De aquí que el movimiento de conjunto sólo se pueda realizar en continua lucha con la existencia. Ya que la existencia no es una materia muerta que sólo ofrece una resistencia inerte, sino que en ella se manifiesta una riqueza de vida, aunque de forma tímida y fragmentaria, también en ella hay contenidos y fuerzas, sin cuyo dominio la vida no logra su máxima altura. Pero estos contenidos y fuerzas no se presentan fácilmente ni se consiguen sin trabajo; poseen cierta independencia, y, por tanto, pueden actuar en distintas direcciones e incluso llegar a un violento enfrentamiento con los últimos fines de la vida. Y como el mundo nos muestra de hecho muchas dudas, la vida no puede ser una evolución tranquila, sino que conlleva una dura lucha; las fases de esta lucha afectan también al conocimiento y éste se configura con respecto a ellas. En el cuadro total aparecen tres estados de vida: una espiritualidad fundamentadora, una espiritualidad luchadora y una espiritualidad vencedora; cada uno de estos estados otorga al trabajo del conocimiento fines distintos. En la espiritualidad fundamentadora es necesario marcar el esquema esencial de la vida: a él no llegamos a través de la simple reflexión, sino por la producción eficaz de la vida; ésta debe ser considerada en su totalidad y hay que resaltar, por un procedimiento eliminatorio que excluya toda singularidad, los rasgos generales, sintetizándolos después. Luego, hay que investigar el punto de contacto de este esquema con la existencia, qué exigencias crea en ésta y en qué medida están de acuerdo con ella. Esto requiere una consideración objetiva de su contenido, ofrece como resultado a veces un hallazgo y encuentra después un tema productivo en señalar los puntos de aproximación y de ruptura entre ambas series; pero encuentra a menudo un gran alejamiento e incluso una fuerte resistencia. Trae esto consigo, inevitablemente, una lucha; tampoco ésta puede huir del conocimiento. Pero el progreso de la lucha puede tomar dos formas: o no se consigue nada más que una tregua o una defensa provisional contra el enemigo, que sólo hace posible un mantenimiento, pero no un desarrollo de la vida espiritual, o se producen nuevas fuerzas que crean una nueva condición de vida y nos elevan sobre el reino de la ilógica. Esto muestra una espiritualidad vencedora, exige para ella un tratamiento propio, un desarrollo del conocer y prolonga la consideración histórica a las profundidades de la vida. Ahora se pregunta si esto es posible, si la acción de la espiritualidad, frente al enemigo, no se debe limitar a una simple defensa. La antigüedad no pasó de esta posición defensiva, por lo que es fundamentalmente inhistórica en sus rasgos interiores; el Cristianismo, por el contrario, creyó lograr el estado de la espiritualidad vencedora, y con ello ofrecer a la vida nuevos horizontes; aunque pueda parecer extraño para nuestra época el modo de llevarlo a cabo, una vez arraigada la idea ya no puede ser despreciada; sentimos ya la negación como una renuncia violenta, la simple defensa como una limitación insoportable; no podemos, aparte de las diferencias confesionales, perder la esperanza y la fe de que en el tráfico y el movimiento de la vida algo se gana para la vida misma, y nos entregamos, por fin, a una consideración histórica, sin despreciar por ello el carácter extratemporal de la espiritualidad. Por este motivo, la espiritualidad fundamentadora, la luchadora y la vencedora, deben estar presentes en el problema del conocimiento.

Según esto, exigimos decididamente que el trabajo del conocimiento no mire con indiferencia las tendencias espirituales, las experiencias, las fases que en el terreno de la humanidad se producen, incorporándose todos estos elementos, añadiéndolos a su historia y configurando con ellos su propio asunto. Pues aquí es donde se encuentran las más profundas revelaciones de la realidad accesibles a nosotros; si cerramos los ojos a esta riqueza de vida, podemos caer en lo puramente formal y escolástico.

Premisa indispensable de todo esto es que el hombre no configura la vida de este o del otro mundo, sino que en él hay una corriente de vida superior que se perfecciona dentro de él y con su colaboración, y, a la vez, le convierte en algo más de lo que antes era. Esta vida refleja una realidad superior y lleva en sí misma una fuerza de movimiento, señalando al mismo tiempo el camino que debe seguir el conocer. Sólo así sale éste del estado de duda y su trabajo consigue la fuerza suficiente para unir a los hombres; sólo así puede tranformarse, de un simple fenómeno concomitante, en elemento esencial de la vida. Entonces, en primer lugar, el conocimiento debe recibir su rasgo esencial del conjunto de la vida, siendo ésta necesaria para el desarrollo posterior de aquél; por eso pueden y deben, el conocimiento y la vida, estimularse mutuamente si nuestra espiritualidad debe llegar a la perfección. Si bien es verdad que para nuestra consolidación necesitamos de la vida de conjunto, no debemos olvidar nunca que ésta se desarrolla en nosotros bajo condiciones especiales, y que también lo supratemporal nos impone un trabajo histórico.

c) El problema del conocimiento a través de las dificultades históricas

1.° *Introducción*

La consideración del estado humano implica la obligación de una colaboración de la historia en el problema del conocimiento; así como vimos que en el esfuerzo hacia una profunda caracterización de la vida espiritual la Historia no seguía una línea recta, sino que realizaba grandes zigzags, esencialmente por la creación de concentraciones, síntesis de vida y sintagmas, así es necesario no perder de vista estas mismas síntesis, desarrollar su contenido y tomar posiciones en ellas cuando se trata del problema del conocimiento. Depende demasiado de él. Ya que influyen frecuentemente, sin saberlo nosotros, sobre nuestras mismas labores mostrándoles un camino adecuado; mucho de lo que se tiene por natural es, en realidad, tradición; de este modo, falta a veces un cálculo suficiente y otras veces una delimitación clara y distinta. Pero, por otro lado, la Historia ofrece una riqueza de producciones eficaces, experiencias, estímulos; pone delante de nosotros un conjunto de esfuerzos humanos que nuestro propio esfuerzo no debe desaprovechar. Sólo hace falta, para evitar el peligro y recoger el fruto, lograr independencia frente al todo; pero esto no se consigue separándonos de la Historia, sino por una superación, por una victoria interior. Hay que analizar y reflexionar lo que en la producción histórica llena las exigencias necesarias del esfuerzo cognoscitivo, lo que descubre hechos y despierta fuerzas que, una vez robustecidas, no desaparecen ya, pero hay que comprender, a la vez, lo que pertenece al espíritu parcial de cada época y que, una vez desvanecido, no tiene ya derecho a resucitar; es necesario, en otras palabras, pasar de una consideración histórico-temporal a una consideración histórico-espiritual para sacar de la pura convivencia una continuidad y, a la vez, encontrar las características del momento actual. Pero, por lo que respecta al momento actual, es de la más elevada importancia comprender que nos encontramos entre dos órdenes de vida, uno de ellos señala un movimiento descendente, y el otro un movimiento ascendente; esto exige también del movimiento una consideración, tanto crítica como progresiva.

2.º *El antiguo conocer y sus efectos*

El mundo antiguo se creó una realidad propia y conforme a ésta se configuró también el conocimiento. La relación esencial del hombre era entonces la que por fuera y por dentro le unía al mundo próximo, y por cierto a un mundo que parece perfecto y completo, de modo que la labor del hombre, más que producir algo nuevo, parecía ser la de adueñarse de lo ya existente. Pero como a esta apropiación sólo llegaba el camino del conocimiento, éste asumió la dirección de la vida; al mostrar el mundo al hombre quiso reconciliarse con sus descubrimientos. Así, una alta valoración del conocer es la característica de toda la vida griega; encuentra en él la verdadera grandeza del hombre y, a la vez, el placer más puro; «adonde llega la investigación allí se extiende también la felicidad» (Aristóteles). Este partir del mundo y regresar al mundo, ofrece al esfuerzo por conocer, un carácter especial, conduce el pensamiento hacia regiones tranquilas y libres; la idea de que el mundo es una cosa definitiva y que se sustrae a nuestro antojo les hacía apreciar el valor de las cosas y conducir hacia ellas el esfuerzo de una forma ordenada y sistemática. Una gran relación, una semejanza entre la esencia del hombre con el todo, era el hecho indudable que debía ser comprendido inmediatamente sin necesidad de ningún razonamiento; así la contemplación espiritual inmediata era lo que constituía el soporte del edificio ideológico.

A estos rasgos esenciales hay que añadir la configuración posterior de que la forma es lo que une al hombre con el mundo; esto conduce el trabajo del conocimiento por una vía especial que crea exigencias continuas.

La tendencia de llegar siempre hasta la forma origina una fuerte lucha contra las dudas de la primera impresión, un ardiente deseo de clasificar la realidad. En primer lugar, las distintas partes constitutivas deben ser reflexionadas de distinta forma, estableciendo sus límites respectivos para volver a ser combinada en un tejido bien estructurado bajo la dirección del pensamiento. Este trabajo de análisis y síntesis nos deja introducir el poder del todo y ofrece, transformándole en obra del pensamiento, la confianza en el triunfo al trabajo del conocimiento. Con esto, las formas individuales no quedan aisladas, sino que son reunidas en un todo; la variedad infinita de la Naturaleza se transforma así en un fuerte cosmos.

Pero, a la vez, del flujo continuo de la Naturaleza se destacan formas permanentes; esta adquisición de puntos fijos y, por último, de un universo que se basta a sí mismo satisface una de las principales necesidades del conocimiento, haciéndose éste independiente de la primera impresión y liberándose, a la vez, del tiempo.

Para esta consolidación el conocimiento necesita liberarse de las eventualidades del individuo y sus circunstancias.

Esto le lleva a buscar valores universales que parecen ser el soporte de todo lo individual, lo cual conduce, a su vez, a la constitución del concepto científico. De este modo se forma una gradación de conceptos, a través de la cual solamente es posible el conocimiento del individuo. La acción misma parece un desarrollo de lo general a lo particular, una especie de silogismo. Todo esto favorece a transformar el mundo en un reino de pensamientos bien ordenados. Toda su extensión es claramente iluminada, configurándose una relación de unidad que otorga a cada individuo un lugar fijo y una adecuada importancia. Sobre este soporte se basa toda la construcción; ya la conservación de la terminología científica demuestra que ha dominado el espíritu creador de los griegos.

Pero, así como el movimiento hacia la unidad de la vida excedió la concepción antigua, lo mismo sucedió en el trabajo del conocimiento; también aquí se presuponen fines irrenunciables y exigencias fundamentales, pero estos fines parecen demasiado inmediatos y fáciles de conseguir, de modo que aquel rasgo esencial, tan justificado, encuentra para su realización vías muy discutibles.

Aquella doctrina del conocimiento tiene, verdaderamente, una buena razón para ofrecer al hombre un mundo superior y dirigir su esfuerzo hacia él. Pero consideraba el mundo demasiado accesible al hombre, le concebía demasiado perfecto y completo. Por eso el conocimiento acepta el mundo como definitivo, no se sitúa en su devenir para juzgarle desde este punto de vista, corriendo el riesgo de conformarse con una impresión general y terminar en una descripción allí donde el pensamiento moderno exige una explicación. Esta concepción ofrece a la relación del hombre con el mundo la figura evidente de una semejanza de esencia que debe existir previamente y que convierte al conocimiento en una coincidencia de dos lados correspondientes. Por bella que parezca la idea de que el ojo debe ser semejante al sol para poder verle, ambos lados son en este razonamiento concebidos de forma demasiado limitada; el mundo es humanizado de forma inmediata y, por tanto, no se valora lo suficiente el alma humana; por eso, esta concepción corresponde a un estadío ingenuo; aunque es adecuado a una visión artística, no lo es para una concepción científica.

Estas dificultades son aplicables también al concepto aquí predominante de intuición. Por justificada e inexcusable que sea la necesidad de crear el conocimiento en verdades de evidencia inmediata, el concepto de intuición es insuficiente para este fin. Ya que la intuición mezcla lo sensible y lo espiritual concibe las cosas demasiado pasivamente y se remite a una impresión oscura que sólo puede satisfacer a un pensamiento romántico. Una filosofía de la vida creadora sólo puede traer un conocimiento inmediato de las fuerzas creadoras originales; sólo la posibilidad de una colaboración en la creación originaria, sólo la producción, no la intuición, puede otorgar al hombre lo que desea.

En la configuración reconocemos también un fenómeno esencial constante y consideramos su elaboración detallada como un triunfo definitivo. Pero la configuración sólo nos muestra un lado de la cosa; obligatoriamente provoca la contradicción cuando este lado es visto como dominante o como exclusivo. La tan frecuentemente mencionada separación en la posición y tratamiento de la forma que entonces surge afecta también al problema del conocimiento. O nos elevamos sobre la forma pura para infundirle un estímulo de vida y despreciamos una clara delimitación y una perfecta determinación del conocimiento, o nos mantenemos rigurosamente dentro de una concepción formal, lo que conlleva el peligro de ver flaquear el contenido y de caer en lo esquemático. Tanto aquí como allí, el predominio de la forma se opone al desarrollo de un mundo interior independiente; lo cual, dado al creciente deseo hacia este mundo, produce una contrariedad intolerable; tampoco podría satisfacer esto a un conocimiento que quisiera profundizar en el alma. Todo animismo prohíbe un alma independiente al universo.

Además, el considerar la forma como algo absolutamente continuo y excluido de todo cambio, debería provocar resistencias; el movimiento mismo de la vida impide esa continuidad, ya que no sólo la experiencia natural, sino la manifestación de agresivos enfrentamientos y ataques crueles, tanto en el alma como en el conjunto de la vida del hombre, se oponen a esta continuidad de la forma y hacen imposible la fijación del conocimiento. Esta fijación haría imposible una historia en el verdadero sentido: una historia en el todo, una historia en las relaciones humanas, una historia en el alma de los individuos. Ya nos convencimos de que el reconocimiento de mayor actividad de las formas no dificulta el hecho y la importancia de la creación de forma; así se le ofrece aquí al conocimiento un tema de gran interés, pero situado en un ámbito más amplio y con un sentido distinto.

Semejantes críticas pueden hacerse a la equiparación de forma y concepto universal y a la tendencia consiguiente de concebir el mundo como una nivelación de conceptos generales. A pesar del orden y la claridad que esto ha introducido, favoreciendo a transformar el desorden inicial en un cosmos, no se puede desconocer el riesgo que conlleva de caer en un puro esquematismo. Todo estilo individual y, al mismo tiempo, toda acción individual, pasa a ser algo secundario; no es suficiente con que lo universal en proposiciones, leyes, principios, etc., sólo deba dar la dirección general, mientras que toda configuración más concreta depende de la individualidad del caso particular; éste no constituye solamente una aplicación, sino un desarrollo; tampoco afirma su derecho que la proposición universal para nosotros, hombres, que decaemos en pruebas y tentativas, sea sólo una afirmación arriesgada que necesita de una confirmación posterior, para la cual es indispensable la experiencia. Sólo cuando lo universal y lo particular tienden lo uno hacia lo otro y se estimulan mutuamente, se extiende el movimiento y la tensión sobre el círculo total de la vida, mientras que, en el caso contrario, sólo afecta a los puntos elevados y lo demás es rebajado a la categoría de cosa secundaria. En esto consiste la base principal de una configuración antigua de la cultura esquemática de la vida, de una apreciación y valoración de las cosas según patrones y categorías, del desprecio de lo individual tan característico de la conducta burocrática de los partidos.

Las excelencias y los peligros de esta configuración son extraños a la tendencia de un sistema cerrado como el de los darse con esto un dominio del pensamiento sobre la existencia de pensadores antiguos, especialmente el de Aristóteles. Fúncia y se proclama un triunfo continuo del espíritu humano; todo lo que después se realiza en este camino se articula con aquéllo; la sistematización constituye una exigencia obligatoria de la investigación, la cual tampoco es inútil cuando más tarde se reconoce una doctrina de la evolución, una botánica y una zoología sistemática. Pero la configuración antigua, en su especialidad, tiene varias limitaciones y riesgos. El rigor con que establece sus valores y sus clasificaciones roza en los límites del formalismo y tiende a considerar como definitivo lo que sólo tiene el valor de un comienzo; esta configuración plástica con sus tipos estables no tiene espacio para el reconocimiento de lo que deviene, de lo que fluye, de los cambios y de las contradicciones internas. El peligro inmediato consiste en que la realidad queda como oprimida en moldes estrechos. Esto se puede decir tanto de la psicología como del arte en Aristóteles.

Por eso, tanto la metafísica como la lógica antigua están lejos de nosotros en muchos de sus puntos esenciales. Respecto a la metafísica, nadie lo discute. El desafortunado nombre de «Metafísica» se debe, realmente, a los comentadores; fue un gran trabajo del filósofo haber elaborado la trama fundamental del pensamiento en una «filosofía primera» que situó al pensamiento más en posesión de sí mismo y dio a todas las diferentes ramas del saber un apoyo estable, así como a la vida una esencia ideal. Pero, al buscar la esencia del ser más allá de toda configuración, la metafísica se transformó en ontología tan sólo animada por el fondo artístico del mundo antiguo, pero que en tiempos posteriores, separada de aquél, debía convertirse en algo frío e inerte. Subordinada luego la vida humana a este esquema, perdería sus características y su grandeza. A la vez, la confusión, ajena al conocimiento antiguo, de los valores sensibles y espirituales, actuaría de una manera corruptiva. No es de extrañar que esta metafísica encontrase más tarde una decidida enemistad; hoy mismo el terror a la metafísica está relacionado con esta modalidad especial de la misma.

Tampoco la lógica, a pesar de la afirmación de Kant de que desde Aristóteles no había dado ni un paso adelante ni un paso atrás, se puede aceptar hoy en su forma tradicional. En todo caso, sólo podemos aceptar la forma de escuela, pero no el espíritu. Entonces el movimiento posterior del pensamiento ha roto con aquella concepción de valores que domina en la lógica aristotélica. Respecto a la intuición primordial de un mundo perfecto, también se conciben en ella los conceptos como definitivos y terminados, como formas del ser que no admiten contradicción. Como valores estables, son situados en relación y combinados en un sistema cerrado, en una nivelación configurada por su mayor o menor generalidad. Aunque es cierto que este sistema obedece a las exigencias de la necesidad, ésta es concebida de una forma demasiado limitada; los conceptos no son considerados como elementos vivos fluyentes y teóricos que son susceptibles de diferentes movimientos; falta en general la valoración de que nuestro mundo ideológico se encuentra en continuo devenir y examen. Como esta lógica profundiza poco en los elementos, otorga a la doctrina de la escuela un predominio unilateral, aunque menos en el pensador original que en sus conclusiones. Incluso reconociendo toda la grandeza del esquema que nos ofrece, debemos exigir un desarrollo preciso de la lógica aristotélica.

En definitiva, nuestro juicio sobre el conocimiento antiguo debe ser éste: tiene un fundamento estable, líneas concretas, señala objetivos necesarios y les da fuerza por medio de una elaboración grandiosa, hasta el punto de que todo desarrollo posterior no se concibe sin sus consecuencias. Pero, a la vez, no es menos cierto que la solución que ofrece es excesivamente limitada, las oposiciones no están vistas con toda claridad, el devenir no mantiene sus derechos, el hombre y el mundo están demasiado mezclados. Al unir el conocimiento a un mundo completo, se limita el campo de acción y se ponen cotos a todo esfuerzo, que, a la larga, no pueden ser mantenidos. Pero sobre estos defectos se resalta el hecho de que él fue quien enfrentó por primera vez el capricho humano contra un mundo ideal superior con rasgos concretos y poderosos.

3.° *El conocimiento cristiano*

El Cristianismo no ha creado, en realidad, una doctrina del conocimiento que pueda situarse al lado de la antigua; cuando lo intentó utilizó las formas clásicas, sin preocuparse de la enorme distancia e incluso del violento contraste que alejaba a los dos mundos. Pero la nueva dirección que el Cristianismo dio a la vida debía repercutir, aunque no de forma inmediata, en la teoría del conocimiento, y en realidad dejó en ésta una huella profunda.

Sobre todo, en el Cristianismo cambia el fin del conocer. Mientras que en la antigüedad éste se dirigía al todo, donde la vida humana sólo contaba como un eslabón, ahora el punto de interés son los hechos interiores del alma humana en relación con la divinidad, o más bien las operaciones de la divinidad en el alma humana como centro de toda actividad; el mundo tiene interés porque muestra el poder de Dios; por tanto, no se investigará tanto su propio contenido como los efectos de la voluntad divina. Esto hace que consideremos el mundo desde un nuevo punto de vista.

Y, en primer, lugar, la nueva forma de argumentar el conocimiento es opuesta a la de la antigüedad. Este poder superior no se puede conocer por el mundo, sino sólo por su propia revelación: «De Dios sólo podemos saber por Dios mismo» (Atenágoras). Por parte del hombre sólo se necesita una disposición favorable, que es lo que el mundo cristiano llama fe. Aunque, si agotásemos la palabra, veríamos que esta fe suele confundirse con el conocimiento antiguo, el Cristianismo siempre ha protestado por esta semejanza; bajo el nombre de fe ha comprendido, no un simple saber de las cosas divinas, sino una nueva vida, la configuración de una comunidad interior entre hombre y Dios, y, a la vez, la colaboración en las cosas divinas. En este sentido toda ciencia se basaba en un acto vivo creador y se alimentaba de él. Esta nueva concepción daba un nuevo contenido al mundo del pensamiento. Y éste es, sobre todo, la idea de un Ser supremo. No es un valor ontológico obtenido por vía teórica, sino que la experiencia de la vida es lo que determina este concepto otorgándole de caracteres éticos, sobre todo del amor y de la gracia; de este modo la vida misma se convierte en fuente de conocimiento; la vida no se basa ya en el conocimiento, sino que el conocimiento se alimenta de la vida. Surge de aquí un nuevo modo de concebir la vida humana: cuando la relación principal de la vida se produce dentro de la espiritualidad, se producen nuevas experiencias en el seno de la interioridad; cuando el hombre y la Humanidad están dedicados a realizar un progreso interior, la consideración histórica encuentra un terreno firme; al legitimarse la necesidad de un regreso a la libertad se reconoce la imperfección o insuficiencia de la existencia inmediata y la vida del alma consigue un movimiento más intenso; sus tendencias y luchas son absolutamente exaltadas y la historia del alma individual consigue una enorme importancia; y esto en mayor medida cuando lo que aquí ocurre es considerado como el centro de toda realidad. El cuadro se hace más rico y activo, el esfuerzo del conocer se prolonga en otra dirección.

Pero la transformación excede los límites del individuo y sitúa las relaciones mutuas, así como el conjunto de la Humanidad, a una nueva luz. Esta relación común como fuente de la vida hace que veamos, detrás de todas las diferencias, la igualdad de todos los hombres; y que ante la profunda perfección se desvanezcan todas las diferencias. Esto no sólo muestra un tema común y un común destino, sino que facilita la comprensión de los hombres unos con otros y consigue para el conocimiento una nueva esfera de hechos y experiencias.

Este proceso casi no afecta al mundo exterior, por lo que no se progresa mucho en su conocimiento, pero no deja de ser productivo en consecuencias estimulantes. Cuando en los dominios del Cristianismo el pensamiento adopta la forma teórica, el mundo es entendido, al modo de San Agustín, como una automanifestación de Dios; pero no podría serlo sin que a toda variedad precediera una unidad, sin que lo que en el mundo se da de movimiento se mostrase como una cadena que no se comprendiese sin un primer eslabón, lo cual da a cada individuo un sentido para el todo y hace que lo posterior sea ya dado en lo anterior. Con esto surge la idea de una evolución que todo lo abarca; y así el Cristianismo ha preparado para la época moderna este concepto central que faltaba entre los griegos. La negación del mundo inmediato no impide que el mundo, contemplado desde la idea divina, tenga una lógica interior y un gran significado. Este influjo de la idea divina en la concepción del mundo se hace especialmente evidente a lo largo del siglo XV y el siglo XVI; en general, no hubiera sido posible la moderna valoración y explicación del mundo sin la elevación interior que aquella idea otorga a su concepto.

Entramos, entonces, en una región donde nuestra visión del mundo se establece bajo el concepto superior e íntimo de vida espiritual, y su superioridad llega a su máxima validez. Como la fuerza creadora de esta vida la adquiere el hombre inmediatamente, ya no duda éste de su colaboración en la verdad absoluta, ni de que posee el sentido profundo de los hechos. Claro que no puede cerrar los ojos a las abundantes razones que parecen oponerse a esta afirmación, pero, como su fe no procede del mundo inmediato, puede despreciar confiadamente estas contradicciones, y su creencia toma un cierto tono de arrogancia. El *credo quia absurdum* es en esta fuerte concepción insustituible, correspondiendo al estado de alma que aquí supone el conocimiento. La contradicción, en un mundo que está muy lejos de ser perfecto, no hace más que fortalecer la fe. El conocimiento no responde aquí al *porqué,* sino que supone un «a pesar de qué».

Aunque la ideología cristiana no desprecia el esfuerzo por el conocimiento, no hay que eludir que conlleva profundos riesgos para el mismo. Por parte del alma humana hay una fuerte lucha de ésta en favor de nuevos valores espirituales, y los productivos desarrollos, la inmensa riqueza de contenidos, temas y fuerzas que ello produce, muestra que esta vez no se trata, de ningún modo, de simples deseos y fantasías. Pero se esconden graves errores cuando el movimiento de la vida espiritual no está protegido de las representaciones y los caprichos del sujeto; esta protección no siempre se da, por lo menos en la vida media; así, es indudable que en la creación de los temas religiosos se han deslizado muchos elementos malvadamente humanos; los conceptos, y también los fines, reciben frecuentemente un carácter demasiado humano, y la religión, en su totalidad, amenaza con rebajar a la categoría de medio para lograr la felicidad individual. En las manifestaciones más elevadas, esta humanización ha encontrado dificultades; pero estas manifestaciones no tienen siempre la dirección de la vida; por eso, los enemigos de la religión no ven en ella más que subjetivismo y antropomorfismo. Pero esto es un desconocimiento de la esencia de la cosa, aunque de este desconocimiento no dejan de tener culpa los mismos fieles.

Otra duda surge del hecho de que el mundo ideológico donde la religión se encierra permanece aislado de las demás esferas de la vida; aparece excesivamente escueto y sin cambio, por lo que se hace insoportable para los que han salido de él, llegando a ser para ellos incomprensible. Pero la mayor confusión y enemistad surge de que la ideología religiosa aplica irracionalmente sus conceptos y creencias al cuadro general del mundo, y, sobre todo, pretende hacer depender de ellos a la naturaleza exterior. Algunos ejemplos servirán como aclaración. A la religión le es necesaria la idea del milagro; no sólo afirma milagros individuales, sino que ella constituye en su totalidad uno de estos milagros cuando rompe el encadenamiento natural de las causas y proclama una vida sobrenatural. Negar lo milagroso en este sentido equivale a destruir la religión. Pero esto no es pedir el milagro sensible como suspensión de las leyes naturales, es decir, romper nuestra relación con la Naturaleza. Otro ejemplo le ofrece el concepto de creación; la religión no puede prescindir de él, ya que supone el reconocimiento de la acción divina como lo absolutamente primario, no dependiente de ningún modo de otra condición. Pero cuando este concepto es aplicado a la explicación del mundo, yendo contra las propias leyes naturales, es natural e incluso legítima la contradicción. La aplicación al universo de los conceptos de creación y milagro produce graves problemas para la inteligencia; de ningún modo puede conformarse la ciencia con la breve respuesta con que se conforma la Iglesia.

Semejantes dudas surgen en otras direcciones, por ejemplo, en la concepción e interpretación de la Historia. También en este punto, la religión pesa sobre el pensamiento, y dificulta toda valoración objetiva de los hechos; se comprende que la cultura moderna, con su tendencia a la amplitud y a la objetividad, rompa con el Cristianismo eclesiástico y le acoge con sus censuras.

Pero el motivo de todas estas dudas y negaciones está más bien en las manifestaciones exteriores del pensamiento primordial que en su fondo. Lo que el Cristianismo ha creado de independencia interior, de seriedad moral, de historia íntima de la vida, de libertad, constituye un carácter necesario que se ha incorporado ya al núcleo de la vida, y al que no puede despreciar el mismo conocimiento. Si la configuración tradicional de este mundo contradice profundamente las obligatorias exigencias de la vida moderna, si aparece en el primer momento lo absolutamente necesario como imposible a la vez, al conocimiento se le plantea un tema importante, pero también difícil; sólo una explicación y separación básica, sólo una fuerte supresión de todo aquello que la Historia ha vencido, y a la vez una poderosa especificación de lo eterno y necesario, puede librar a la Humanidad de la eterna contradicción, en la que se vuelve contra aquello mismo que necesita para su conservación espiritual; se expone, mientras cree avanzar, y en realidad se dirige en ciertas direcciones, a destruir la totalidad de su esencia.

4.° *El problema en los tiempos modernos*

La transformación de la vida en los tiempos modernos debía ejercer gran influencia en el problema del conocimiento. Trajo una completa ruptura con el Estado histórico tradicional, cuando el esfuerzo no se dirige ya fuera del mundo, sino al mundo mismo, y se aplica a él con gran fuerza, y la conciencia de la debilidad humana cede su lugar a la de una fuerza sin límites, y rompe también con la antigüedad cuando el hombre ya no se siente íntimamente ligado al mundo próximo, sino que arduamente se pretende elevar sobre él. Era común a los órdenes tradicionales establecer en el hombre un supuesto mundo ideal, basado en sí mismo, y pedir de él una subordinación voluntaria a este mundo, mostrar el movimiento de un mundo superior a sus partes; pero, ahora, el paso de los tiempos ha roto este lazo por la introducción de la propia fuerza y por la duda; ahora, el hombre se sitúa en sí mismo, y quiere que el movimiento parta de él; quisiera convertir lo aparentemente extraño en propio; y esto da por resultado una transformación de los términos, por la cual lo que antes pasaba como más verdadero, ahora se convierte en problema casi sin solución. Se produce un gran aumento del proceso de la vida; lo que el hombre siente en sí mismo lo pone en las cosas, y lo encuentra asegurado en ellas; el fenómeno esencial de la vida es aquí la fuerza, como antes lo era la forma, con lo cual el hecho esencial de la vida y el fin primordial no es ya la donación de forma, sino el soporte de las fuerzas, el progreso de la vida en sí misma. Pero como medio principal para apoyar las fuerzas está el conocimiento, ya que es medio y camino para la gobernación del mundo exterior, y también, en más alto sentido, porque aclarando el mundo, le acerca interiormente al hombre, le convierte en patria espiritual, y en máximo sentido, porque el conocimiento nos revela al hombre, y por este medio le concentra y le eleva.

Pero tanto no puede hacer el pensamiento sin transformarse a sí mismo. Si antes se había mostrado más receptivo, encontrando en la intuición intelectual su cumbre más alta, ahora se encuentra más activo y eficaz, tomando la dirección de la vida, abriendo nuevas vías, despertando nuevas fuerzas y constituyendo no tanto la decadencia como el amanecer de una época cultural. El conocimiento no puede intentar todo esto sin una nivelación interior del trabajo: con más claridad que nunca se diferencian el ensayo y la ejecución; el pensamiento va delante, y desarrolla necesidades que se contrastan en la experiencia, y en ese contraste van formando poco a poco el contorno de un nuevo mundo.

Esta mayor independencia exige también una superioridad del conocimiento respecto del hombre, sobre todo respecto de la convivencia y separación de los individuos. Ello se consigue cuando el pensamiento admite en sí un elemento similar, se convierte en una fuerza de conjunto, muestra una capacidad de avanzar por sí mismo y de originar por su movimiento nuevos contenidos. Su procedimiento excede la condición de los individuos separados; los métodos consiguen una fuerza antes desconocida; separa lo eventual individual y quiere actuar con seguridad absoluta. Puesto así sobre sí mismo, y dotado de exigencias propias, el pensamiento cognoscitivo debe examinar por sí la producción del hombre, y admitir una lucha contra todo lo puramente humano; el pensamiento moderno ha recibido su carácter crítico no sólo de Kant; ya en Descartes lo muestra con toda claridad, y continúa mostrándolo en los siglos siguientes; Kant sólo representa un sector particular.

Semejantes transformaciones se prolongan también a la configuración interior del pensamiento, modificando su condición tradicional. Todo se hace más fluido y movedizo; los valores básicos, como los conceptos, no se muestran como dados previamente, sino que surgen del mismo proceso cognoscitivo y se configuran dentro de este proceso. Pero lo que relaciona a sus elementos particulares y los hace actuar como un todo no es ya la forma, como antes, sino la fuerza; esto hace que aquellos elementos multipliquen sus efectos mutuos, lo que les da la consistencia de cualidades estables. La antigua rigidez no desaparece en menor grado de las divisiones, la diversidad ya no es colocada como antes en enumeraciones y descripciones simultáneas, sino que es concebida como profundizando en lo único, y en constante relación con éste. A la vez, se realza el concepto de sistema y aumenta su eficacia. En un mundo cerrado, casi no se podía pasar de la simple descripción; pero si el mundo entra en movimiento y se hace fluyente, se introduce una gran corriente de vida, se desarrollan sus gérmenes y se prolongan por todo su ámbito con enorme fuerza, desarrollándose cada una de las partes en el todo.

El conocimiento moderno no va, como el antiguo, de un todo dado a sus partes, sino de las partes como elementos esenciales al todo como fin; ni considera, como el antiguo, lo más bajo desde lo más alto como tendiendo hacia ello, pero sin alcanzarlo, sino que trata de comprender lo más bajo y a través de su devenir; a la vez, el poder del hombre sobre las cosas crece considerablemente.

Un pensar tan fortalecido en sus capacidades debía afrontar rápidamente el problema del conocimiento en el sentido que nosotros le asignamos; la empresa no debía despreciar la introducción hasta el fondo de las cosas y comunicárselе al hombre; aquí, el pensamiento se enfrenta con el mundo como un todo independiente. Pero, a la vez, no cabe duda de que las capacidades cognoscitivas humanas no son suficientes para dar cima a esta labor, y que deben ser ayudadas o fortalecidas. La situación es bastante embarazosa, y muestra, en su primer aspecto, una contradicción sin solución. El hombre moderno se ha separado del mundo, colocándose frente a él; sin embargo, permanece en él un deseo por dominarle, por lo que se encuentra ante un problema angustioso: ¿cómo es posible encontrar un camino que nos lleve a ese mundo que hemos hecho ajeno a nosotros? Esto sólo sería posible con ayuda de un poder, eficaz en el hombre y accesible al pensamiento, y que, a la vez, configure una potencia universal que nos muestre el interior de las cosas. Ese poder lo encuentra el hombre moderno en la razón, ya que ésta aparece, por un lado, como inmediatamente presente en él, como su esencia propia, y como fuerza que se introduce y domina al mundo; así su acción, al mismo tiempo que humana, aparece como algo superior al hombre y como dominadora del universo. Lo que era para el pensamiento antiguo el cosmos y para el medievo la Divinidad, para el hombre moderno es la razón: un soporte estable y el camino para elevarse al reino de la verdad. La tendencia a crear un amplio mundo ideal, partiendo de esta creencia esencial, les ha hecho crear a los pensadores dirigentes perspicaces sistemas, que seguramente no son invulnerables, pero que son la más alta manifestación de un movimiento que se introduce en toda la cultura, y que transforma la realidad entera en un mundo de la razón accesible al hombre. Pero como la razón depende principalmente de un pensamiento que ha logrado independencia, éste domina con sus formas esenciales la organización de la realidad. Ésta pasa a ser, por este hecho, una configuración lógica; está dominada por las leyes lógicas, las cuales le dan firme racionalidad; todo lo individual depende de un orden general, que forma una larga cadena; con esta estructura lógica, completamente abierta al trabajo del pensamiento, parece conseguido un mundo enriquecido de verdad superior al hombre, pero, al mismo tiempo, presente a él, y establecido una fuerte relación entre hombre y mundo. De este modo, los valores que dirigen la realidad y nos dan la clave de su inteligencia son de nuevo valores formales; pero entre ellos y los del mundo antiguo existe una diferencia básica. Allí era la forma artística; aquí, la forma lógica, la dominante; ambas van más allá de la situación inmediata del hombre; pero la forma artística podía conciliarse con ésta, mientras que la lógica prohíbe severamente toda interrupción de valores y fines humanos; aquélla puede ir del brazo con la intuición sensible, y unir amistosamente lo espiritual con lo sensible; ésta se opone profundamente a este consorcio, y reduce lo sensible a la ínfima categoría de apariencia.

Este mundo ideal es tan peculiar en su afirmación como en su negación. Aquí retrocede todo lo que ofrece a la vida absoluta posesión de sí misma y le da un contenido total; existe la tendencia de tener alejado del fondo de las cosas, como creación humana, todo lo que pertenece a este mundo; así ocurre, por ejemplo, con los valores sentimentales, que son reducidos y excluidos como falsificación del cuadro de conjunto. Y con esto, ¿no resulta el mundo más frío y vacío; puede mantenerse por sí mismo como simple esquema lógico; no pierde su independencia renunciando a toda autoridad que le mantenga y le gobierne, y no se corre el riesgo, al despojársele así de un alma, de concebir la razón como un elemento exclusivamente humano, sometido a la subjetividad y eventualidad del hombre? En los sistemas modernos, esta crisis es evitada por una secreta incorporación de ideas; de este modo, aquella estructura lógica es apoyada por razones más profundas y seguras. Pero con esto aparecen nuevos problemas, y lo que antes pasaba por conocimiento ya no puede tener el valor de una solución definitiva.

No se ocultó desde el primer momento a los grandes pensadores la dificultad de pasar de una razón humana a una razón universal y, a la vez, a una adquisición de la verdad; pero trataron de superarla de doble forma. Kant desempeña en este punto el papel principal. Antes que él, el problema se resolvía utilizando el argumento de que Dios asegurase al hombre la validez de su pensamiento: la fe en Dios debía proporcionarnos la confianza en que el absoluto y correcto uso de nuestras capacidades nos conduciría a la verdad. Sólo por el favor de Dios lograba la razón un valor universal, y toda verdad se basaba para nosotros en la veracidad de Dios. Pero, de esta manera, el fin se logra por un atajo, y este atajo es muy sospechoso.

En primer lugar, se veía clara la petición de principio de que este poder divino, encargado de asegurar el valor de la razón humana, era sólo accesible por la misma razón. Esto hacía del sistema en cuestión —pensemos, sobre todo, en Leibniz—, a pesar del ingenio y lógica con que estaba construido, demasiado inseguro para producir en nosotros un completo convencimiento. Pues, en él, lo próximo está basado en lo antiguo, y la verdad de nuestra propia vida queda unida a una metafísica vertiginosa; no es de extrañar que Kant considerase este ensayo y todos los semejantes como dogmáticos. Y Kant trató de conseguir por un camino directo aquello que sus predecesores sólo habían logrado por medios más complicados. En vez de unir al hombre con un mundo ofrecido por la simple reflexión, abrió un camino en la naturaleza espiritual del hombre, dio a su vida anímica una estructura espiritual y le pudo considerar como capaz de crearse un mundo propio; este mundo, que encuentra un desarrollo en sí mismo, fue luchando con sorprendente energía por el gran pensador; la vida espiritual se muestra más rica y sutil que nunca, ya que no sufre una ampliación más o menos innecesaria, sino que logra una profundidad en toda su extensión. Al descubrirse su configuración esencial surge una nueva conducta, la conducta trascendental que se separa de todo empirismo; con el descubrimiento de aquella profundidad, lo real logra una nueva personalidad. Con esto, el problema del conocimiento encuentra un nuevo camino, cuya dirección, una vez descubierta, difícilmente se puede desviar.

Pero, por lo mismo, esto es más el comienzo de un movimiento que una solución definitiva, lo cual es confirmado por la polémica contra Kant, que empieza inmediatamente después de él y llega hasta el momento actual. Por lo que respecta a nuestra investigación, tendremos en cuenta sobre todo, que el concepto de razón aquí empleado es muy vulnerable; debe ser suprapsicológico, pero no cósmico, por lo que se mantiene en una condición media insegura; el concepto de «conciencia en general» que emplea Kant no ofrece claridad ni seguridad alguna; aunque asegure una superioridad sobre el individuo, no va más allá de los límites del dominio humano; pero, precisamente, lo que exige el conocimiento es esta trascendencia, que ha actuado como el impulso más fuerte del deseo de conocer. El reino de la verdad no admite ninguna limitación; una verdad sola, para el hombre no sería verdad en el estricto sentido de la palabra. Kant, en la razón práctica, ha roto estos límites y ha abierto un horizonte (aunque con débil intensidad) en la inmensa profundidad del mundo; pero también puede ser dudoso si la trascendencia del ámbito humano está asegurada; todo el prestigio de la idea del deber no es suficiente para tranquilizarnos en este tema. Federico el Grande tuvo la misma valoración por la idea del deber, y no ganó por eso un mundo. ¿Quizá esta división de la razón ofrece un absoluto conocimiento?

De este modo, la necesidad de vencer esta dualidad y establecer una unidad es el problema principal. Ya sabemos que este movimiento terminó, con Hegel, en una absoluta victoria del intelectualismo. En el fondo se trataba de un racionalismo espiritualizado, que sólo se diferenciaba del antiguo en que no consideraba la verdad como un resultado de la correspondencia con un mundo dado, sino de la propia actividad del pensamiento por medio de una construcción.

Ese esfuerzo fue digno de admiración; pero tan enorme labor chocó con las críticas a las que está expuesto un pensar reducido en sí mismo, cuya actualización ofrece un elevado placer intelectual, pero que no logra contenido sino por un continuo enriquecimiento en un mundo mejor de todo. Esta exageración de las capacidades humanas debía producir mayor oposición cuanto más evidente se hacía a la época la individualidad y la limitación humanas; y esto ocurrió en el conocido regreso del idealismo al realismo, en la relegación de las cuestiones del mundo invisible ante las sensibles, las cuales confundían cada vez más profundamente los ánimos y planteaban nuevos problemas. Esto parecía no dejar el menor lugar para un filosofía independiente: todo conocimiento del mundo debía desaparecer. Así, la cancelación con Hegel representa un nuevo capítulo no sólo para la filosofía, sino para la totalidad de la vida; hasta entonces, la filosofía había dado a ésta la principal dirección; también se elevó con él, atrevida, en sus dominios; pero se le escapó el dominio del conjunto, y sus fuerzas carecen hoy de una relación estable con las necesidades y los problemas de la vida total de los hombres.

Así, la atención se dedicó a las ciencias individuales, que se desarrollaban abundantemente; éstas crearon un tipo de vida que en muchos puntos presenta afinidades con la baja antigüedad, pero que la supera por la riqueza de producción; pero si, con esto, el problema del mundo queda a la zaga, el progreso del trabajo científico ha originado profundas corrientes espirituales, que tocan también con este problema. En el comienzo del siglo de las luces, es decir, desde Galileo y Descartes, se produce un hecho de gran importancia: la investigación científica sustituye la ingenua imagen del mundo predominante hasta entonces por otra nueva científica, de modo que desde entonces nos rodean dos mundos distintos. Entre la impresión sensible y el pensamiento detallado se abre un abismo; llenar este abismo es tarea difícil, pero interesante y productiva. La imagen sensible debía atarse a un profundo análisis; surge, entonces, un procedimiento curvilíneo, que en su ir y venir origina un movimiento continuo. Tres cuestiones se agitan aquí: una división del material de la experiencia en sus elementos más simples, un descubrimiento de las formas básicas de acción de los hechos, a lo que llamamos leyes naturales, y, por último, una reconstrucción al ritmo de un lento devenir; análisis, ley, evolución crean un nuevo concepto de la Naturaleza, que se afirma por la técnica. Este nuevo concepto del mundo se basa, sobre todo, en el pensamiento lógico, pero que recibe constantemente su control de la experiencia, con lo cual aquella imagen se desplaza hacia lo conceptual, y el hombre tiene que pasar siempre de un lado al otro y apretar los hilos del tejido que amenaza con deshacerse; el trabajo espiritual aumenta.

En el proceso posterior de este movimiento, los siglos han tomado configuraciones distintas. En primer lugar, la época de las luces tuvo que superar la confusión dominante en el espiritual, pero agitado, Renacimiento; sobre todo, había que aclarar y filtrar los conceptos, marcar líneas seguras y separar claramente los términos opuestos; en resumen, ordenar el mundo ideológico según un plan. En el fondo del escenario reinaba la idea de una razón universal, única base del esfuerzo científico y único medio de elevarse sobre las representaciones confusas.

En el transcurso del siglo XVIII, esta argumentación en la razón cósmica fue disminuyendo y reduciéndose al hombre, al cual, realmente, la idea de su racionalidad le proporcionaba un cierto cambio. Gobernó entonces una enorme fe en el hombre y en sus capacidades; de su desarrollo se esperaba una mejora fundamental de todas las instituciones, una superación de todas las dificultades. Esta manera de pensar antrópica se ha mantenido en los pueblos occidentales; el positivismo no ha hecho más que ofrecerle fórmulas precisas; en el fondo, permanece en la cultura actual.

La cultura alemana, en sus más altas manifestaciones, se opone a esta separación del hombre y del todo, tratando por varios caminos de detenerla. En este sentido trabajó, sobre todo, el humanismo clásico con Herder y Goethe. Dio al hombre una relación interior con el todo, y, a la vez, en éste, una posición primordial. Aquí parece que una misma vida es común al hombre y a la Naturaleza; tanto aquí, como allí, actúan fuerzas interiores; se termina un devenir y un crecer, un plasmar y un configurar, una síntesis de la variedad en un todo vivo. Pero la diferencia entre ambos órdenes es ésta: lo que la Naturaleza produce de forma inconsciente y necesaria, consigue en el hombre claridad, conciencia y libertad. De la alianza de la belleza con la verdad surge un rico contenido; la limitación del sentimiento aburguesado es superada por el deseo hacia una íntima unión con el todo.

La romántica concibió las relaciones de hombre con el mundo de una forma similar, aunque con carácter propio. En profunda oposición con la época de las luces y su valoración de la razón lógica, buscó la fuente de la vida en la intuición y en el sentimiento. La Naturaleza consiguió vida interior y la compartió con el hombre; lo mecánico se rindió a lo orgánico; a la intención y a la finalidad de un espíritu libre se exigió «moverse sin objeto en la corriente interior de imágenes y sentimiento constantemente fluyentes» (Schlegel); la vida humana tomó con esto un aspecto más sensible, y en lugar de la limitación apareció un deseo hacia lo grande e infinito. A esto se añadió un regreso a la Historia, una íntima unión con el pasado, sobre todo con la nación; una saturación de su variedad y su particularidad. Este movimiento se extendió especialmente por el terreno histórico y social, dotándoles de una base más firme y más amplia; la Historia, el Derecho, la Filología, el folklore consiguieron jovialidad y plasticidad; la realidad se mostró al hombre más abundante e ingenua. Para esto se introdujo anteriormente el hecho de una relación interior del todo; la consideración histórica de las cosas se basaba en una filosofía de la Historia; pero, poco a poco, esta argumentación filosófica fue debilitándose, y la Historia perdió todo contacto con el problema del mundo; se convirtió en terreno ilimitado de investigación, y una consideración histórica de las cuestiones se introdujo por todo el siglo, separándose cada vez más de la metafísica y del problema del conocimiento. En resumen, la preocupación por el bienestar del hombre absorbió de tal manera la atención que el idealismo alemán, con su idea del mundo, hoy sólo forma un episodio; la lucha con el mundo, antes orgullo del espíritu alemán, ha retrocedido mucho.

Pero la limitación del hombre a su propio ámbito no se produce tan fácilmente como se creyó al principio. Toda esperanza estaba puesta en la prosperidad de la vida social; pero aparecen en ella enormes problemas y violentas oposiciones, que no admiten una fácil solución; al mismo tiempo, se apoderaba de los ánimos la libertad política; luego, la independencia nacional, que daba alas al esfuerzo de los mejores, y, actualmente, es el problema de las contradicciones económicas lo que inquieta a la Humanidad; cada una de estas fases tiene fines y valores especiales; pero ¿dónde encontramos espacio para una inteligencia, para una unidad de valoración de las distintas producciones? Situado el hombre bajo tan violenta oposición, pierde la lógica de su propio ser, se convierte en una simple parte humana, del cual no puede salir nada grande, y al que no le es otorgada ninguna alegría interior. Hoy se lucha contra la falta de personalidades independientes y de individualidades poderosas; pero ¿pueden surgir éstas cuando la vida carece de unidad interior, y de una base estable de profunda esencialidad? En el hombre se esconde más de lo que la simple vida social puede producir con sus resortes; cada vez se siente más su imperfección.

Así se va diferenciando el sueño de la grandeza y de la independencia del hombre; sólo algunos partidos le muestran en su bandera; el hombre empieza a sentirse solo y vacío en el universo; no ve ya en su ardiente esfuerzo ni sentido ni valor. De aquí que sea muy comprensible que se abran caminos sorprendentes y que se busque una posible ayuda en lo antiguo; pero éstos son solamente síntomas de pobreza espiritual, no son medios de salvación, perjudican más que benefician. La religión promete la satisfacción del deseo irrenunciable a una liberación del simple hombre; pero sabemos que la cultura moderna, con su sentido inherente, ha conmovido profundamente la firmeza de la religión, así como que dentro de la religión misma se da la separación de una forma antigua y moderna que compromete su concepto esencial y paraliza su acción de conjunto. Cuando, por otra parte, la Filosofía da preferencia a las cuestiones técnicas y desprecia el estudio de los problemas predominantes de la Humanidad, no nos queda otro remedio que seguir nuestro propio camino y preguntar adónde nos llevará; la idea que nos ha conducido ha levantado el edificio que hemos descrito; ahora sólo queda sacar las consecuencias para el problema del conocimiento.

d) Las exigencias de la actualidad

Comoquiera que nuestra investigación ha partido del problema de la vida, debemos ver, sobre todo, si el hombre es capaz de un auténtico conocimiento en el más amplio sentido de la palabra, en oposición al conocimiento psicológico, y si con aquél es capaz de unirse con el todo. Que la Naturaleza en la cumbre de la existencia animal no ofrece esa posibilidad, ya lo sabemos; toda la riqueza de impresiones y agrupaciones representativas no excede el estado puramente individual; falta una ideología común, falta un control con el mundo de los objetos. Pero ahora surge, frente a la vida natural, un movimiento hacia la independencia de los lazos naturales, el cual se manifiesta sólo a través de procesos individuales, pero que en el paso del tiempo se hace más fuerte y más productivo, y consigue crear en su plenitud un reino de ideas independiente. Esta plenitud pide un nuevo terreno; sólo una revolución la hace posible. El sustentador de aquel reino, en efecto, no es el individuo, ni siquiera el conjunto de los individuos; más bien se necesita para este fin una vida común que abarque a todos los individuos y los una en una acción común; en esto se debe emplear todo el conocimiento y establecer su punto de mira. La totalidad del mundo se dividirá, según esto, en existencia y vida espiritual; sólo ésta hace posible un espacio dentro del cual se ordenen los individuos. Esto produce una nueva estructura en la vida, que se diferencia por completo de la convivencia sensible de la Naturaleza. En ella, los individuos solitarios se tocan simplemente sin formar un todo; a pesar de todos los efectos mutuos, son indiferentes unos a otros y no puede establecerse entre ellos una relación interior; el mundo de la acción, por el contrario, trae consigo esa relación, y con esto la posibilidad de que la vida de conjunto se actualice en el alma, que ésta tienda a ella y se enriquezca por ella. El hecho se convierte aquí en un problema cuya solución debe aumentar profundamente las fuerzas del individuo. El átomo de la Naturaleza se convierte en principio de energía, su actividad origina un ámbito de vida propio.

A esta distinción de estados de vida se une otra dentro de la vida espiritual, como lo muestra la experiencia humana. Los estados naturales muestran ya cierta oposición en los efectos de atracción y repulsión; pero el estado superior ofrece un continuo movimiento a través de la diferencia entre estado y objeto, de sujeto y objeto; ya vimos que en la concepción antigua el objeto, según el proceso platónico, precedía al conocimiento, y de él se partía para llegar al sujeto; los modernos, por el contrario, empezaron con la separación de hombre y mundo, encontrando con esto una gran dificultad para llegar al mundo y alcanzar un conocimiento.

Ya hemos enumerado las distintas modalidades de esta concepción, explicando por qué las soluciones de Kant y de Hegel no nos satisfacen completamente, por qué no podemos convertir especialmente la mutación copernicana. Lo esencial en Kant no es que haya partido del sujeto; esto ya lo había hecho Descartes en la dirección principal e, inmediatamente antes de Kant, ya Hume había hecho la rectificación más radical; lo nuevo y lo esencial consiste, principalmente, en que eleva el sujeto desde la nueva categoría de átomo a representante de una vida independiente, y de él hace surgir un universo, dotado de una estructura concreta; esto sitúa el pensamiento en un lugar diferente con respecto a la realidad, exalta poderosamente el sentido de la actividad, origina una nueva conducta, que Kant denomina trascendental, y que nosotros llamaríamos con más gusto noológica. Con esto no sólo ha entrado la filosofía en una nueva época, sino que la autoconciencia del hombre se ha elevado inmensamente. Pero la depuración de este pensamiento originaba fuertes objeciones. Sobre todo, la división de la razón en teórica y práctica daba lugar a muchas dificultades; con ella, la razón pierde su fuerza de unidad, y el ser humano se encuentra entre solicitudes y valores opuestos. En el conocimiento, la razón no va más allá de sus propios límites; por tanto, no consigue una verdad independiente de la esencia del hombre, ni llega a una relación con la vida universal. Surge el peligro de separar la esfera intelectual de las demás esferas de la vida, y declarar la simple forma pensante, cuando, en realidad, se trata de formas de vida. Estas formas no son válidas para toda clase de vida; un desarrollo posterior las puede sobrepasar; pero son algo más que formas subjetivas de intuición, y no se limitan al intelecto; particularmente, el pensamiento histórico, esta forma histórica de la vida espiritual del siglo XIX, no admite que se le rebaje a una simple forma intuitiva. Esto pudo hacerlo el siglo XVIII, pero no los siguientes.

La razón práctica otorgó al hombre un mundo conceptual independiente y, como creador de un mundo de libertad, un significado cósmico; pero encontró una enorme dificultad en desarrollar de la idea del deber una estructura lógica; tendemos a creer que pensamientos tan fundamentales como Dios e inmortalidad sólo constituyen una ayuda para la debilidad humana, y, por tanto, no tienen validez fuera del orden humano. La unidad de este mundo ideológico se ve amenazada con el peligro de una división de mundos; cuando la razón no consigue unidad interior como vida espiritual, y configura por sí la relación esencial del hombre con el mundo, el dualismo allí y el subjetivismo aquí pueden levantar la cabeza.

Ya vimos con qué decisión atacaba Hegel este dualismo, pero limitaba a su vez el concepto de vida espiritual al hacer que espíritu y pensamiento coincidiesen; con ello, el hombre y el mundo resultaron demasiado inmediatos, lo que trajo consigo una ideología demasiado antropopática y geocéntrica, que se oponía en todos sus puntos a la experiencia no sólo de la vida exterior, sino de la vida interior de la época. La unidad del edificio era admirada; pero la medida de la realidad, era demasiado estrecha; por tanto, aquí tampoco se conseguía una inteligencia suficiente entre el hombre y el mundo.

Así llegamos a la conclusión de que, efectivamente, debe existir una unidad en la vida universal si no queremos que, tanto la vida como el conocimiento, se dividan en dos mitades; pero, a la vez, hay que reconocer que la unidad fundamental en el hombre se da bajo ciertas condiciones.

Hay que separar distintamente lo que el proceso del conocimiento pide para sobrevivir, y qué condiciones exige al hombre. El conocer no puede ser ni una copia del objeto, ni un reflejo del sujeto; exige la superación de los dos términos de la oposición por una meditación comprensiva y elevadora de carácter activa; sólo así puede tener el pensamiento un contenido y lograr la posesión de sí mismo, como ya se ha demostrado.

Pero hay también que hacer constar que ese contenido no puede ser logrado por la simple deducción, sino que sólo se llega a él a través de la experiencia y la lucha; también hay que reconocer que la construcción de un mundo espiritual necesita del apoyo de la existencia y, a la vez, del alma del hombre como instrumento; y esto es aplicable tanto a la vida como al conocimiento, o sea el valor fundamental de aquel mundo; pero la forma existencial humana está unida a ciertas condiciones y necesita de bastantes medios sensibles; por tanto, se exige la importante labor de separar aquel contenido de lo que es puramente humano e iluminarlo con la luz de la vida total. El proceso del conocimiento se realiza en el hombre; pero no es un nuevo origen del hombre, es un producto de la vida social, aunque necesita de la adquisición humana para llegar a nuestra absoluta adquisición.

La ascensión que produce el encuentro entre sujeto y objeto, no es una simple deducción, no es cosa de causalidad mecánica o lógica, sino que contiene un elemento de autonomía y de libre decisión; sólo la acción puede producir aquella síntesis de sujeto y objeto, y transformar el contacto exterior en una creación ascendente. El conjunto de la realidad crea para nosotros, los hombres, no un hecho dado, sino un ideal superior. Frente a la existencia espacio-temporal se eleva un reino de interioridad no sólo reflexiva, sino creadora, un mundo de contenido; allí, la realidad implica un encadenamiento en la simultaneidad y sucesión; en el mundo espiritual, por el contrario, la relación del todo en un mundo con contenido propio. El esfuerzo humano por conocer necesita dos puntos de partida, pero ello no implica una composición de mundo espiritual y una existencia; la fuerza motriz y la dirección señalada está en la vida espiritual, pero su acción amenaza con no pasar de un simple esquema si la existencia no ofrece un estímulo y no le da una forma corporal. Pero lo ordenado necesita un traslado al terreno de la vida espiritual para el desarrollo de nuestro mundo ideal. A través de nuestra experiencia nos convencemos de que el hombre, bajo ciertas condiciones, colabora en la vida general, y por esta razón logra una vida creadora, pero siempre necesita una lucha para llegar a esa altura; el estado inferior es, por una parte, necesario para el hombre; pero, al mismo tiempo, siempre nos tiene sujetos dentro de sus límites cuando queremos originar un contenido por nuestras propias fuerzas. Es necesario que en el hombre pueda pasar algo sobrehumano para la afirmación del conocimiento y para que nos podamos unir con el todo.

Entendida de esta forma, el pensamiento que conoce no se mueve en un más allá, situado sobre el ámbito humano, ni puede encontrar su fin esencial en una reflexión ontológica, sino que su labor principal es ocuparse de la condición humana, y en ella separar lo sobrehumano de lo puramente humano. Pero, para este fin, debe separar diferentes estados en el conocimiento, y examinar en qué medida cada uno de ellos nos proporciona un conocimiento. Sigamos, entonces, brevemente estos estados.

Aunque la naturaleza y el conocimiento sensible no pueden originar un conocimiento, el estado superior de autoactividad puede examinar lo que aquí pasa y cómo se conduce con los fines directivos. Ahora bien: en la naturaleza encontramos un orden formal que aparece en la legalidad, en la acción mutua, en el impulso vital, en el ascenso a los puntos cumbres; la vida se desarrolla en abundante riqueza y muestra siempre nuevas formas, no pudiendo eludirse una finalidad en los individuos organizados. Pero esto tiene límites estables. Los fines que esta vida implica no se unen a la totalidad de la vida, los puntos aislados muestran un enorme deseo de vida; pero la vida que aquí se establece no consigue la posesión de sí misma; por otra parte, la existencia es otorgada aquí a los seres por poco tiempo; según la expresión de Lucrecio, tenemos la vida sólo como un préstamo, no como propiedad; en la serie de generaciones, los individuos aislados aparecen como simples medios e instrumentos para el mantenimiento de la continuidad de la vida; hay una génesis continua, pero también una destrucción continua de vidas; es un continuo deslizarse y caer, un trabajo continuo que no muestra un sentido claro ni un objeto preciso. Desde el punto de vista de la autoactividad, todo esto parece contradictorio.

La naturaleza, con su orden, no es, indudablemente, un desastre; pero no parece perseguir un fin determinado que nosotros podamos conocer, ni sabe, como antes se creía, elevarse sobre sí misma ni a un orden espiritual, sino que parece no salir de sí misma; la vida afecta la forma de un eterno retorno que se repite hasta lo infinito; pero nosotros, los hombres, estamos en el centro del movimiento, no conocemos ni el principio ni el fin, ni siquiera sabemos si puede hablarse con certeza de un principio ni de un fin. Parece una terrible contradicción que la Naturaleza muestre tanta razón formal y tan poca razón material, es decir, tan escaso contenido espiritual. Por esto es imposible introducirse con el conocimiento en el interior de este reino, no podemos introducirnos en la totalidad de este proceso; podemos, sí, conocer hechos, formas, pero no podemos construir con ellas un reino espiritual humano; de estos hechos podemos deducir importantes conclusiones para la vida; pero, a pesar de toda la grandeza de las conquistas de las ciencias naturales, no tenemos una visión de la razón última de los hechos más sorprendentes; a pesar de Goethe, la frase de Haller es cierta: «En el interior de la naturaleza no se introduce ningún espíritu creador»; el arte puede, en cierto modo, llenar esta laguna y simbolizar la idea de que naturaleza y espíritu, lo sensible y lo no sensible, están íntimamente unidos, pero no puede sustituir a la ciencia y a la filosofía; la resurrección del vitalismo, digna de ser tenida en cuenta, no puede solucionar las cuestiones fundamentales; permanece dentro de la naturaleza, puede analizar los conceptos; pero todo lo que se haga en este terreno debe mantenerse en los límites de la naturaleza si no se quiere sufrir el riesgo de la aventura. De este modo, la naturaleza es un gran misterio, «misterio a la luz del día». La misma vida psicológico-empírica no excede esencialmente estos límites; la vida del alma aparece como un acompañante o un complemente del proceso natural; a través de ella no llegamos al mundo espiritual ni al conocimiento del mundo.

El paso decisivo lo produce sólo el ascenso de la vida o autoactividad con su pensamiento. Él transforma toda la imagen del mundo cuando nos conduce del reino de las relaciones a un reino de la posesión de sí mismo y de contenido propio. Este paso no puede ser actuación del individuo solitario ni del simple hombre; es un hecho de vida absoluta, que va más allá de los límites de la naturaleza y crea un orden independiente. Sólo aquí se abre para nosotros una vida en el todo, sólo así es posible al ser espiritual trasladarse a este todo. Concebido exteriormente, este paso puede parecer algo secundario e indiferente; valorado interiormente, es de la mayor importancia, y nos muestra horizontes y temas sin fin; así como en las ciencias naturales observaciones insignificantes han sido de la mayor trascendencia, también ocurre que en la concepción del mundo lo exteriormente pequeño puede ser susceptible de un desarrollo incalculable. La aparición de una vida con actividad propia ha sido la idea primordial de nuestra investigación, y sus consecuencias para el conocimiento nos han interesado repetidas veces; no es posible un conocimiento del mundo sin una adquisición de la realidad; pero esta adquisición sólo la consigue el hombre por un trabajo histórico a costa de grandes esfuerzos y mediante fuertes estímulos, y la labor de la conducta noológica es seguir y aclarar esta dirección; si su punto de mira está en el todo, y sólo éste puede ofrecernos un contenido y conceder un desarrollo a la vida, para ello es necesario una comparación constante con las impresiones y las experiencias del mundo que nos rodea. La dirección corresponde a la autoactividad; sólo ella puede crear una esfera espiritual, donde los procesos individuales se encuentran, se unen, y forman un mundo común; sólo ella puede seguir una dirección principal y superar todas las dificultades que se le oponen. El movimiento que surge de aquí no se limita a los puntos particulares, sino que su principal objetivo es la obtención de una realidad independiente y la colaboración del espíritu humano en esta realidad; también los puntos aislados pueden servir para este objetivo. Pero su producción aislada debe ser detenidamente elaborada y definida.

Con esto volvemos al viejo problema de *a priori,* de las verdades innatas, de una propiedad de ascendencia en el espíritu. Ésta fue el mayor éxito de Kant, que no se conformó con esas verdades originales aisladas, sino que las ordenó en una estructura espiritual, las relacionó y las condicionó recíprocamente; sólo así podía adquirir el esfuerzo del conocimiento un destacado carácter de totalidad.

Pero así como hemos reconocido en el esfuerzo hacia el conocimiento una actividad original que no procede del exterior, debemos reconocer que el *a priori* no carece de toda relación con la Historia; es verdad que todo esfuerzo es de carácter primario, pero su naturaleza sólo le ofrece al hombre cierto esquema, cuya realización posterior exige una acción histórica. Realmente, todo pensar debe reconocer una causalidad; pero la concepción precisa de la causalidad está íntimamente ligada con el carácter de cada época: la forma antigua y la nueva diferencian bastante en la concepción detallada del esfuerzo primordial; la conducta noológica debe examinar cuidadosamente qué valor definitivo tiene esta concepción. También la moral necesita un *a priori* característico; sin éste, la Humanidad se desvanecerá, y los tiempos y los pueblos no podrían comprenderse mutuamente, pero también aquí el hecho es un problema; aquí, como en general, primero tiene la vida que encontrarse a sí misma por su propia experiencia, aclarar las direcciones principales, rechazar lo problemático y poner en acción lo necesario; para nosotros, hombres, lo intemporal necesita también del trabajo del tiempo para lograr su propia altura.

La relación de lo intemporal con lo temporal afecta también a la concepción más precisa de la unidad del mundo ideológico; también aquí hay que hacer tanto separaciones como realizaciones. Solemos concebir las producciones peculiares del ser espiritual bajo el concepto de cultura; mientras que la naturaleza se remite a determinadas magnitudes, en la cultura se persigue un reino de independencia. Pero esta independencia tiene que superar una gran oposición; precisamente aquí el esfuerzo del conocimiento tiene que realizar una gran labor. Por un lado, encontramos una cultura humana; por otro, una cultura espiritual; aquélla pone todo su esfuerzo en el servicio del hombre y hace depender todos los valores y fuerzas a este fin; pero en todo su desarrollo básicamente exterior, el hombre sigue siendo un hecho, y, unido a su condición eventual, está recluido en su propio ámbito; no encuentra modo para llegar a un conocimiento del mundo. Otra cosa muy distinta ocurre, en cambio, con la cultura espiritual. Realiza una liberalización del hombre de aquella limitación y le ofrece un reino de las cosas, le proporciona una verdad objetiva; ésta le otorga una independencia interior e incluso le sitúa en condiciones de colocarse en oposición con aquella cultura humana, como lo corroboran los héroes y los mártires; y mientras aquella verdad objetiva da a su vida un contenido, le ofrece una relación interior con el mundo; desde esta altura puede ya vivir inmediatamente la vida universal, concebir el mundo como algo propio, produciéndose así en él una revolución interior. Desde entonces puede recibir una corriente de vida superior y elevar sus fuerzas y sus fines. Pero el sector medio de la vida humana sufre de una lamentable mezcla de cultura humana y cultura espiritual, confiesa con las palabras y los hechos las verdades espirituales; pero, en realidad, no se interesa nada más que de su propio bienestar. El procedimiento noológico tiene aquí que producir una fuerte separación y analizar detalladamente lo que le ofrecen las esferas particulares en relación con el todo, trasladando de este modo en esta dirección el punto de gravedad del esfuerzo. El conocer pasa aquí a ser una liberación interior y un aumento del ser.

Pero estas conquistas en diferentes direcciones, por preciosas que sean, no nos ofrecen una realidad amplia, tal como se necesita para dar a la vida un apoyo estable y un carácter resaltado; aquí tenemos que reconocer el hecho de que esa realidad no se consigue a través de una vía marcada, sino que puede recorrer diferentes caminos; esto nos lleva a las amplias síntesis de la vida, a los sintagmas, como los hemos denominado; son pruebas de vida de carácter histórico de gran estilo, como las que ofrecen especialmente el mundo antiguo y la moderna época de las luces. Lo importante es que, a través de toda su variedad, pasa una corriente característica y se forma una realidad peculiar, pero que los hechos se convierten en experiencias propias del ser espiritual, y así el hombre y el mundo se unen en cierto modo. Este hecho es la configuración, la donación de forma, como se produce en todos los seres, desde el más grande al más pequeño; pero lo es también el desarrollo de fuerza, del cual se puede decir lo mismo. Pero del mismo modo que son tantos los hechos que ofrecen esta síntesis de vida a través de los que el hombre se siente elevado, ya su diversidad proclama que no dicen la última palabra; los sistemas históricos están angustiados por un deseo de lograr una estructuración superhistórica que abarque las diferentes producciones, y en la que se establezca la distinción entre los esencial y lo secundario, lo eterno y lo temporal, y que dé al conjunto de la realidad unidad superior; pero que, a la vez, relacione al hombre profundamente con el todo. Este es el principal error de la cultura actual, que no opone a la variedad ninguna unidad superior, y que nos tenemos que conformar con indicaciones y esquemas; ya vimos que sólo podemos progresar en el sentido de una creación de esencia, pero que la realización de este fin exige básicas transformaciones y renovaciones. Pero debemos hacer hincapié en que tenemos delante un fin ineludible, al cual sólo nos puede ir acercando el trabajo histórico. Por tanto, el hombre debe luchar por su propia esencia. Pero esta lucha implica esa actividad, esa creación espiritual, nos eleva a tal altura, que no podemos retroceder en ella. El trabajo del conocimiento, con su esfuerzo para exaltar al hombre en lo cósmico y elevarle a una esencia universal, tiene entonces, una gran misión; no es suficiente sólo el intelecto, sino que entra en juego la vida completa; aquel trabajo recibe de este todo, y le comunica tantas cosas, que no puede renunciarse a él sin gran peligro.

Pero si esta creencia de la acción de una vida universal con fuerzas y fines sobrenaturales debe comunicar a nuestro esfuerzo un poderoso impulso, más debemos examinar las dudas y dificultades que la existencia nos opone; éstas ya fueron estudiadas anteriormente, por lo que aquí sólo se trata de saber en qué medida afectan éstas al problema del conocimiento y qué carácter adopta ante ellas. Ya vimos que, tanto la naturaleza como la vida del hombre, mantienen una fuerte resistencia al desarrollo de la vida espiritual. Es cierto que la naturaleza y el espíritu no son cosas completamente ajenas la una a la otra; la vida espiritual está íntimamente unida en sus fundamentos a la naturaleza, y del contacto con ella obtiene abundantes frutos; pero el destino de los seres espirituales parece que es mirado por la naturaleza con indiferencia; prolonga sus formas esenciales, como espacio, tiempo, individualidad, a la vida espiritual, e introduce en ella demasiadas dudas y contradicciones; la configuración de la vida espiritual pide un ascenso de la vida a lo inespacial, supertemporal, superindividual; pero, de hecho, nuestra existencia exige una dependencia a estas formas. Desde el punto de vista natural, el hombre se muestra como uno de tantos brotes del árbol de la vida universal; pero él mismo se siente ya, por el carácter de sus problemas, muy superior a la naturaleza, y se considera como ciudadano de un reino supernatural, que no ha creado él caprichosamente; su esfuerzo no puede renunciar a una valoración de las cosas y a la idea de un fin superior; no es su propia opinión ni su capricho pasajero, es una necesidad interior la que le guía. Pero ¿no introduce esto una fuerte contradicción en el mundo? Parece irremediable tanto afirmar como negar los fines.

Esta misma contradicción se muestra en la conducta del hombre: su esencia espiritual establece peticiones a las que no responde su conducta afectiva; ahora bien, las contradice. No es sólo que la conducta ética sea insuficiente, sino que la contradicción llega a producir un mal, «un mal radical», una lucha contra el bien, y con esto el mundo es confundido; no son sólo los individuos aislados, es el conjunto de la vida, que se hace imperfecto y se altera. La misma cultura se encuentra en un estado poco satisfactorio, ya que sólo en ciertos puntos culminantes se respira una atmósfera espiritual y se puede originar un verdadero conocimiento. Tras un corto florecimiento, las generaciones se marchitan, y la cultura, después de desarrollarse, muere. La labor del conocimiento es reconocer este estado de cosas y rechazar todos los sofismas que le enmascaran. Pero, a la vez, es necesario poner todo el esfuerzo en superar este dualismo. Son muchos los factores que por sí mismos contribuyen a la vida espiritual; la ciencia nos ofrece el dominio sobre la naturaleza, se apodera de ella por el continuo progreso de la técnica; la misma medicina es un éxito del espíritu sobre la naturaleza. Pero todas estas fuerzas tienen límites fijos, como son la vejez y la muerte: al desarrollo político y económico van unidos riesgos y confusiones graves; así vemos que el carácter técnico e industrial del trabajo, si exteriormente le ofrece un beneficio al hombre, interiormente le perjudica. Las empresas más perspicaces se estrellan en el perjuicio moral de que el hombre es víctima. La Humanidad esperaba poder oponerse tanto a las necesidades naturales como a las exigencias de la vida social; pero siempre surgen de nuevo poderes e impulsos básicos que demandan el provecho y se oponen al esfuerzo. La vida cultural crea una espiritualidad libre, pero no le da contenido ni un fin apreciable; por eso, aquella misma libertad se vuelve contra la misma espiritualidad básica y desaprovecha todas las acciones.

Era muy comprensible que, ante estas necesidades y dudas, el hombre se cobijase en el estudio del problema del universo. La esperanza y la fe en la configuración de un orden moral prometía a las almas un firme apoyo; ya sabemos cuánta fatiga y pasión pusieron los tiempos y los pueblos en la realización de este fin, qué poderosa se elevó la fantasía, por qué diferentes caminos trató de resolver este problema; pero sabemos también que la duda surgió siempre, paralizadora e inquietante al mismo tiempo, y qué poco respondió la experiencia al angustiado deseo del alma humana. Cuanto más tenazmente realiza el conocimiento su trabajo, menos puede establecer los límites de su poder; querer y poder se separan profundamente en este punto decisivo. Así parece que el hombre carece de toda relación con un orden universal; pero sus propias capacidades se muestran contradictorias e insuficientes, y parece ser un instrumento de poderes ocultos. ¿Deberemos sorprendernos de que se sienta solo y abandonado y que en este abandono dude del sentido de su existencia?

Pero si el trabajo del conocimiento llega a la valoración de estas dificultades, y desprecia toda conformidad, puede también mostrar la dirección que debemos seguir para salir de esas dudas. En primer lugar, debemos echar un vistazo objetivo hacia el todo; no sólo debemos considerar las dificultades, sino que debemos también puntualizar el nivel conseguido en el progreso espiritual, en qué medida nos hemos elevado sobre el simple hombre. No podemos dudar del nacimiento de un reino de autoactividad, que origina fuerzas y bienes superiores a los naturales; no podemos dudar del lazo que une las distintas producciones, ni de que, en esta dirección, la esencia humana colabora en una vida universal y gana por ello en importancia. Todas las dificultades y contradicciones no pueden suprimir estos hechos esenciales. Pero sí pueden e incluso deben deformarlos si sobre estas dificultades no se produce un superdesarrollo, y si la relación con el todo no es estable e interior. Esta es la afirmación primordial de la religión, y no puede mantenerla sin ofrecer, al mismo tiempo que a la vida, también al conocimiento una nueva estructuración. Lo que la religión llama fe es, la mayoría de las veces, algo muy vulnerable: unas veces es comprendida demasiado exteriormente, como la aceptación de una tradición; otras, como la relación del entendimiento con una doctrina; pero, frente a estas concepciones parciales del concepto, la religión comparte con la filosofía la creencia de que el conocimiento conseguido hasta aquí no ha solucionado el problema; que en el interior de la vida completa se abre una nueva dimensión, y el hombre es ascendido a una relación inmediata con esa vida. Esto se muestra en la formación de un núcleo inconmovible frente al resto de la vida, que queda reducida a un simple ambiente; en el origen de un ser personal superior, que abre un nuevo horizonte a la realidad; en la creación de una comunidad espiritual superior al mundo, pero que, a la vez, convierte el mundo en algo más elevado de lo que era antes; la aparición de ideas directivas y conductoras es testimonio de ello, ya que sin ellas la vida caería rápidamente en un estado de inercia. Con ese paso a una espiritualidad vencedora, recibe también el conocimiento un carácter nuevo; la lucha de la vida le da un carácter personal y le exalta como la filosofía de la religión lo ha demostrado. El mundo ideal así logrado tiene también que desarrollar el perfil del universo, tiene que exceder las formas de vida que la naturaleza le ofrece e incluso se oponen a ella; tiene que adoptar una actitud sobre el espacio, el tiempo, la individualidad, e introducirse con estas formas en la esfera humana; necesita del apoyo de las imágenes y de las comparaciones para acercar con ellas el hombre al contenido espiritual; pero, en el fondo, este contenido espiritual se enfrenta contra estas formas y se excluye de ellas, y su verdad aparece como verdad definitiva, frente a la cual las otras son como estados inferiores de verdad. Pero no por esto debemos despreciar estos estados inferiores; el estado conseguido necesita la introducción y la experiencia interior en una esfera superior al individuo y a la Humanidad; la religión no debe absorber toda la vida si quiere tener plena originalidad; nuestro mundo ideal no se desenvuelve en un plano, sino que realiza un ascenso y supone una decisión; es un drama, no una poesía lírica.

Pero como nuestra vida se nos muestra como un esfuerzo, como algo imperfecto y acabado, nuestra imagen del mundo debe responder a esta vida; estamos en un mundo de una especie particular; aquí se crea cierta realidad frente a la naturaleza; pero esta realidad encuentra enormes dificultades, y ya nos convencimos de que aquí la creación de una vida independiente se encuentra limitada, y muchas veces se siente extraña a sí misma. El mal tiene un poder despiadado; la razón y la sinrazón mantienen una fuerte lucha. Por eso, el mundo debe recibir una ayuda especial para superar estas dificultades; este mundo que vemos debe basarse en otro mundo que no vemos.

Pero, por imperfecta y oscura que nuestra vida se nos muestre, los destinos del mundo afectan también a la vida humana, y la colaboración en estos destinos no es lo que menos personalidad da a la vida. El conocimiento es sólo una actividad parcial; con él no estamos sino ante el borde de la cosa. Pero en lo más profundo de nuestro ser se abre para nosotros como un tragaluz por donde penetra la claridad del mundo; la lucha en las batallas de la vida es lo que puede calmar nuestras dudas; por lo mismo que esta lucha no es sólo defensiva, sino también elevadora, nuestra vida consigue con ella un sentimiento y un valor, y nuestro conocimiento, una verdad.

Como, en general, en el problema del conocimiento no debemos perder de vista el aspecto especial del presente, y no perdernos en débiles posibilidades. Hay muchas cosas que contribuyen a hacer nuestra situación crítica; en primer lugar, nuestra ideología carece de la unidad interior, que podría dar lógica a nuestros esfuerzos; luego, el estado de la religión es confuso, y se da un conflicto entre la antigua y la nueva concepción; finalmente, el problema económico, con sus oposiciones y luchas, se sobrepone a todos los demás; estamos atravesando una situación confusa y contradictoria.

En este respecto, el trabajo del conocimiento tiene todavía mucho que hacer; pero sólo puede alcanzar el triunfo estableciendo claridad sobre las relaciones del hombre y del mundo; no son consideraciones abstractas y formales las que nos conducen aquí, sino el análisis de los hechos y de las experiencias que producen lo que nos abre un camino para salir del error y de la duda; así luchamos nosotros, frente a todo intelectualismo, un positivismo espiritual y ético. Nuestra situación en el conocimiento del mundo muestra, principalmente, la tendencia a marcar una dirección fija en el laberinto y, gracias a ella, unir los diferentes hilos y estados; sólo esta dirección principal da al conocer un carácter marcado y una conducta propia; sólo lo que de ella se sigue y lo que luego más concretamente se realiza ofrece una respuesta segura a las preguntas decisivas que la vida propone.

Esta dirección principal muestra el camino que debemos seguir; lo que va más allá de ella es simple reflexión. Pero, al establecer la dirección de nuestro esfuerzo, vemos lo suficiente para conocer nuestro fin y acompasar nuestras creencias a él; y, siguiendo esta dirección, el hombre y el mundo pueden, en cierta manera, encontrarse. Conocemos poco, pero en este poco entra mucho.

La situación actual exige con fuerza desbordante un regreso al hecho central y esencial de la vida; este regreso es una necesidad apremiante en todos los pueblos, pero sobre todo en el pueblo alemán. Un terrible desastre ha conmovido a este último, desastre como nunca lo vio la Historia; a pesar de sus innegables defectos, inteligente y trabajador, ha caído, por un encadenamiento del Destino y de sus propias culpas, en una enorme pobreza y profunda depresión; y cada uno de sus hijos comparte con resignación tan lamentable estado. Si algo nos puede sacar de esta depresión deberá ser una renovación fundamental, un cambio completo; pero para ello hace falta una especie de milagro espiritual, pero también un esfuerzo de voluntad por parte nuestra, el sacrificio de toda nuestra fuerza y de todo nuestro ánimo. Sólo una decidida fe en la vida, una absoluta confianza en la vida nacional, puede traer la resurrección.

Los grandes problemas actuales no se limitan a un pueblo aislado; en todas partes, la Humanidad atraviesa hoy una crisis profunda, nos falta un ideal que reúna las fuerzas y las desarrolle y que estime nuestros esfuerzos; en cualquier lugar se siente la necesidad de una recompensa por las grandes contradicciones económicas, como también una armonía en el terreno religioso. El conjunto de la Historia nos ha traído a una situación confusa. Las ideas principales chocan entre sí, las antiguas formas de vida se han derrumbado multitud de veces, apariencia y verdad se confunden: una cultura humana roba los derechos de la cultura espiritual. Es cierto que en nuestra época se abren grandes horizontes, no faltan estímulos ni perspectivas, pero el problema debe plantearse de todo a todo; si estas posibilidades deben crear nobles imperativos, del cumplimiento de estos imperativos dependerá todo el éxito. Esta labor excede los dominios de la filosofía, exige una intensa reforma espiritual; pero también la filosofía puede colaborar en este fin; tampoco ella puede excluirse de los problemas de la Humanidad. También ella querría cooperar a transmitir al hombre fe y ánimo para salir de esta lamentable situación y encontrar acciones dignas de su linaje.

ÍNDICE

El hombre y el mundo: